寓变于一

冯·格康传

Meinhard von Gerkan

(德)于尔根·蒂茨 著

陈思然 郑珊珊 译

吴蔚 中文版策划

同济大学出版社

TONGJI UNIVERSITY PRESS

·上海·

图书在版编目（CIP）数据

寓变于一 : 冯 · 格康传 / (德) 于尔根 · 蒂茨 (Juergen Tietz) 著 ; 陈思然 , 郑珊珊译 . -- 上海 : 同济大学出版社 , 2023.1

ISBN 978-7-5765-0444-6

Ⅰ . ①寓… Ⅱ . ①于… ②陈… ③郑… Ⅲ . ①迈因哈德·冯·格康 (Meinhard von Gerkan) —传记 Ⅳ . ① K835.166.16

中国版本图书馆 CIP 数据核字 (2022) 第 210609 号

寓变于一：冯 · 格康传

(德)于尔根 · 蒂茨 著，陈思然 郑珊珊 译，吴蔚 中文版策划

责任编辑： 武蔚 | **责任校对：** 徐春莲 | **装帧设计：** 完颖

出版发行： 同济大学出版社 www.tongjipress.com.cn
（地址：上海市四平路 1239 号 邮编：200092 电话：021-65985622）
经　　销： 全国各地新华书店、建筑书店、网络书店
印　　刷： 上海雅昌艺术印刷有限公司
开　　本： 787mm×1092mm　1/16
印　　张： 21
字　　数： 420 000
版　　次： 2023 年 1 月第 1 版
印　　次： 2023 年 1 月第 1 次印刷
书　　号： ISBN 978-7-5765-0444-6
定　　价： 218.00 元

子曰："赐也，女以予为多学而识之者与？"

对曰："然，非与？"

曰："非也，予一以贯之。"

《论语》

序一：读《寓变于一：冯·格康传》

2018 年，德国建筑师冯·格康荣获第九届“梁思成建筑奖”。这是作为中国地位最高的建筑奖项第一次颁发给西方建筑师，而冯·格康也因此成为该奖项自 2016 年成为国际建筑奖以来获此殊荣的外国建筑师。“梁思成建筑奖”是面向世界的终身荣誉奖，表彰在建筑界作出卓越贡献的建筑师、建筑理论家和建筑教育家。

冯·格康自 1998 年赢得北京德国大使馆学校设计竞赛，便开始了在中国 20 多年的建筑实践。他在各地的建成项目有 150 多个，其中很多是大型公共建筑项目，不仅包括在北京、南宁、重庆、青岛、天津、上海、深圳、成都、杭州、苏州、长春等城市的一些重要项目，而且还有像中国国家博物馆改扩建如此重要的国家级项目。冯·格康的 gmp 建筑师事务所是在当代中国建筑实践中留下最多作品，同时也是最为成功的外国建筑事务所之一。

1992 年秋，我第一次访问汉堡。一名德国建筑师陪我去参观 gmp 在易北河畔的办公楼，由于是周末，只能在周围观看那座与环境融为一体的舰桥般充满诗意的白色建筑。此后，我聆听了冯·格康的讲座，更深刻地认识了冯·格康和他的事务所。2001 年 8 月，我参加了“芦潮港新城”（后称“临港新城”，今天的正式名称是“南汇新城”）国际方案征集的评审，为冯·格康的滴水湖理想城市方案所折服。

2001 年 6 月，上海启动国际航运中心芦潮港新城规划方案征集的概念性规划设计。新城规模为 44.5 平方千米，来自英国、德国、意大利、法国、西班牙、澳大利亚、日本、荷兰等国的 9 家建筑事务所都提交了方案。其中，冯·格康的方案展现出 21 世纪理想城市的创意：顺应地形，将新城形态与其功能完美地结合在一起——滴水湖、环状绿带以及模块式的建筑组合成为新城的特色。经过评审，冯·格康的方案成为实施方案。两年后，根据发展规划，新城规模扩展为 293 平方千米，冯·格康及其建筑师事务所设计了进一步的深化方案。今天的新城已经基本成形，成为上海自由贸易试验区临港新片区的核心、城市的重要组成部分，也成为世界城市发展史上少数已建成的理想城市的范例之一。

在当代建筑大师中，有传记的几近凤毛麟角，而这部传记让我们了解了一位建筑大师及其事务所的发展历程。冯·格康的建筑已经成为当代德国建筑的代表——务实；融简洁性、多样统一性、条理分明的秩序和独特性于一体；以简洁的设计语言满足复杂的功能要求，融艺术于技术之中；既蕴含理性，又富有诗意。阅读他的建筑作品犹如聆听贝多芬第四钢琴协奏曲，其中的乐思直击灵魂，让人感喟通过形式所表达出的思想。

但凡是建筑大师，大都在大学建筑学院兼任教授，这有利于建筑师深入研究建筑理论，对建筑的历史和未来有一个宏观的把握；同时，在教学中的探索和实验，也令他们设计的建筑具有批判性。在布伦瑞克工业大学担任教授期间，冯·格康探索建筑的图像概念，并娴熟地应用在设计中，从而使其建筑理念能够清晰地表现在总体结构上。在创作时，他总是以批评的眼光审视设计的每一个进展、每一次进步，以寻求最佳的选择。正如西班牙建筑师高萨（Manuel Gausa）所说，具有创造性的建筑师“把研究凌驾于技艺之上，探索‘事物的性质’而不是学科的语言，吸纳我们这个新的太空时代的知识所带来的动力，应用更为‘开放的逻辑’，从而发展出一种全新的先进建筑。”

建筑师所从事的工作是一种综合了社会性、艺术性、技术性和创造性的理性活动，承担着社会责任和历史责任。建筑师所面对的工作极具创造性，每一项设计面临的都是新问题，需要建筑师去探索、去研究，并以最佳的方案去应对。维特鲁威所处的时代就主张建筑师应当具备多学科的知识，掌握各种技术；既要有天赋的才能，又要有钻研学问的本领。建筑师应当擅长文笔，熟悉制图，通晓各种表现手法，精通几何学，深悉历史与哲学，懂得音乐，知晓医学，了解法律，具有天文学的知识，认识天体运行的规律。建筑师会面对各种复杂的任务，从城市规划到各种建筑类型的设计，从室内设计到家具陈设，从总体到细枝末节；因此，建筑师必须是通才。

一方面，当代建筑师的分工已经十分细化；另一方面，建筑师需要宏观地把握整体，犹如乐队的指挥，协调不同的专业。这要求建筑师的思维、学识和能力较以前应该更为全面。建筑的运作需要建筑师对不明朗的任务、复杂的建造过程和客户不断变化的要求做出反馈。建筑师必须扮演好很多角色，才能胜任这个职业。这些角色包括工程师、艺术家、企业家、开发商、官员、社会改革者、使用要求的捍卫者等。16 世纪法国建筑师和建筑理论家德洛尔姆（Philibert de l’Orme）认为，真正的建筑师有“三只眼睛”：第一只眼睛看着上帝；第二只眼睛用于观察并评价当下的世界；第三只眼睛用于预见未来。以最美的方式满足人们最高尚的需求，只有最优秀的建筑师才能实现这个理想。从冯·格康的经历，我们看到了一位建筑大师成功背后的艰辛，以及他的坚忍不拔、创造力和执行力。

建筑是一个非常特殊的领域：既需要长期的积累和经验，又需要激情和创意；既是大器晚成的职业，又为年轻有为建筑师的脱颖而出储备了种种机遇。冯·格康还在学生时代就参加设计竞赛获胜，30 岁初出茅庐就在国际设计方案竞赛中获得第二名，与欧洲最优秀的建筑师站在同一起跑线上。

在全球化时代，建筑师的业务遍及世界各地，面对复杂的社会环境、不同的地域文化、变幻的气候条件和迥异的管理体制，如何适应异乡异俗、平衡现代性和传统性、应对文化差异的冲击，是对建筑师的挑战。冯·格康是这个时代中建筑师的典范，他在很多国家和地区都留下了优秀的建筑作品。

冯·格康的传奇人生铸就了一部精彩的建筑史。这本传记的结尾处引用了冯·格康在 40 年前的一句话：“一件建筑作品总是在建筑师的智力和现实可行性的对抗之间产生。”

这本传记用相当长的篇幅谈及冯·格康在中国创业过程中跌宕起伏的经历。我们平常更多是在观赏他的作品，很难了解他在中国从事设计的艰辛及其内心的真实想法。我虽然是在评审会上认识他，但也只限于方案介绍和提问时的交流，无法知晓他对中国城市建设和建筑业的看法。通过这本传记，我们可以有机会从冯·格康的角度审视自身。

2022 年 10 月 20 日

序二

曼哈德·冯·格康是德国建筑界的一个传奇。1965 年，作为初出茅庐没有任何业绩的年轻建筑师，冯·格康和同学福尔克温·玛格两个人一举夺得了柏林泰格尔机场的设计竞赛一等奖，也由此创建了 gmp 建筑师事务所。冯·格康 39 岁便成为德国著名理工大学——布伦瑞克工业大学建筑系的教授；1977 年，他在德黑兰巴列维国家图书馆的国际竞赛中，战胜来自 27 个国家的 632 个对手，获得第一；1986 年和 1990 年，他分别赢得了汉堡机场、斯图加特机场的设计竞赛；在两德统一后，他先后中标柏林的 3 个重大项目——中央火车站、奥林匹克体育场改建和新机场的设计；20 世纪末的“试水”成功后，他在中国设计建成了大量重要项目，其中包括对国家博物馆的改扩建。至今，冯·格康及其合伙人玛格，在一间办公室里合作、工作已经超过了 57 年……

冯·格康的传奇与其敢于在陌生国度的“冒险”和探索息息相关。18 岁的他进入汉堡的欧洲学院，那里有很多来自不同国家的学生，恰恰是这个经历使得他之后对异国文化产生了浓厚的兴趣。他不仅常在世界各地旅游，并去了当时有些不寻常的旅游地，例如苏联，而且其在从业后也不断尝试德国以外的各种竞赛和项目——在伊朗、沙特阿拉伯、朝鲜、阿尔及利亚、日本等地都留下了自己的建成作品或竞赛方案。此外，他还先后在日本、南非等地的大学里担任了客座教授。一个偶然的机遇，使得冯·格康和中国结下了 20 多年的缘分。

1998 年，德国联邦建设与规划局举办了北京德国大使馆学校及使馆公寓的设计竞赛，冯·格康在北京最寒冷的季节到访了这座对西方人而言充满了神秘色彩的城市。第一印象是好奇，特别是看到大街上无数的自行车——那时中德经济和社会状况的反差还是很大的，所以他不认为德国学校能够很快建成。在一场饭局上的打赌中，冯·格康押宝该项目在 2006 年才能完工，而业主方认为是 2000 年。最后，业主方胜了。

在冯·格康的北京之行后不久，我第一次见到了他。那是 1999 年初夏，冯格康 64 岁，满头银发、声音洪亮、气势逼人。我们在他汉堡的办公室里，一起研究南宁国际会展中心竞赛方案。当我意识到并指出建筑面积严重超出任务书要求时，办公室里一片死寂，因为两周后就要启程回国内交标了（当时还没有成熟的网络传输）。冯·格康沉吟片刻后，直接取消了展厅第二层，面积合适了，功能合理了，整体的比例关系更好了，已经开工的模型和效果图也可以继续往下做了——真是“神来之笔”。正是这个项目的中标，才真正打开了他在中国建设的大门。

2000 年之后，冯·格康频繁来往于中德之间，最多的时候一年有 15 次，而截至 2019 年，总计不下 100 次了。明显能感觉到，冯·格康很喜欢和中国人打交道。他很享受与业主之间的交往，尤其是当业主对他的设计表示赞赏时，而中国的尊老传统和礼仪给予的尊重和关照也使他感受到了特别的温情。“在餐桌上，才是最关键的时刻”——这是冯·格康每次讲述中国经历时必说的事项。中国人在用餐期间除了交流感情还要进行最关键的谈判，对他而言，这无疑是富有刺激和挑战意味的。冯·格康的性格率真、火爆，其在中国行事却不时遇到含蓄且柔韧性十足的对抗和反击，这种情形在德国并不常见。与很多睿智的中国人进行讨论和对话，使冯·格康收获了颇多启发和乐趣。

我成为 gmp 合伙人后，有机会参加高层小范围的会议，进一步领略了冯·格康身上的传奇色彩。也许是因为当年学过一段时间的物理专业，他的数学思维极其敏捷，对数字有着天生的敏感，所以在谈及公司经营方面的话题时，其他合伙人基本上只能跟着他跑。

冯·格康给人的第一感觉是严肃的、高傲的，甚至有点“拒人于千里之外”。我在与他一起出差时，常有机会坐在一起喝喝酒、聊聊天，会感受到“另外一个”冯·格康——感性、友善，又有些孤独，而这些感受背后的原因在阅读了德国著名建筑评论家于尔根·蒂茨（Jürgen Tietz）撰写的冯·格康传记——Vielfalt in der Einheit 后得到了答案。整本书最打动我的是冯·格康从出生到创业的坎坷经历，因为之前从来没有系统性地了解过。读着这些文字，还仿佛看到了德国在第二次世界大战期间及战后的众生百态——这些景象于我而言，大多来自相关的历史影片，而冯·格康则是这段历史的亲历者和幸存者。当得知作者有意将此书在中国出版时，我决意促成此事，因为这本传记不仅仅是冯·格康个人的人生历程，也是从一个特别的角度讲述的德国“二战”后的建筑史。这恰恰再次印证冯·格康的传奇性：一名 1956 年开始在柏林工业大学建筑系深造的学子，66 年后仍然活跃在德国、欧洲乃至世界建筑舞台的镁光灯下。

2018 年，冯·格康获得了中国建筑界的最高荣誉——梁思成建筑奖，这是该奖项第一次颁发给西方的建筑师。这个具有终身成就奖意味的奖项是继他 2005 年获得德国建筑学会大奖 (Großer BDA Preis) 之后颇有深意的巧合和延伸。2019 年 10 月，冯·格康偕夫人和三个儿子来北京参加颁奖典礼，国内外的很多朋友都前来捧场祝贺。之后，由于疫情和健康原因，他再没有来过中国，而未来再来中国的希望似乎也越来越渺茫。谨以此书的出版作为与中国暂别的纪念，不论是对于冯·格康还是我们，也许是最隆重、最难以忘怀的吧。

2022 年 10 月 5 日于上海

前言

2012年初夏，我和曼哈德·冯·格康（Meinhard von Gerkan，后文简称：冯·格康）一起坐在易北大道勒卡纳餐厅（Le Canard）的露台上。面前一览无余的壮丽风光似乎满足了我们对汉堡原有的一切想象：在正午阳光的照耀下，易北河（Elbe）波光粼粼，对岸的集装箱码头喧闹而忙碌……然而，在这美好的夏日，空气中却弥漫着紧张的气氛：柏林新首都机场的启用时间刚刚被宣布推迟。由冯·格康、福尔克温·玛格（Volkwin Marg，后文简称：玛格）及合伙人建筑师事务所（gmp·Architekten von Gerkan，Marg und Partner，后文简称：gmp）所领导的柏林勃兰登堡国际（Berlin Brandenburg International，后文简称：bbi）规划联合体被柏林机场公司解约。一时间，“gmp”登上了各大媒体。

新机场原计划于2012年6月2日开放，届时将有一份详细介绍新机场建筑的资料同期出版。在筹备出版期间，我得以对冯·格康有了更进一步的了解。变故发生之时，停止印刷还刚刚来得及。至于机场建设工地上的事态将会如何发展，在当时完全是个未知数。一切工作暂停，该是律师们上场的时候了。

这个情况对冯·格康的影响是显而易见的。推迟机场启用，除了可能带来的经济损失外，也给gmp这个具有国际声望的建筑事务所的形象造成了严重损害，尤其是作为其主要业务来源的中国的客户，经常会询问这方面的情况。

冯·格康将这场机场建设事故首先理解为他个人的失败。他极为恼火的是，近50年来，他的事务所在世界各地顺利完成了众多大型项目，而柏林的政客们却把机场推迟启用的原因完全归咎于他的建筑事务所。

在我们谈话的过程中，冯·格康问我是否愿意执笔他的传记。当时他已经77岁了，与我相对而坐，其外貌令人印象深刻：身材高大，一头银发，和往常一样，穿着剪裁宽松的西装，戴着运动型眼镜。光是这身装束，就把他和很多同行区别开来——后者总是以一身存在主义建筑师的黑色装扮示人，鼻梁上架着夸张的黑色眼镜，仿佛是勒·柯布西耶再世。

冯·格康则完全不同。他的风度和他一生的工作一样令人肃然起敬。年近80岁的他，脸上显露出岁月的痕迹；但他体内的能量从未中断。正是这股能量始终鼓舞、驱策着他及其身边的人，挑战并推进着能力的极限。冯·格康是一名优秀的讲述者。清了清嗓子后，他用流畅、精准得几乎可以直接付印成文的表述谈起了自己的种种际遇和生活趣事，当然最重要的是，他也谈到了自己在世界各地的建筑作品。他的嗓音清晰，卷舌的R音带着波罗的海口音。平日里，他的演讲和讲座几乎总是会超出给定的时间，因为他常常还想再为听众多展示一座房子，而围绕着这座房子，又总是有着一个非常特别的故事。然后，他的听众很快就会明白，冯·格康是在用他的整个生命和整个身体去描绘建筑，建筑像空气一样，充盈了他的全部生活。为此，他每时每刻都在向自己的身体索求全部的力量。

对于建筑，他一次次将材料效果和空间氛围中的感性因素成功地驯服于清晰的形式当中。对他来说，建筑是几何学，是功能和构造，但也始终是艺术。在职业生涯的晚期，尤其是在中国的项目中，他开始设计出更加自由的形式，而这对于其早年来说是不可想象的。

在接下来为写他的传记而与之共同工作的两年时间里，我们定期讨论，常常一聊就到了深夜。渐渐地，我越来越了解冯·格康的个性，也越来越深入地沉浸在他的作品中。

与冯·格康一同创立 gmp 的玛格，以及冯·格康以前的同窗和早期的同事阿斯穆斯·维尔纳（Asmus Werner，后文简称：维尔纳）、克劳斯·尼克尔斯（Klaus Nickels，后文简称：尼克尔斯）和卡斯腾·布罗克施泰特（Carsten Brockstedt，后文简称：布罗克施泰特）也接受了访谈，从而让我走近了年轻时的冯·格康；他的长女弗洛伦丝·冯·格康（Florence von Gerkan，后文简称：弗洛伦丝）从私人视角描述了作为父亲的他；他的第二任妻子萨宾娜·冯·格康（Sabine von Gerkan，后文简称：萨宾娜）讲述了他的旅行、他对航海的热情，以及他们与阿尔费德（Arved）、阿莉莎（Alisa）、尤利安（Julian）和乔纳森（Jonathan）几个孩子共同的家庭生活；gmp 的合伙人尼古劳斯·格茨（Nikolaus Goetze，后文简称：格茨）和施特凡·胥茨（Stephan Schütz，后文简称：胥茨）[1] 为冯·格康的建筑师身份及其个人形象增添了更多立体感，他们格外称道他的独特能力——迅速分析复杂的建筑和城市规划关系，并将其转化为令人信服的设计。

冯·格康从 1974 年开始就在布伦瑞克工业大学（Technische Universität Braunschweig）任教，那儿的许多学生都直接进入汉堡或柏林的 gmp 办公室工作。作为一名建筑师，他无论是在教学还是建造方面都有着极其丰富的经验，因而为学生提供了德国大学中少有的、以实践为导向的建筑学习途径；不过，其对设计作业的犀利评价也让学生们对他敬畏有加。

冯·格康是德国当代最著名的建筑师。50 年来，他在德国和世界范围内耕耘不辍。他的作品众多，从传奇的柏林泰格尔机场（Flughafen Berlin-Tegel）及其在斯图加特和汉堡的后续工程，直到柏林中央火车站（Berliner Hauptbahnhof）和 2000 年汉诺威世界博览会基督教馆（Christus-Pavillon, Expo 2000）。

冯·格康是最早敢于克服一系列不确定因素，认识到中国建筑市场广阔可能性的德国建筑师之一。自 2000 年以来，他在中国完成了大量建筑项目，包括办公楼、会展中心、高层建筑和剧院，这些项目都已经成为当地的地标性建筑。他在中国最著名的作品包括与胥茨合作设计的、坐落于北京天安门广场的中国国家博物馆（Chinesisches Nationalmuseum），以及上海浦东新区的“理想城市”——临港新城[2]（Lingang）的设计，其建筑地标——中国航海博物馆（Maritime Museum）也出自他的手笔。

1965年，冯·格康和他的大学同窗玛格一起在汉堡创立了gmp。在德国，几乎没有任何一个建筑师合作事务所能有如此长久的事业生命，也没有任何一个如此成功。如何才能成为德国最成功的建筑师？冯·格康是何许人？

冯·格康的成功并非与生俱来。1935年，他出生于里加（Riga）一个平凡的家庭，第二次世界大战结束后，他成了孤儿——父亲死在苏联，母亲在战争结束后不久也去世了。在下萨克森州（Niedersachsen）一个寄养家庭长大的冯·格康很小的时候就不得不为自己的生计担忧。

20世纪50年代末，在柏林求学期间，冯·格康认识了玛格。从布伦瑞克工业大学毕业后，二人一起去了汉堡。他们的联合建筑事务所发展迅猛，两个雄心勃勃的年轻人赢得了一个又一个的建筑竞赛。因此，当柏林泰格尔机场这样的大型项目出现时，他们也毫无畏惧。

面对巨大的工作量，二人分工做项目，如果意见偶尔出现了分歧，他们会提交两个方案参加竞赛，例如慕尼黑奥运场馆（Olympiagelände in München）和汉堡美术馆（Kunsthalle in Hamburg）的投标。多年来，他们一直在共同的办公室里一起工作，甚至在搬到易北大道的大楼里之后也仍然如此，与此同时，在gmp共同的屋檐下，两个创始合伙人的独立性也在日益增强。

玛格设计的一系列会展建筑——其中就包括了莱比锡会展中心（Messe Leipzig）——赢得了巨大的成功，如今，他仍在世界各地致力于体育场馆的建设。20世纪90年代的冯·格康专注于德国的铁路建筑，自1999年以来，他便把目光投向了中国。他所担任的教职和所获得的荣誉遍及世界多地。

冯·格康在建筑设计和经济两方面都取得了可观的成就，究其背后的原因，不难发现他设计的建筑都有着极为清晰、即便是非专业人士也能迅速理解的结构体系——往往基于平面几何或立体几何（即空间几何）的基本形式。建筑的功能性、结构秩序和品质精良的造型设计相辅相成。冯·格康很早就在布伦瑞克工业大学担任教授——这一教职对他裨益良多，使得他不仅要向学生展示自己的建筑，还要明确自己的建筑态度。

他的建筑设计准则是：① 简洁性（Einfachheit），② 多样统一性（Vielfalt in der Einheit），③ 条理分明的秩序（Strukturelle Ordnung），④ 独特性（Unverwechselbarkeit）。

它描述出了一个框架、一种建筑态度。40 多年来，在与各种项目委托、各个场地和业主，当然还有不断变化的风格和潮流间的对话式较量中，他始终秉持着以上准则。

“因此，建筑需要被赋予目的和形式不可分割的统一性，因为建筑物的功用不仅是组织行动与流程，而且首要的是成为生活空间。”1975 年 12 月 21 日，冯·格康在《时代周报》（*DIE ZEIT*）上发表了一篇题为《建筑师不应该为一切负责》（Architekten sind nicht an allem schuld）的文章，20 年后，此文被收入书中出版。

此外，冯·格康认为：“一件建筑作品永远是建筑师的智识设想和现实的可行性条件之间较量的结果，除了法律、政治、技术和功能条件外，还包括经济条件。对我们来说，建筑始终在与经济条件对抗。正因如此，我们不会去妖魔化必要的妥协和删减，而是在限制之下尽力呈现出最好的结果。”[3]

在德国建筑师当中，没有谁像冯·格康那样很早便极为详尽地发表了自己的观点和作品。当公共关系在大多数建筑事务所中还属于次要工作内容的年代，他已经开始将 gmp 的设计项目记录在一套系列丛书中，该丛书迄今已达 12 卷。

此外，冯·格康还常常参与有关社会和建筑的公共讨论，从中诞生了诸如《建筑师的责任》（*Die Verantwortung des Architekten*，1982）和《对话中的建筑》（*Architektur im Dialog*，1995）等书。他不怯于明示自己的立场，因为在他看来，建筑师的工作是一项社会任务。他是一个公众人物，爱争论，有争议，甚至在他的同行当中也是如此。许多人对他很尊重，但也不乏心怀嫉妒者。他极力坚持自己的立场，即便对方占有压倒性的权势也无法让其轻易妥协，他甚至不惜上法庭为自己的权益而战——柏林中央火车站便是一例。

对于以画图为设计表达媒介的建筑师来说，语言是表明其立场的一个重要出口。伟大的德国教堂建筑师鲁道夫·施瓦茨（Rudolf Schwarz）曾告诫：“艺术家们，你们只应创造，不应言讲。”但如同这句话的原作者一样，冯·格康也没有噤声。在《黑匣子之柏林机场项目》（*Black Box BER*，2013）一书中，冯·格康毫不留情地揭开了管理混乱的当今德国最大建筑项目的伤疤。

冯·格康热爱美食，也热爱畅快淋漓的航海旅行。在这样一位自信的成功人士身上，偶尔也会闪现出感性的一面，尤其是谈到少年时代和家乡时，常会看到他强忍眼中泪水的样子。这些是对他触动最深的记忆和感受，尽管他很少会承认。

优秀的建筑并不是一蹴而就，除了要有好的建筑师，还需要有要求明确并能在资金上负担这些要求的客户。在建筑师这一方，需要一个团队能够将其设计转化为建筑，深入考虑每一个细枝末节，并协调施工现场及工会。自从在布伦瑞克工业大学任教以来，冯·格康的一项特殊能力就是为有才干的年轻建筑师加入他的建筑事务所铺平道路。其中有些人在 gmp 积累了几年的经验后另立门户，而另外一些人则继续留在 gmp，或作为合伙人统领数百个员工，尤其是合伙人中的胥茨和格茨与他建立了极为互信的合作关系。在冯·格康的个人交往中，只有寥寥可数的密友和知己，他与他们共同切磋事务，听取他们的建议。

在过去的几个月里，冯·格康向我介绍了他在德国之外最重要的一些建筑。我们一道前往北京、上海、杭州、天津和深圳，还在越南河内参观了仍在建设中的越南国会大厦（Vietnamesische Nationalversammlung），它将于今年开幕[4]。此外，我们一同回溯他在道加瓦河（Daugava）畔里加的童年足迹——冯·格康的人生故事于 1935 年 1 月徐徐展开。

于尔根·蒂茨

2015 年 3 月于柏林

---

1. 二人现任 gmp 合伙人兼执行总裁。——译者注
2. 2002 年，gmp 在国际设计竞赛中中标上海临港新城（当时名“芦潮港新城”）的规划设计，同年 6 月正式开工建设。该项目为配套洋山深水港的开发，于滩涂上筑堤而建，规划分为中心区（主城区）、主产业区、综合区、重装备产业区和物流园区五部分，初期总规划面积 296.6 平方千米。2005 年 12 月，洋山深水港开港，东海大桥通车，临港新城也正式投入使用。2012 年 4 月，临港新城更名为“南汇新城”，并成立南汇新城镇。2019 年 8 月，国务院同意设立中国（上海）自由贸易试验区临港新片区，《中国 (上海) 自由贸易试验区临港新片区总体方案》同时揭晓，南汇新城成为其核心。2019 年 8 月 20 日，上海自贸试验区临港新片区在滴水湖畔正式揭牌，临港新片区管理委员会也挂牌成立。临港新片区规划总面积 873 平方千米，截至 2020 年 10 月，已建成面积为 63 平方千米，人口数 83 万多。——译者注
3. Esche, Jan /Gerkan, Meinhard von (Hg.): Architektur im Dialog. Texte zur Architekturpraxis. Berlin 1995, S. 202.
4. 指 2015 年，目前项目已如期落成。——译者注

目录

在历史的齿轮之间

里加的童年时光

有一些黑白照片的边缘参差不齐，比邮票大不了多少。那是些典型的儿童照片，手工冲印出来的日常快照，画面中呈现着海边的夏日田园生活。对于冯·格康来说，淡褐色皮革装订的小相册里的那些照片是他幼年时光的回忆信物。它们诉说着日常琐事，诉说着星期天的散步，诉说着那些光彩照人的面容下和温暖阳光洒在皮肤上的幸福家庭生活……一对年轻的夫妇带着他们的第一个孩子——当时的冯·格康还只是一个小婴儿。我们看到他身材高大的父亲——阿尔费德·冯·格康（Arved von Gerkan，后文简称：阿尔费德），他的面容特征是如此鲜明，在其儿子，甚至长孙身上都能明显看到他的影子。冯·格康为了纪念父亲，给自己的儿子也起了“阿尔费德”这个名字。

这些照片拍摄于波罗的海海滩，在里加郊外几千米的丘马拉（Jurmala）附近的某个地方，冯·格康一家在那儿拥有一座小度假屋。度假屋的具体位置，冯·格康已经不记得了，毕竟，从那些动荡年月能幸存下来的纪念物屈指可数。偶然间找到的一封信（或是一张照片），上面有他的祖父——维克多·玛格努斯·冯·格康（Victor Magnus von Gerkan）——出生于拉脱维亚与立陶宛边境附近的城市苏巴泰（Subate）。

出生半个多世纪之后，冯·格康和第二任妻子萨宾娜一起回到自己的出生地——拉脱维亚的里加，他 4 岁时曾被迫离开的地方。他们一起乘着出租车在街道中穿行，记忆的片段不断闪过：这里是童年时熟悉的地方吗？这里曾是叔叔的药店吗？当年，他总是和表姐杰茜（Jessi）在那里一起玩耍。然而，在此行中，无论是一家人曾经的住处还是度假屋，冯·格康都已无法确认。对于在里加度过的遥远的童年时代，他已记忆模糊，多半事情都仅仅基于耳闻。

又一个 10 年过去，冯·格康的两个好友兼工作伙伴莱昂斯·亚克林斯（Leons Jakrins，后文简称：亚克林斯）和古纳·爱格里特（Guna Eglite）开始着手研

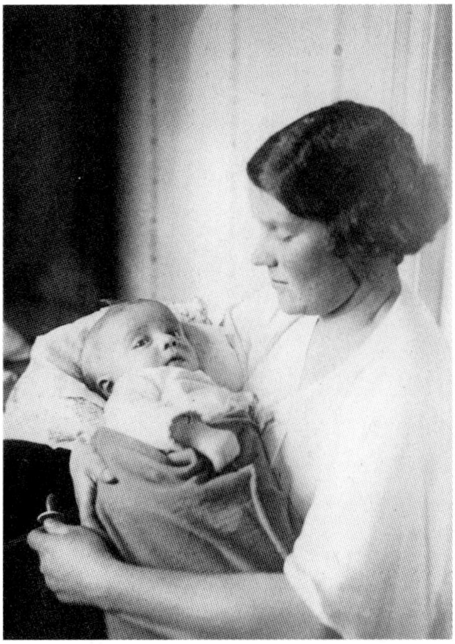

左上：冯·格康被母亲抱在怀中。在里加的时光对幼时的他来说是一段温馨的日子
右上：冯·格康与父母亲在城里散步
下：冯·格康与表姐杰茜一起玩耍

究相关历史档案，他们在其中发现并确认了冯·格康的出生地：里加的多萝蒂恩街 42 号。

虽然冯·格康已经几乎完全记不起在里加的时光，但他知道自己是一名波罗的海德意志人，他能感觉到与那座城市的紧密联系。他所拥有的纪念物和家庭照片如此之少并不令人惊讶，真正令人惊讶的是，在一家人经历了双重驱逐的流离失所之后，竟然还能有这样一些珍贵片段幸存下来。

丘马拉海滩上的夏日田园呈现出一种岁月静好的景象，在这表象之下，世界历史正天翻地覆。就在拍下这些孩子们的照片几年后，冯·格康的家庭也被卷入历史洪流之中。在统计在案的纳粹独裁统治和第二次世界大战期间死亡和流离失所者的数字背后，是数以百万计的个人命运。

冯·格康出生于 1935 年 1 月 3 日，是阿尔费德和妻子达格玛（Dagmar，婚前姓瓦尔特，Walter）的独生子。在当时看来，这个孩子拥有在里加度过一个幸福童年所需的一切条件。几个世纪以来，居住在道加瓦河畔这座城市的波罗的海德意志人对里加的经济和文化作出很大贡献：约翰·戈特弗里德·冯·赫尔德（Johann Gottfried von Herder）在这里完成了他关于德意志国民性（Nationalcharakter）的著述；年轻的理查德·瓦格纳（Richard Wagner）在这里首度担任乐团指挥；卡尔·冯·霍尔泰（Karl von Holtei）在这里写下了《里加谋杀案》（Ein Mord in Riga）——最早的德语犯罪故事之一。

诚然，20 世纪 30 年代，拉脱维亚和德国之间并非没有出现过关系紧张的时刻，但总的来说还是以和平常态为主。在这一背景下，1904 年出生于莫斯科的冯·格康的父亲——阿尔费德于 1933 年前往里加的西门子公司担任工程师。对他来说，这趟旅程是回归家族在波罗的海之根。在里加，他遇到了未来的妻子达格玛——1903 年出生在里加附近的马约伦霍夫（Majorenhof）。

冯·格康记得，他的外公、外婆和母亲的三个姐姐——姨妈阿妮塔、艾丽卡和薇拉都住在离自己家不远的地方。他们常常见面，孩子们也喜欢在一起玩。小冯·格康和薇拉的女儿杰茜尤其亲近。

就像亲戚们后来给冯·格康描述的那样，里加的生活很简单，就是些寻常的日子。家里的生活并不宽裕，从不长途旅行，自然也没有出过国，因为没有钱。门前的大海就像是对于远方的一个许诺。回首往事，冯·格康认为幼年时代是他青春中的“天堂时光”。

大海和里加港塑造了他生命的雏形，直至今日，二者仍然吸引着他。在汉堡，他与家人一起在易北大道工作和生活，俯瞰河流与集装箱港口。他在海利根哈芬格拉斯瓦尔德(Graswarder, Heiligenhafen)的度假屋坐落于波罗的海岸边，这是他的避难所，也是他放松和创作的地方，而航海也就此成为他的热情所在。

谁能看清昔日里加海滩照片中的田园风光是怎样一种假象？1935 年，希特勒上台两年，德国社会已全面与其统治同步，纳粹的战争扩张正进行得如火如荼，这对波罗的海的各个年轻国家产生了重大影响。第一次世界大战结束，拉脱维亚在经历了几个世纪的外部势力统治后终获独立，摆脱了多国的霸权；但这个年轻国家的国内局势和当时许多欧洲国家一样，并未得到巩固。1934 年，国家发生政变，卡尔利斯 · 乌尔马尼斯（Karlis Ulmanis）建立专制政权；1939 年，这一政权被颠覆，同年 8 月的《希特勒 - 斯大林条约》（即《莫洛托夫 - 里宾特洛甫条约》）为希特勒入侵波兰扫清了障碍，紧接着 9 月，德国当局与斯大林签订了《苏德边界与友好条约》。在一项秘密的附加协议当中，该条约在违反国际法的情况下对中欧和中东欧的利益范围进行了划分。

1939 年 10 月 6 日，希特勒在国会演说中宣布对“帝国内的德意志各族”进行统一安置。这一决定，用最简短的话来说，意味着波罗的海德意志人历史的结束。在仅仅几周之内，它就导致了里加所有德语机构的解散。1935 年的拉脱维亚约有 3% 的人口是德国人，他们一夜之间失去了自己的家园。

1939 年秋冬，拉脱维亚约有 5.2 万人被要求重新安置，被迫迁往所谓的“瓦特大区”（Warthegau），其目的是将所占领的波兰领土“日耳曼化”，而这片土地上的原住人口则被驱逐和杀害。不到 1 年，1940 年 6 月，苏联坦克开进里加，结束了拉脱维亚短暂的独立时期。

波森（Posen）的青春岁月

1939 年秋，世界历史车轮中的冯 · 格康一家乘船离开里加，前往但泽（Danzig）。行李中带了些什么，他们到底有多少时间为被安置做准备，这些冯 · 格康都已经不记得了；但是，这应该是一次井然有序的离开，不像几年后所遭遇的那场仓促逃亡。在全家从里加搬到波森的时候，他的父亲被征召入国防军。

冯 · 格康一家搬进了位于圣拉扎鲁斯区（St.Lazarus）哈登伯格街（Hardenbergstraße）的公寓——位于老城中心区的外围，在波森中央火车站的后面，离冯 · 格康上学的地方不远。学校在公寓的同一条街上，用不到 5 分钟的时间就能走到。他还记得自己和朋友们在学校的休息区踢足球，尽管这是严令禁止的。有一次因为打碎了一扇窗玻璃而挨了狠狠一顿揍：小男孩被带到体育馆，放在一具鞍马上，用藤条抽打屁股。

和以前在里加一样，在波森，他母亲的亲戚也都住得不远：他的外祖父母家和自己家在同一条街上；表姐杰茜一家住在附近的格洛高尔街，他们在那里重新开始经营一家药店。几十年后，冯 · 格康和他的表姐一起在如今的波兹南（Poznań，这个城市又恢复了它原本的名字）追寻童年的去处，与现在住在那座公寓里的人们攀谈。那里是他从 4 岁开始的成长和生活的地方。

20 世纪 40 年代初，杰茜热衷于收集乌发电影公司（UFA）著名演员的照片。“她对那些二三十年代的明星们很着迷。”冯 · 格康回忆说，而当时看杰茜“表演”那些电影故事的观众就是他这个表弟。当时，小女孩对电影版的《吉普赛男爵》尤其着迷，她在各个角色之间忙不迭地切换，迅速把床架变成马背，把门框变成舞台大门。然而，对于不懂电影的表弟来说，这一切简直叫人应接不暇。随着表演急促地进行着，他开始越来越坐立不安，最后终于爆发，在大喊一声：“我根本就看不懂！”——宣告热闹表演的终结后，他匆匆离开房间。

对于杰茜来说，早年对电影和戏剧的热情决定了她的人生方向。她成为一名受人喜爱的女演员和香颂[1]歌手，在莱比锡学习表演之后，活跃在东德的许多舞台上。后来，在冯·格康和他第一任妻子格尔达·屈恩（Gerda Kühn，后文简称：格尔达）的穿针引线之下，她又获得了一系列在“西方国家”的演出机会。这样，尽管有围墙和铁丝网的阻隔，表姐弟仍然得以保持着联系。

显然，表姐对于表演的抱负对冯·格康产生了深远的影响。第二次世界大战结束后，他曾在剧院短暂工作，扮演过一些群众演员的角色。然而，舞台对于杰茜而言是人生目标，对于冯·格康来说则不过是一段插曲。

在冯·格康的记忆当中，波森似乎是一个到处都是士兵的城市。事实上，在哈登伯格街冯·格康家的附近，的确是有好几个军营，这一带也有不少公园，孩子们时常在那儿玩耍。尽管他已经忘记了幼年时期的很多事情，却清楚地记得自己曾经在那里被铁丝网绊倒的情形，因为他的右腿上至今还留有伤疤。

在父亲被征召入伍后，年幼的冯·格康和母亲相依为命，他的记忆被越来越多关于战时日常生活的内容所占据，例如那些凭卡领取的定量食物。他的母亲有时会带他去公共舞会，那儿有咖啡和蛋糕，还有乐队演奏，作为日常生活的调剂。

1942 年，冯·格康的父亲阿尔费德返乡休假，这是年仅 7 岁的男孩最后一次见到自己的父亲。1943 年，阿尔费德在东线阵亡，地点在斯摩棱斯克（Smolensk）以西约 100 千米的奥沙（Orscha）附近，也就是现在的白俄罗斯。阿尔费德的二哥——1900 年出生的曼弗雷德（Manfred），1914 年夭折；弟弟——1902 年出生的哈拉尔德（Harald），1945 年遇难；大哥——1892 年出生的列昂尼德（Leonid）和妹妹——1910 年出生的阿尔塔（Arta）在第二次世界大战中幸存。

1. 法语“chanson”的音译，意思是歌曲，通常指法语的通俗歌曲。——译者注

星期天的蛋糕

1945 年 1 月 21 日，达格玛正在烤芝士蛋糕，香味弥漫了整个公寓；但是，这个蛋糕最终都没有被吃掉。冯 · 格康还记得，当时是下午，突然传来消息——“必须马上离开，苏联人来了。”正患着重感冒的孩子对那美味的蛋糕恋恋不舍，但已经来不及把它带走了。“别管了，我们明天就回来。”母亲安慰着他，告诉他回来之后蛋糕还是可以吃的。母亲真的相信还能重返波森吗？或者她只是想消除一个 10 岁孩子心中的恐惧？

冯 · 格康猜想，母子俩一定是在那几只没装什么东西的行李箱上坐了好几天。前线传来的隆隆炮声清晰可闻。在被驱逐出里加之后，他们现在不得不再次放弃第二个家园——波森，继续背井离乡、失去一切的生活。

这一天，所有的妇女和儿童都不得不离开这座已被纳粹宣布为“防御要塞”的城市。冯 · 格康回忆说，家附近中央车站的列车里、城中的街道上都塞满了人；结了冰的马路上，军用汽车在逃难的人潮中挤来挤去。

冯 · 格康母子和亲戚们一起踏上了第一阶段的逃亡，不是乘火车，而是坐雪橇。杰茜的小妹妹当时只有 8 个月大。雪橇上几乎没有空间放行李，每个家庭成员只能带着各自最基本的生活必需品。穿过冬日午后的大雪和晦暗，他们开始向西逃亡。杰茜最心爱的、收藏着乌发电影明星照片的相册连同星期天的蛋糕一起，都被留在了波森。

冯 · 格康回忆说，几个小时之后，他们到达了一个火车站的红十字基地。那里虽然同样拥挤不堪，但至少给他们分了一些卷心菜汤喝。夜里，听驻扎在那里的士兵说，将会有卡车把他们带到更西边的地方去。达格玛和薇拉两姐妹想尽办法不与彼此分开，然而无济于事。达格玛和仍在感冒中的儿子带着最后一个行李箱，乘敞篷卡车往斯德丁（Stettin）[1] 方向驶去。她再也不会见到妹妹薇拉了。

如果行动再迟一点，这几家人就逃不出波森了。因为 4 天后，1 月 25 日，该城被红军包围，直到一个月后的 2 月 23 日，“要塞”波森才投降。这时，冯 · 格康一家早已到达德国西部。

前往斯德丁方向到达城市附近时，他们先被安置在一个临时收容所，然后再前往普伦茨劳（Prenzlau）。仅仅过了几天，那儿的人们就开始模拟“常态”生活了，冯 · 格康又被送到了学校。

“在普伦茨劳，我母亲面对的问题是，接下来会怎样？姐妹们去哪儿了？应该在普伦茨劳留下来，还是再次离开？是该等着苏联人，还是试着去找英国人或者美国人？”

一切都没有答案，没有任何安全感，也无法与家人取得联系。还是个孩子的冯 · 格康当时并不知道，他的母亲已经身患严重的糖尿病，这次逃亡对她来说必定是身体上的严酷磨难。尽管如此，她还是决定带着孩子继续前行。这次，他们买了一张正常的火车票，乘火车再次踏上旅途。在战争结束前的最后几周，他们先到达了汉诺威，然后是布鲁赫豪森 - 维尔森（Bruchhausen-Vilsen）——一个距不来梅（Bremen）以南不到 40 千米的小城。

在众多纷繁的印象和悲剧性的转折之中，冯 · 格康只记得自己 10 岁时经历的片段。 他们当时住在一个熟人家里，那人在维尔森经营着一家缝纫用品店。小男孩并没有自己的房间，只能睡在房子的一角。这样的权宜之计在那时很常见，人们在一个屋檐下拥挤度日，只求能够躲避战争，得以活命。然而，母子俩身处于装满了各色丝线的抽屉之间，总感觉自己像是异类，难以维持正常的日常生活。与此同时，母亲的身体状况已经变得越来越差。

就达格玛的情况而言，1943 年丈夫的去世很可能对她造成重大的打击，进而引发了糖尿病的发作——这些都是后来一名医生对冯 · 格康的解释。在波森，她显然控制住了病情，所以孩子并没有发现什么异常，但之后逃亡中的舟车劳顿，让病情恶化。在战争的最后几周以及战后的最初几周里，她得不到急需的一切——适当的营养、必要的休息以及最重要的、决定生死的胰岛素。达格玛和她的儿子一起被送往了巴萨姆的医院，这是他最后一次和母亲在一起。达格玛 · 冯 · 格康于 1946 年 4 月 13 日去世，年仅 40 岁，葬于布鲁赫豪森。

---

1. 波兰语称“什切青”（Szczecin）。——译者注

人智学（Anthroposophie）援手

年仅 11 岁的冯 · 格康成了孤儿，身处一个不熟悉的环境，而且身无分文。战争结束了，未来充满了未知数。里加海滩上的童年幻想破碎了。

这个落难的男孩靠别人的施舍和照顾维持着生存。他断断续续地回忆起是如何从波森带出的最后一个行李箱中拿出幸存银器中的几个勺子，用它们和附近的农民换取牛奶、鸡蛋、面包和咸肉。一对年老的农民夫妇收留了这个男孩，女佣索菲负责照顾他，她还兼做洗衣生意。冯 · 格康笑着回忆起，自己是怎么帮她叠床单的。

多亏了英国驻军，布鲁赫豪森 - 维尔森的生活才多少进入了正轨。冯 · 格康在当地的中学上学。他在那里享有特殊的地位，因为在班上，他是唯一一个逃过了“苏联人”的孩子。英国士兵会给孩子们巧克力，还有香烟，而自己不抽烟的人就会拿烟和别人换东西。“香烟，那可是‘硬通货’。”冯 · 格康告诉我。

他和一个农民的儿子关系格外好。他还记得，这个朋友每天上学都会给他带一份便餐面包，“里面抹了厚厚一层肝酪（Leberkäse），多得都从边上溢出来了”——简直就是奢侈！

除此之外，就是普普通通的乡村日常。冯 · 格康会去住处斜对面的马蹄铁铺子里看铁匠给马匹钉掌，有时也会获准帮一把手。他还要去地里捉马铃薯叶上的甲虫。然而，在女佣索菲照顾下的时光也有结束的一天，具体是什么缘由和情况，冯 · 格康已经不记得了。下一站，这个孤儿来到了位于瓦尔斯罗德（Walsrode）附近迪斯霍恩（Düshorn）的霍佩牧师家中，距离布鲁赫豪森 - 维尔森以东 50 多千米。

对他而言，这是一大幸事。卡尔 - 尤斯图斯 · 霍佩（Carl-Justus Hoppe）与黑德维希 · 霍佩（Hedwig Hoppe）对他的意义远超养父母，他们成了他真正的“父

亲生父母过世后，养父母用爱收留了冯·格康

亲”和“母亲”——在后来的信件中，他就是这样称呼他们的。霍佩夫妇给了他必要的安全感，抚育、引导了他，尤其是霍佩爸爸，在他求学的岁月里，二人长期的书信往来是他不可或缺的精神支撑。同时，夫妻俩也在经济上支持着他。

霍佩夫妇自己的孩子乌特·霍佩（Ute Hoppe，女儿）和海因茨-赫尔穆特·霍佩（Heinz-Hellmuth Hoppe，儿子）也住在家里，他们的年纪都比冯·格康大得多。此外，霍佩夫妇还有一个养子——阿尔弗雷德（Alfred）。为基督教的奉献仁爱精神所引导，他们给了冯·格康一段受呵护的青春岁月。在他的记忆中，这段时光就如同田园诗一般。

冯·格康偶尔会和他的养母黑德维希一起去吕讷堡（Lüneburg）石楠草原上采摘野黑莓和覆盆子。“霍普妈妈可以在花园里待上一整天，她在那里很开心。”他说，她十分热爱带有新艺术风格的自然写生，家里收藏着深受“生活改革运动”（Lebensreform）与“青年运动”（Jugendbewegung）影响的画家菲杜斯（Fidus）的作品。霍佩一家与“生活改革运动”关系密切，是人智学和受人智学启发的基督教会的忠实追随者。20 世纪 50 年代，海因茨-赫尔穆特·霍佩搬到东德，在巴德萨罗（Bad Saarow）附近的马里恩赫厄农场（Hof Marienhöhe）从事生态农业工作，该农场自 20 世纪 20 年代起就以鲁道夫·施泰纳（Rudolf Steiner）的理念来经营。

乌特·霍佩向往着更广阔的世界。她后来定居纽约，并在那里结了婚。母亲曾经鼓起勇气越过大西洋去探望，但已习惯了乡村生活的她很快就意识到，喧嚣繁华的大都市不是属于她的世界。在发出“我会死在城里的”的慨叹后，她还是安心待在迪斯霍恩了。

每天，冯·格康从迪斯霍恩骑自行车去几千米之外的瓦尔斯罗德上学，这导致了每隔一段时间，他就要修补被颠簸不平的路面磨坏的旧车胎。星期天的时候，他可以去教堂的塔楼上敲钟。除了牧职，霍佩牧师还经营着一个小农场，并在牧师住宅的果园里种着美味的格拉芬施泰纳苹果。那真是天堂般的时光。

霍佩牧师不仅投身于人智学，他也是顺势疗法的积极倡导者。在迪斯霍恩，他甚至拥有“神医”的美誉，为病人分发他的小药丸（Globuli）。霍佩的医学声誉来自一次可怕的庄稼收割事故中他所采取的行动。当时，一个农民的手臂被卡到铡机里，当时正在战争期间，无法迅速得到医疗救助。于是，人们把伤者凑合着包扎了一下，带到了霍佩牧师那里，请求他的帮助。“我得准备点东西。”牧师立刻动身从吕讷堡石楠草原带回了一罐蜂蜜，那是他从一个养蜂人那儿弄到的，他把蜂蜜涂在伤者的伤口上。后来，伤口愈合得很好——事实上，蜂蜜确实可以起到一定抗生素的作用。

为了尽量在经济上不要完全依赖寄养家庭，冯 · 格康利用一切机会多挣钱。他会骑自行车把屠宰之后的猪下水送到处理场。迫于生活所需，他机敏地不断培养着自己的商业头脑，迅速发掘新的收入来源。迪斯霍恩杂货店卖的棒棒糖，也就是那种插在木棍上的红糖块，比瓦尔斯罗德卖的要便宜很多。很快，冯 · 格康就开辟出了繁荣的“黑市交易”——作为中间销售商，他提出为瓦尔斯罗德的商店供应棒棒糖。他夸下海口，声称自己能“以低廉的价格直接从工厂采购”——这当然不是真的。他告诉对方，做这笔生意的先决条件是要购入一定数量的货品才能拿到低价。瓦尔斯罗德的杂货店买账了。冯 · 格康从霍佩家借了一笔“创业投资”，在卖出的第一批 100 根棒棒糖上获得利润。

为了继续接受教育，冯 · 格康从迪斯霍恩搬到了汉堡，而他的养父母此时也离开了吕讷堡石楠草原，搬到了锡根。霍佩牧师已经从牧师岗位上退休，在那之后，他不得不为养老金与地区教会进行长期的斗争。在 20 世纪 50 年代中期写给儿子的信中，他提到自己去当门卫赚一些外快，但人智学和基督教会仍然是他真正的生活重心，而这个坚定的根基也决定了冯 · 格康教育之路的下一站——霍佩把这个男孩送到了位于拉尔施泰特路的华德福学校(Waldorfschule)。冯 · 格康获准住进约翰大道 17 号人智学协会大楼的一户人家，他与这个新寄宿家庭里的孩子鲁道夫一起，在有着悠久传统的第二次世界大战后重新开放的华德福学校上学，直到高中毕业。

那本记录着 9a 班班级旅行的手写日记就是在这段时间里诞生的。这本迷人的小册子制作得翔实、细致、一丝不苟，能看出作者们在版式设计上享受到极大乐趣。除此之外，尤其引人注目的是出自冯 · 格康之手的那些插图：一座布道台的仰视图，其立体效果由细密的阴影线塑造而出，还有一幅以自由的笔触呈现出的、位于树丛之间的帐篷……在其中似乎已经能够看到那个未来建筑师的轻快笔触。当你目光落在这些吕讷堡的素描上时，不由得会被一些东西所扰动，一分不多，也一分不少——那些画面是被精心构建出来的，可能经由一名老师的指导，也可能是通过画者自己的理解。这对于一名 9 年级学生来说并不寻常，是他艺术天赋的表现。

冯·格康曾在他堂叔阿明·冯·格康（Armin von Gerkan）那里接触过建筑这个课题。冯·格康的祖父有三个兄弟，其中大哥尼古拉（Nikolai）生于1856年，有两个儿子：罗兰·冯·格康（Roland von Gerkan），于1933年55岁时去世；另一个就是比罗兰小一岁的阿明·冯·格康，他出生于苏巴泰，在里加上过学，也正是在那里开始学习建筑学，后来搬到了德累斯顿（Dresden）。在第一次世界大战期间，阿明·冯·格康先后作为苏联预备役军官和格鲁吉亚军官，最后作为德国志愿军参战。因此，直到1922年，他才得以在格赖夫斯瓦尔德（Greifswald）完成自己的博士论文《古希腊城市布局》（Griechische Städteanlagen），这篇论文至今仍被认为是建筑史研究文献中的权威著作，并为其跻身德国最重要的建筑学者行列铺平了道路。在第一次世界大战之前，阿明·冯·格康已经在希腊和小亚细亚的米利都（Milet）、迪迪玛（Didyma）和萨摩斯（Samos）等地参与过发掘工作，之后在罗马，他被任命为德国考古研究所副所长，从1938年起，他开始接替路德维希·库尔提乌斯（Ludwig Curtius）领导该所的工作。

第二次世界大战之后，阿明·冯·格康先是在哥廷根任教，自1948年起，又在波恩任教，他给侄子冯·格康的大部分信件正是写于波恩执教期间。他对这个男孩的成长给予了极大关怀，或许还提供了经济上的支持。作为建筑师和建筑学者的他在1956年圣诞节的一张明信片中表示，十分惊讶于听闻侄子打算去柏林学习建筑。

从舅舅赫伯特·瓦尔特（Herbert Walter）那里，冯·格康得到经济帮助和学习建议。赫伯特·瓦尔特曾经在苏联被俘，之后定居在古默斯巴赫（Gummersbach）。“为什么偏偏要去柏林工业大学？”——鉴于柏林作为“前线城市”难以预测的状况，他对冯·格康的择校意愿提出了异议。

在此期间，冯·格康与姨妈薇拉、表姐杰茜重新取得了联系。他们一家在逃亡后一直留在东德，定居梅泽堡（Merseburg）。考虑到东部苏占区的政治局势，薇拉向他提出，可以搬去他们那儿居住。冯·格康回绝了这一好意。

与此同时，在华德福学校，他与同学尼克尔斯之间的友谊正慢慢成形，这将是他第一段维持终身的友谊。后来，在布伦瑞克工业大学学习建筑时，二人再次相遇。在他与蒂姆·奥尔特（Timm Ohrt）一起建立自己的联合事务所之前，尼克尔斯曾经伴随gmp取得最初几年的成功，尤其是泰格尔机场的建设。

回顾在华德福学校的日子，冯·格康特别欣赏的是模块式的整体课程——

每一科目都是按照历史时期来进行讲授，“就像是把一本书完完整整、从头到尾地读一遍”。事实证明，这种教学方法是一种独特的经验，后来，拥有清晰思维结构的冯·格康后把“施泰纳学派”（Steinerschule）传授的这种整体性方法运用到他的建筑师工作中。课程的目的是让学生从环境出发，理解其中的现象，同样，建筑师也必须留意事物之间的节点。“建筑是从它们的功能出发，而不是从单纯的效果出发。”冯·格康说，“我们的目的是在事物之间创造一种平衡。要想做到这一点，必须对各个方面的情况有全面的了解和考量。”

不过，自此他还要走过10年的时间才能取得自己作为建筑师的第一次成功。眼下维持在汉堡的日常生活，除了孤儿抚恤金外，还得到亲戚们的资助，而他自己也在20世纪50年代德国经济奇迹中寻找更多的机会去创造经济自由。华德福教育的艺术取向培养了他对戏剧的兴趣。在学校的戏剧演出中，他在歌德的《伊菲吉尼亚》（*Iphigenie*）和威廉·莎士比亚的《仲夏夜之梦》（*Sommernachtstraum*）等剧中都扮演过角色。除了上学，他晚上还在贝森宾德霍夫剧院兼职灯光师，1963年，北德广播公司在那里拍摄了传奇的演出——《一个人的晚餐》（*Dinner for One*）。对于冯·格康来说，在剧院度过的那些夜晚可没那么幽默。那时正值娱乐艺术的全盛时期，在严肃、凝重的战后德国，轻歌剧蓬勃发展。艾默里希·卡尔曼（Emmerich Kálmán）的《玛丽扎伯爵夫人》（*Gräfin Mariza*）他听过了几十遍，每次都要仔细操控舞台聚光灯，把主角置于合宜的灯光之下。毕竟，每晚拿到5马克相对于每个月都捉襟见肘的生活费，不失为一笔可观的收入。

在哈夫斯特胡德区（Harvestehude）的“房中剧场”（Theater im Zimmer），虽然只有120个座位，气氛却截然不同。剧院由赫尔穆特·格梅林（Helmuth Gmelin）于1948年创立，并由他的女儿接班运营多年。作为一名年轻的舞台技师，冯·格康晚上与舞台和观众有着极其密切的接触。他结识了不少演员，甚至自己也开始去听表演课。他在1956年更名为“北德广播电台”的西北德广播电台拿到了一些临时演员的角色，虽然没那么有趣，但报酬很不错——和广播剧的配音演员一样，工资比灯光师要高得多。1956年，就在做出学习建筑学这个决定的前夕，冯·格康完成了他短暂的演艺生涯中最重要的一次出场——他与海因茨·吕曼（Heinz Rühmann）同台演出，在故事片《克珀尼克的上尉》（*Der Hauptmann von Köpenick*）当中饰演一名中士，并作为群众演员参与“行军”。

然而，冯 · 格康的文艺野心面临重创，在剧院中的那些长夜显然对他造成了影响——1952 年汉堡的炎夏，这个年轻人没有通过高中毕业考试。他感觉自己仿佛掉进了一个黑洞。

他现在该做什么呢？尽管偶尔也能接到工作，但他从中看不到未来真正的前景。在这种情况下，慈爱的养父母仍然一如既往地给予他支持，在他们的鼓励下，他决定在汉堡再次尝试参加毕业考试，但这次是在一所夜校——海利根盖斯特费尔德（Heiligengeistfeld）的学校上课时间不再是从早晨开始，而是从晚上七点钟开始。这样，他白天还能有充足的时间来工作。当然，这些工作并不总是那么有趣，例如为一家保险公司在档案卡当中搜寻欠费客户。

20 世纪 50 年代，像冯 · 格康这样颇为坎坷的职业生涯开端并不是个例，对于“战争儿童”的那一代，特殊情况都是司空见惯，而冯 · 格康还有战后的另一种体验：共同经历过的世事变迁让人与人之间的关系变得更加紧密。因此，夜校的学生都感受到了老师们的格外关注。下课后，大家经常一起吃饭，彼此交流。很快，冯 · 格康就了解到，他的拉丁语知识远远达不到通过第二次毕业考试的要求，而这名华德福学生第一次没有通过汉堡的高中毕业考试就是因为拉丁语科目。他的新拉丁语老师为他指明了道路：“不要把时间都浪费在拉丁语上了，尽量把精力用在你擅长的那些科目上。”

冯 · 格康听从了这个建议，走了一着险棋。他在毕业考试拉丁文科目交出的试卷上除了自己的名字，什么都没有写。为此，他要另外拿到两个一分[1]才能补上差距，而这个有着自然科学天赋的男孩真的在数学和物理上成功了。高中毕业考试就此通过。

拿尼克尔斯的话来说，冯 · 格康的高中毕业考试计划已经反映出他在日后的职业生涯中与众不同的战略技能；但是，从快乐的高中毕业生到成功的明星建筑师，中间还有漫长的道路要走。毕业证已经收入囊中，而冯 · 格康对接下来的一切仍然一无所知。

从 1953 年高中毕业到 1956 年秋开始在柏林工业大学学习的这几年，对冯 · 格康来说是一个寻找和发现自我的阶段，但显然也是享受生活中阳光一面的阶段。

或许正因有了一些在剧院工作的初步经历，他深知自己在舞台上的职业前景有多么不确定，这个自童年时代就要为生计拼搏的年轻人不惜一切代价地要

冯·格康在故事片《克珀尼克的上尉》中饰演角色

奋斗出一个经济上稳妥的未来。通过一个昔日同学父亲的引介，他申请了1953年刚刚成立并开放的汉堡欧洲学院，该学院旨在促进不同专业的外国学生和德国学生在同一屋檐下“共同生活与学习”。冯·格康被录取了。受两次世界大战灾难后欧洲各国共同成长的思潮影响，那里至今仍在坚持青年国际交流和欧洲一体化的理念。

冯·格康在欧洲学院期间发生了决定性的转变。在经历了战争、失去双亲和流离失所这一切之后，这个在农村环境中长大的年轻人初到汉堡，学院面向世界的开放氛围进一步拓展了他的经历。在120名获得奖学金资助的学生中，几乎一半都来自其他国家。通过与这些外国年轻人的接触，冯·格康对陌生的国度、人民和文化充满了好奇心，而这种好奇心将伴随他无数次的环球旅行。此外，他还在欧洲学院结下了影响深远的几段友谊。

在他的同学院室友中，有一名装扮讲究、身着定制西装的年轻人——奥托·席利（Otto Schily，后文简称：席利），后来成为20世纪70年代审判红军旅（Rote Armee Fraktion，简称：RAF）[2]的辩护律师、绿党的创始成员以及格哈德·施罗德（Gerhard Schröder）领导的社会民主党内政部部长，书写了德国战后的历史。当时，席利正在汉堡学习法律，开着英国跑车来到欧洲学院，他的职业道路似乎相当清晰，而冯·格康则仍在为自己的专业选择而苦恼。因为对技术和数学感兴趣，他报考了物理学专业，但他很快就意识到，这个专业并不适合他。席利劝他去试试法律，但这对他也没有吸引力。

相比之下，冯·格康更乐意参与欧洲学院的各种节庆活动。他骑着维斯帕小摩托周游汉堡，为派对酒窖张罗酒水供应。不过，买小摩托这件事引发了亲戚们的指责——他不时就得向他们和朋友借钱，尤其是他的舅舅赫伯特·瓦尔特，认为他是在“打肿脸充胖子”。

有一天，冯·格康在欧洲学院遇到了迷人的年轻女子格尔达，她在比特费尔德（Bitterfeld）的一个基督教家庭长大，当时正在寻找一名同样逃离东德的熟人。冯·格康和这个几乎同龄的年轻女子开始交谈，彼此互生好感，一个共同未来的基础也就此成形。

还是学院学生的时候，冯·格康就和格尔达结婚了。她热爱打网球，他们共同的朋友都叫她“雀儿”，她在英美烟草公司的图像设计部门找到了一份工作。1960年，他们的女儿弗洛伦丝出生，弗洛伦丝后来成为一名成功的戏剧服装设

上：冯·格康在欧洲学院门口
下：冯·格康与格尔达在花园里

计师。12 年之后，弗兰齐斯卡 · 玛农（Franziska Manon）出生，90 年代，她在纽约开始了自己的模特生涯。

然而，20 世纪 50 年代中期，冯 · 格康仍然忙于寻找自己的终身事业。在对物理学和法律相继失去兴趣后，他终于做出了一个突破——1956 年秋，他离开汉堡，进入柏林工业大学学习建筑。在做出这样一个决定之前，他显然经历了漫长的权衡过程。1955 年夏天，与他偶有通信往来的表姐雷娜特（Renate）写信给他："虽然我对这个专业了解不多，但我确实强烈建议你从秋季开始学习建筑。我一直就反对你学化学和物理，我相信从长远来看，这个专业会带给你更多收获和快乐，而这才是最重要的，因为它将是你从事一生的工作。"

于是，他与格尔达变成了"异地恋"，骑着维斯帕摩托穿越东德、西德交界成了家常便饭。格尔达会去柏林的学生公寓看望冯 · 格康，她对他的专业很感兴趣，也会去听课。

在学业之初，和很多同学一样，冯 · 格康对建筑师的职业实践并没有具体的概念。他喜欢这门专业中数学的清晰性与艺术造型的结合。经过多年的追寻，他终于找到了自己的道路，这条道路也许早在他九年级的旅行日记素描中就已经规划好了。

在柏林，冯 · 格康找了一间带家具的房间，而他最初是在夏洛滕堡（Charlottenburg）的柏林工业大学宿舍里。在接下来的几年里，从法萨嫩街到因斯布鲁克广场，他作为一个转租客住遍了这座城市的整个西边。

过了不久，他的朋友席利及其英国跑车也来到了柏林。晚上，冯 · 格康和席利一起下国际象棋（席利赢）或打台球（冯 · 格康赢）。两位好友常常在萨维尼广场的"洋葱鱼餐厅"（Restaurant Zwiebelfisch）或是康德大街（Kantstraße）的"巴黎吧"（Paris Bar）相聚。在那里，他们常点一份速烹牛排配薯条，由于分量实在太小，他们把这块速煎的肉改称"速烹微排"。

---

1. 五分制，一分为最高分。——译者注
2. 20 世纪 70 年代，活跃在德国的一个左翼恐怖主义组织，其宗旨是"瓦解北约""动摇帝国主义体系"，其攻击的主要目标是北约的机构设施，美国和德国的军警机构、司法机构，以及政界领导人和经济界代表等。1977 年，该组织的猖獗活动导致联邦德国发生大规模的社会危机，史称"德意志之秋"。1998 年 4 月 22 日，该组织宣布解散。——译者注

学习建造

柏林的诱惑

柏林工业大学是在第二次世界大战之后新成立的，它的前身是古老的夏洛滕堡工业大学（Charlottenburger Technische Hochschule），在 1933 年之前，该校一直是德国最有影响力的建筑学院之一。它由卡尔·弗里德里希·申克尔（Karl Friedrich Schinkel，后文简称：申克尔）创办的建筑学院（Bauakademie）发展而来，19 世纪末在此任教的包括柏林大教堂（Berliner Dom）和学院主楼的建筑师、历史学家尤利乌斯·拉施多夫（Julius Raschdorff）。20 世纪 20 年代，越来越多现代主义的代表人物在这所学校留下脚印，其中包括德累斯顿海勒劳节庆剧院（Festspielhaus）的建筑师海因里希·泰瑟诺（Heinrich Tessenow），以及汉斯·珀尔齐希（Hans Poelzig）——设计了柏林米特区的大剧院（Große Schauspielhaus），即今天的弗里德里希皇宫剧院（Friedrichstadt-Palast）的前身，以及柏林夏洛滕堡的广播大楼（Haus des Rundfunks）。

在第二次世界大战后的重建过程中，学校的教育理念走上了新的道路：从此，任何专业的学习框架都必须包含人文科学基础。经历过纳粹时代，人们意识到有必要防止技术专精的“盲目冒进”。

当冯·格康来到建筑系时，那里正处于汉斯·夏隆（Hans Scharoun，后文简称：夏隆）的主导之下，他将在 1958 年荣休。当时，夏隆还不是著名的柏林爱乐音乐厅的设计师，因为直到 1963 年音乐厅才落成；但作为战前现代主义的杰出代表，以及 1945 年后短暂任职的柏林城市规划委员，他是那个年代建筑和文化界的领军人物之一，其影响力不限于柏林。然而，对于自己提倡的有机建筑，他含糊不清的论述往往让人费解——并不仅仅是因为他嘴角总是叼着雪茄。夏隆的语言表述中闪烁着秘传教义般的术语，而培养建筑师的实际工作则由他的两名同事伯恩哈德·赫姆克斯（Bernhard Hermkes）和维利·克罗伊尔（Willy Kreuer）负责。也正是这两个人，决定了夏洛滕堡膝下这座古老学院所在的广场周边新的建筑格局，而这个广场自 1953 年起就以伟大的柏林市长恩斯特 · 罗伊特（Ernst Reuter）的名字命名。伯恩哈德 · 赫姆克斯为广场设计了全新的形式框架，如今是柏林战后现代主义最重要的综合体之一；1957 年，维利 · 克罗伊尔以其构架清晰的矿冶学院大楼（Institut für Bergbau und Hüttenwesen）在广场边缘立下了第一块“建筑界碑”。

1959 年，冯 · 格康在维利 · 克罗伊尔的指导下顺利完成了硕士基础阶段的学习。当时的同学维尔纳形容冯 · 格康看起来整洁、清爽，“他是一个不骄不躁的人，总是传递着某种自信，很受同学们的喜爱”。

近 30 年后，冯 · 格康作为功成名就的建筑师将其柏林 gmp 办公室安置在哈登伯格大楼，毗邻他曾经求学的地方，从保罗 · 施韦伯斯（Paul Schwebes）建于 20 世纪 50 年代的那座曲线优美的建筑窗口可以看到现在已修葺一新的矿冶学院。

入学之初，冯 · 格康还认识了一名后来成为工作伙伴、与他一起建立 gmp 的同学——玛格。玛格出生于柯尼斯堡（Königsberg），在但泽长大，他和他的四个兄弟姐妹在父母的新教牧职影响下成长起来 [1945 年后，玛格的父亲是柏林普伦茨劳尔贝格（Prenzlauer Berg）的一名牧师]。冯 · 格康、玛格与他们的同学一起，用一系列纲领性的战后时代建筑征服了这座城市，既包括西部 1957 年国际建筑博览会住宅区，也包括东部斯大林大道 [1]“翻糖蛋糕样式” [2]（Zuckerbäckerstil）的建筑。当时的柏林已经被划分为东、西两区，但两区界限还没有物化为柏林墙。这样一来，冯 · 格康和玛格每晚都会经历在柏林东、西区及其政治体制间的切换。在东柏林，他们在柏林室内剧院观看布莱希特（Brecht）的戏剧，在喜剧歌剧院欣赏瓦尔特 · 费尔森施泰因（Walter Felsenstein）的作品；花几个东德马克，就能在中场休息时去剧院自助餐吃个饱。事实证明，东柏林物价在其他方面也相当便宜，在那里，能用更低的价格买到书和专业所需的画材。在这种特殊的氛围下，柏林带来了众多的诱惑，那是一种上流文化和烤鸡的独特混合体。与邻近的造型艺术学院，也就是今天的柏林艺术大学（Universität der Künste）的艺术和建筑专业学生一起，柏林工业大学的学生们在哈登伯格街举办着名为“歪胡闹”（Schräger Zinnober） [3] 的传奇狂欢节。

冯 · 格康依然与他的律师朋友席利保持着联系。1958 年 12 月，他们都获得了去伦敦进行一次学业旅行的机会，而且是坐飞机去。这个活动价格低廉的

一起做设计，冯 · 格康（上）与玛格相识于柏林工业大学建筑学专业

事件，有一个不可估量的价值——这将是英国欧洲航空公司一架旧飞机的最后一次飞行，之后将被报废。不过，他们的回程可以乘坐一架崭新的飞机，并降落在柏林 - 滕珀尔霍夫机场（Flughafen Berlin-Tempelhof）。冯 · 格康和席利知道如何利用这次旅行来做生意。在东柏林，他们购买了一批既抢手又便宜的百佳单反相机，打算到伦敦高价转售；但是，很显然，有这个想法的不仅仅只有他们两个。冯 · 格康和席利正等着搭乘的航班通知登机，而相机就装在他们的手提包里。这时，一名海关人员向他们走来——他找到了一个装满相机的袋子，问二人知不知道这袋子的主人是谁。面对海关，没有人敢承认是失主，于是袋子被没收了……对于幸运躲过海关检查的二人来说，伦敦之行大获全胜——他们不但在“摇摆伦敦”（Swinging London）[4] 光怪陆离的生活中如鱼得水，还成功地卖掉相机，赚了一笔。

随着从维利 · 克罗伊尔手中拿到硕士基础阶段的结业证书，冯 · 格康的第一段柏林时光告一段落，而让他没有预料到的是，一个时代也即将落下帷幕。有一天，在东柏林定制西服的席利告诉他自己去试衣时的经历：那是 1961 年的夏天，席利的裁缝遗憾地告诉他，以后可能没法再为他工作了。当席利担忧地问他是否要放弃自己的生意时，回答如此诡异，竟然让这名律师完全无法想象——可能会有一道墙将西柏林围起来。这听起来简直不可思议，但那裁缝说的话没错。1961 年 8 月 13 日，柏林墙开始修建。

1. 今卡尔 · 马克思大道。——译者注
2. “翻糖蛋糕样式”在德语中表示一种建筑风格，来源于常见的糕点房的表面装饰，其特点是建筑表面有着华丽的装饰，但无法和谐地融入建筑整体，依附于主体建筑并与结构分离。通常指建筑中夸张的纪念性或不合时宜的装饰性。——译者注
3. 也可以理解为更雅致的“斜朱砂”。——译者注
4. 指 20 世纪 60 年代的伦敦青年文化潮流。——译者注

布伦瑞克序曲

冯·格康在硕士基础阶段结业后从柏林转到布伦瑞克工业大学，有几个原因。首先，他想离妻子更近一些。1959 年，她怀上了弗洛伦丝；其次，冯·格康当时已经 20 多岁了，他需要完成学业、拿一份稳定收入了。就此看来，布伦瑞克的各方面条件似乎更合适。与柏林不同，布伦瑞克没有应接不暇的文化活动来分散学习精力。另外，冯·格康也觉得柏林的建筑教学太松散了："你来不来听课都行，没有考勤。课后的出勤证明簿并不常见。"

如果说当时柏林"这座孤岛"吸引了来自全国各地的学生，那么布伦瑞克的学生群体则主要来自下萨克森地区。不过，冯·格康并不是孤身前往布伦瑞克，而是和来自柏林的同学玛格一起去的。硕士基础阶段结业后，玛格先是在荷兰的约翰内斯·范登布鲁克事务所（Johannes van den Broek）实习了一段时间。约翰内斯·范登布鲁克和他的工作伙伴雅各布·巴克马（Jacob Bakema）皆为欧洲战后杰出的现代主义建筑师，他在柏林汉莎住宅区也有一座代表性建筑。

在布伦瑞克，两个好友在弗里德里希·威廉·克雷默（Friedrich Wilhelm Kraemer，后文简称：克雷默）的指导下学习，同时在迪特·厄斯特伦（Dieter Oesterlen，后文简称：厄斯特伦）的教席担任学生助理。当时，围绕克雷默、厄斯特伦和从德累斯顿迁来的瓦尔特·亨（Walter Henn）产生了第一代"布伦瑞克学派"（Braunschweiger Schule）——这个术语不应被误解为一种严格的风格统一性，因为他们各自的设计手法非常不同，各自的建筑个性非常强势，其共同点在于对学生一致的现代主义建筑教育。他们既重视严谨的手绘，也重视每个项目要"设计得从头至尾干干净净"，必须要在构造上正确合理。这两点对 gmp 的两个创始合伙人的成长产生了决定性的影响。

作为厄斯特伦的学生助理，冯·格康和玛格不仅要在讲课时更换幻灯片，还得事先从书本上拍照。虽然这不是什么创造性的工作，但有一个好处：二人在这个过程中获得了大量的实例信息。在大课上展示的是当时的“当代建筑”——1960年前后，正是百花齐放的时期。他们怀着敬佩的心情研习美国人的作品，例如老一辈大师弗兰克·劳埃德·赖特的建筑，他的革命性之作“流水别墅”建成的那一年，冯·格康刚刚出生。重要的还有大体块的代表，例如路易斯·康，他偏好将建筑体块精简为立体几何的基本形式，以此赋予建筑一种有力的、往往是纪念碑式的效果。同时，他也非常重视城市空间设计，最清晰的例证是加州索尔克研究所，它既是冯·格康的榜样，也是那一代建筑师的榜样。

同样扮演典范角色的是法国-瑞士建筑师勒·柯布西耶。他对原始混凝土的运用就像他对朗香教堂的空间塑造一样，对建筑师们产生了深远的影响。那时，甚至更具异国情调的案例也被学生们如饥似渴地吸收着，例如《建筑世界》（*Bauwelt*）杂志对日本建筑最新发展的报道。

20世纪50年代最重要的建筑项目之一是以钢铁玻璃大厦为主导的商业建筑。这方面的典范是斯基德莫尔、奥因斯和梅里尔（SOM）设计的纽约利华大厦（Lever House）。在这一成就的基础上，SOM直至今日仍然是美国极为成功的建筑事务所之一，设计建成了众多蔚为奇观的高层建筑，并经常在全球范围内与gmp“狭路相逢”。

战后现代主义的另一代表作——在之后几十年里一直被年轻建筑师们肆无忌惮地仿效，但这些“复制品”从未达到原作的品质——是竣工于1958年、由路德维希·密斯·凡德罗设计的西格拉姆大厦。这是一座由钢铁和玻璃组成的“皮包骨”建筑，无论是其形式上的优雅，还是其在纽约公园大道上的城市规划定位，都使它格外令人着迷。当时，埃罗·萨里宁为纽约机场设计的TWA航站楼也正在建设当中，凭借其有机的曲线造型和令人叹为观止的细节设计，不仅在年轻的建筑学生当中，也在社会上引起了轰动。

在欧洲范围内，被德国人视为新建筑和先进设计的典范主要来自斯堪的纳维亚（Skandinavia），尤其是丹麦建筑师阿尔内·雅各布森、约恩·伍重（后文简称：伍重），以及芬兰建筑师阿尔瓦·阿尔托。

除了这些来自美国和斯堪的纳维亚半岛的榜样做参照之外，还有几名德国建筑师的作品也曾被冯·格康视为参考基准，首要是埃贡·艾尔曼（Egon Eiermann）。1958年，埃贡·艾尔曼和塞普·鲁夫（Sep Ruf）共同设计了布鲁塞尔世界博览会的德国馆，是轻灵、纤巧式的优雅的绝妙范例。冯·格康被深深吸引，他骑着维斯帕摩托车一路奔向布鲁塞尔去亲眼一睹世界博览会建筑的真容。

然而，包豪斯第一阶段的现代主义精神此时已然消散，瓦尔特·格罗皮乌斯已成为一段建筑历史。自然而然地，冯·格康和玛格开始密切关注他们的教授厄斯特伦（珀尔齐希的学生）和克雷默的设计。他们的作品成为学生设计自己作品的起点。冯·格康在克雷默指导下做的最早的设计之一是一座司法大楼："我最初的想法是设计一个一览无遗的建筑体块，然后在它的后方有一道朝向广场倾斜的混凝土高墙，把《宪法》浇筑或凿刻在墙上。他听了我对设计的陈述，但他对设计的外观并不在意，只对平面图的细节很感兴趣。与之相应，他只问了我一个问题：'如果有记者让你解释，作为建筑师，为什么允许市民从背后向《宪法》撒尿，你会怎么回答？'"

除了上课之外，学生们的实地考察也是课程计划的一部分，例如前往阿尔瓦·阿尔托的事务所和柯布西耶的朗香教堂。这背后树立的是这样一种认识：只有在建筑所在的环境当中、在直接的观察与体验当中，才能真正地感受和理解建筑。通常，学生们乘坐大巴车，而克雷默教授在前面的轿车里，带着他的哈苏相机。他用这台相机拍摄所参观建筑的中画幅照片，以此扩充自己的幻灯片图库。从 1974 年开始，冯·格康接替克雷默教授，继续利用并充实着这个图片库。

在布伦瑞克，冯·格康和玛格合住。他们搬进了位于布伦瑞克北部黑山区的一栋废弃的房子中，没有正常的供暖，也没有自来水，好在学校里也可以刷牙。然而，这所房子为与同学们开派对提供了理想的条件——尽管从柏林搬来的目的，实际上就是为了避免这种娱乐。几十年之后，大家把那些狂欢称为"拆房子派对"，因为在寒冷的季节为了取暖，房子的木质构件被他们接二连三地拆下来烧掉。

在学习之余，冯·格康通过学校的学生就业机构找活计挣生活费，介绍给他的工作范围从给地毯拍灰到装饰商店橱窗——在圣诞节的前几周，这是最热门的需求。此外，他开始向德国进口卢克索（Luxo）灯，尽管没有合法的售卖许可。那是由挪威人雅克·雅各布森（Jac Jacobsen）在 20 世纪 30 年代末设计的灯具，以金属弹簧牵拉的稳定剪刀臂，是 20 世纪的设计经典之一，可以通

冯·格康和玛格住在布伦瑞克一栋废弃的房子里。房子的木构件可以随时拆下用来取暖，很适合在这里开狂欢派对

过螺丝固定在桌面上，并可灵活调节高度——功能性与简洁性融合而成的一种独特的美学。在此期间，冯·格康把维斯帕换成了一辆雪铁龙 2CV，时常开着去哥本哈根。在那儿，他尽可能地在车里装满灯，然后带回德国销售。儿时的棒棒糖已经被更大的东西所取代，而冯·格康的商业意识却一直没有变。

冯·格康的客户除了家具店店主之外，还包括整个德国北部的建筑师，这个学习期间的副业很快就发展成了一门成功的生意。不久，他就开始通过船运经由汉堡港的仓库城进口这些灯具，因为订购量实在太大，他的车里已经装不下了，而且经常开车去丹麦的成本太高。这些灯被存放在汉堡比格尔街 1 号冯·格康家的地下室里。留给妻子和女儿的空闲时间并不多，顶多也就是牵着女儿的手在花卉植物园里逛一逛国际园艺展，或者和汉堡的学生时代好友维尔纳·布韦（Werner Boué）与扬·许特（Jan Schütt）聚一聚。那是些无忧无虑的时刻，大家在派对中纵情欢乐。当然，设计还是要做的，在比格尔街的时候，冯·格康做出了他的第一件有着三条腿和皮革覆面的坐椅。

作为“潜艇”的设计

对于冯·格康和玛格二人来说，从学习到专业实践的过渡是相当顺利的，还在布伦瑞克时，他们就开始（并不完全合法地）作为“潜艇”工作着，并且取得了巨大的成功。所谓“潜艇”是指年轻建筑师受已有一定声望的建筑师委托，以后者的名义做竞赛设计。这种做法背后有很多原因：老一辈建筑师要么忙于其他项目，要么对特殊的建造方法缺乏自己的经验，要么只是想利用新鲜的、时髦的手法来增加竞赛中的胜算。对于建筑专业的学生来说，好处也是显而易见的：一方面，他们获得了解决具体建筑问题的实践经验，另一方面也能赚到一些钱。

厄斯特伦的助手——冯·格康和玛格的名字很快就在布伦瑞克地区的建筑师圈子里传开了。他们被认为是“创新”和“成功”的代表。同时，他们还在布伦瑞克建筑师汉内斯·韦斯特曼（Hannes Westermann）名下参与了多个项目，其中格利斯马罗德（Gliesmarode）的一个室内游泳池设计，他们获得了一等奖。1965 年，冯·格康与建筑师海因茨·施梅迭斯（Heinz Schmedjes）以及自己的同窗好友尼克尔斯合作，在巴德奥尔德斯罗厄（Bad Oldesloe）设计了施托曼大厅（Stormarnhalle）。

这座体育馆和市政厅建筑显示出了 20 世纪 60 年代末建筑的特色，当时这种风格遍及整个欧洲：受勒·柯布西耶的混凝土建筑和英国粗野主义代表人物的影响，从 1960 年左右开始，战后初期钢筋和玻璃建筑轻盈的优雅气质被更具粗重感的建筑所取代；流行的造型材料是清水混凝土。除了这些与时代相关的特征外，在这件早期作品中，还能看到冯·格康之后几年的设计中反复出现的主题元素。例如受伍重启发，将建筑放在一个平台上以使其独立且显著，这在他不久后设计的卢森堡迪基希体育中心（Sportanlage im luxemburgischen Diekirch）就有所体现。参观者从抬高的基座平台上进入施托曼大厅；入口通

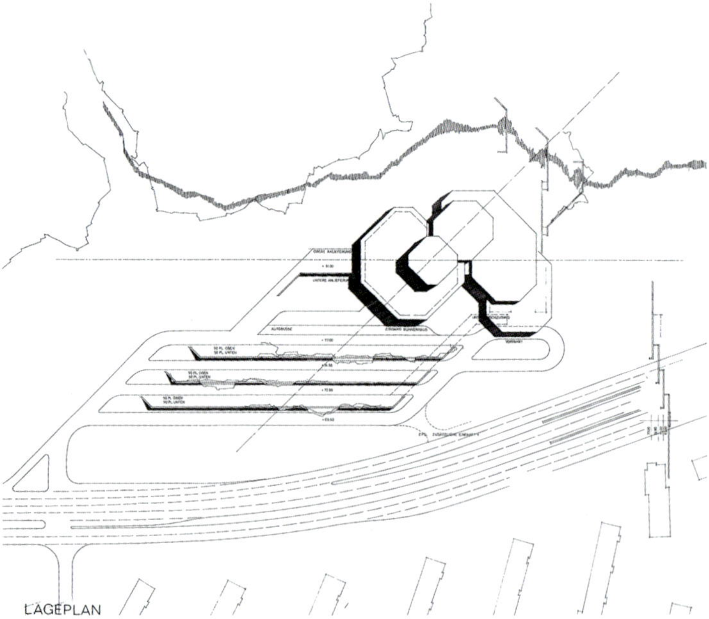

上：建成后的卢森堡迪基希体育中心
下：沃尔夫斯堡剧院的设计方案获得竞赛三等奖，让冯·格康和玛格初步赢得建筑界的声誉

向一个可以看到赛场的门厅，通往看台的通道也在门厅内；基座楼层设有体育或演出的活动区，以及衣帽间。

冯·格康建筑作品中的另一个主题元素是格栅，在巴德奥尔德斯罗厄也有应用。它们衍生自柯布西耶的遮阳板（brise soleil），在玻璃幕墙前起到遮挡阳光和防眩光的作用，但也具有形式上的作用——将大面积的区域划分开来，创造出变化与多样性。施托曼大厅中引人注目的是一系列向尖端逐渐变细的十字支撑，承载着其上的悬挑屋顶，它们以极富美感的形式解决了荷载转移这一建筑结构的工程技术问题。一直到柏林勃兰登堡机场（Flughafen Berlin Brandenburg Willy Brandt，缩写：BER），冯·格康始终以不同的形式变化应用十字支撑这个主题元素。除了技术要素，这座建筑也包含对城市关系的设计考量。在冯·格康的建筑中，常常会在侧边设计一道柱廊或柱厅，借此划开周围的城市空间，创造出一系列过渡区域，既将建筑与城市剥离开来，也将二者彼此连接。巴德奥尔德斯罗厄的项目是这种考量的雏形，在后来的汉诺威世界博览会基督教馆、上海临港的中国航海博物馆或柏林勃兰登堡机场都可以看到这种设计考量的应用。

柱廊来源于古典时期的柱厅（Stoa），在基督教教堂的回廊和申克尔的古典主义园林建筑中都可以看到它的变体。在柏林西南部的格利尼克（Glienicke），申克尔设计的那座迷人的乡村别墅建筑就是通过两侧开敞的凉棚与四周哈维尔河畔的风景相联结的。

1966 年，沃尔夫斯堡剧院（Theater in Wolfsburg）的设计方案获得竞赛第三名——与自己的伟大榜样、悉尼歌剧院的设计者伍重并列，这对两名刚刚毕业的大学生而言，无疑与“加官进爵”相仿。这是冯·格康和玛格以“潜艇”的身份为来自沃尔夫斯堡的建筑师特施纳（Taeschner）与格德斯（Gerdes）完成的剧场项目，概念是设计一个由不同大小的八角形结构组成的错落有致的建筑景观。第二名是阿尔瓦·阿尔托；第一名，也是最终实现的设计方案，来自他们在柏林的第一位老师——夏隆。

得益于沃尔夫斯堡的竞赛，这对年轻的组合突然发现自己已经站在了欧洲最高级别建筑师的水平线上。这有益于他们的自信心，自然也有益于他们的声望。在 1965 年二人为当时年近 60 岁的罗尔夫·施特默（Rolf Störmer）赢得两个项目后，声誉与经济上的成功都随之而来。在此合作中，他们设计建成了哈茨（Harz）的马克斯 - 普朗克研究所（Max-Planck-Institut）和卢森堡的迪基希体育中心（Sportzentrum Diekirch in Luxemburg）。

在 gmp 发展历程中很独特的一点是，两个创始人在刚刚创立自己的事务所时，手头的项目委托就已经忙不过来了，同时还要去拿下新的竞赛。这几乎不可避免地导致了对项目的分工处理。当玛格忙于哈茨的研究所时，冯 · 格康则负责卢森堡的体育中心。

冯 · 格康时常开着自己的灰色 NSU Ro 80 轿车[1]从汉堡出发，一路北上。汽车是一个机动性的神话，但它也曾把冯 · 格康带入了危险的境地。有一次，在和妻子去瑞士度假的旅程中，车的前轮在刹车时松动，突然滚到了前方，所幸没有酿成大祸。

经常陪伴冯 · 格康前往卢森堡的是他的朋友兼同事布罗克施泰特，他和尼克尔斯是 gmp 这家年轻事务所最早的员工。旅程中，他们要穿过阿登高原（Ardennen），途经众多比利时小城，道路相当漫长，但也有好处——二人一路上发现了好几家不错的餐厅，并在那里大快朵颐。对于冯 · 格康来说，美食和优秀的建筑总是联系在一起的，而他们在迪基希的甲方也很懂得享受生活。卢森堡首家摘得米其林一星的餐厅——希尔茨餐厅的午餐，很快就变得几乎和建筑本身的工作一样重要了。

克劳斯 · 克劳迪乌斯（Claus Claudius）是 gmp 的另一名早期员工，为了庆祝汉堡壳牌总部办公楼竞赛获胜，他在黑特林根（Hetlingen）的一家旧农舍里组织了一场被传为奇谈的派对，而客人当中包括从卢森堡远道而来的迪基希市长。一列汽车拉力车队从汉堡出发，沿易北河一路往下驶往韦德尔（Wedel）方向；为了给饮料降温，谷仓里的旧饲料槽里装满了冰块；还有现场音乐演奏，但那架钢琴的音准一塌糊涂，在村里，这没什么大不了的，黑特林根的农民用拖拉机拉来了一架新钢琴。那架旧钢琴作为汽车拉力赛的一等奖，被贡献了出来——巧了，获胜者正是来自卢森堡的客人们。当那一帮汉堡人真的开始想办法要把钢琴塞进他们的汽车时，这些客人们被吓坏了。

“大家整整一周都在事务所里勤奋地高强度工作着，甚至周末也不例外，却有着独一无二的工作氛围。”克劳斯 · 克劳迪乌斯热切地回忆道，因为会时常举行派对。

冯·格康在迪基希集运动场和游泳馆于一体的体育中心至今仍在运营。如果仔细观察，你会发现他作品当中一个很典型的设计思路：让参观者经由宽阔的坡道走上一个平台式的高出地面的分流层。这不仅在伍重的作品中曾得到运用，追根究底同样源自古典时期，即通过平台或台阶将建筑从其环境当中分离出来，同时借此强调其重要性。一个具有包容性的平台可以将建筑综合体中的各个组成部分联系在一起，在空间和功能上形成一个整体。这个概念如同一条“红线”贯穿了冯·格康的每个作品。就像在迪基希体育中心一样，它既能让参观者对整个建筑布局获得一个清晰的概览，同时也让他们在这个可能还不熟悉的环境当中更容易找到方向。

迪基希体育中心大厅内醒目的红色钢梁除了结构作用外，也起着美学上的功用，它们为建筑体块赋予了节奏，并创造出一个富有动感的屋顶景观——另一个早在 gmp 建立初期就具有核心意义的设计主题，尤其是在体育建筑方面。冯·格康和玛格、尼克尔斯一起设计了一个理想的室内花园泳池，这是 1965 年 SPD 竞赛的参赛方案。这个竞赛的目的是为各个城市提供此类建筑的方案建议，gmp 获得了第一名。他们再次沿用了坡道和开放式平台的元素，并加入阶梯式上行和下行的屋顶结构，取代了连续的屋顶线条。伍重的设计再次成为他们灵感的来源——他在 1964 年为苏黎世剧院所做的方案，也许是 20 世纪 60 年代最有影响力的建筑设计，但经过漫长的讨论之后终究还是没有实现——直至今天，这样的情况在瑞士的大型建筑项目中仍不鲜见。在 gmp 的游泳池方案中，屋顶结构的运动感并不是出于装饰性的目的，而是为了从外部体现出建筑内部的各个功能。

1. NSU Ro 80 是西德汽车制造商 NSU 于 1967—1977 年间生产的一款四门轿车，因其符合空气动力学的新奇外观和配置了当时极为先进的双转子引擎而闻名。——译者注

去日本的经历

一些建筑师的作品给冯 · 格康及其同时代的人留下了深刻印象，并启发他们创造出了自己的形式，伍重就是其中之一。在哥本哈根附近的巴格斯韦德教堂（Bagsværd Kirche, 1974—1976），伍重通过屋顶设计打造了一个生动的建筑，庞大的体量被赋予了一个更细节、也因而更人性化的尺度。从巴特施泰本赌场（Spielbank Badsteben）到越南国家会议中心（Nationales Konferenzzentrum in Vietnam），几十年来，冯 · 格康也多次在自己的建筑中采用这一手法，并发展出了各种各样的表达方式。当然，对冯 · 格康影响深远的不只是伍重。

20 世纪 60 年代，以丹下健三为核心的“新陈代谢派”为国际建筑引入了崭新的形式和理念，日本建筑一再吸引着冯 · 格康的注意力。对日本的浓厚兴趣促成了 1966 年 8 月中旬至 10 月初冯 · 格康与柏林工业大学的同学前往日本的学术参观之旅，考察重点是丹下健三设计的 1964 年奥运会场馆以及日本传统的木造建筑。一行人包括汉斯 · 海登赖希（Hans Heidenreich）、凯 · 普汉 - 舒尔茨（Kay Puhan-Schulz）、维尔纳和艾科 · 普勒茨（Eyke Ploetz）——奥斯瓦尔德 · 马蒂亚斯 · 翁格尔斯（Oswald Mathias Ungers，后文简称：翁格尔斯）的第一教学助理。

他们先是乘火车前往莫斯科。“在快到斯摩棱斯克（Smolensk）时，我们注意到曼哈德（曼哈德 · 冯 · 格康）有些变化，他越来越沉默了。”维尔纳回忆道，“望着火车窗外辽阔的风景，他忽然说：‘我的父亲就躺在这里的某个地方。’于是，我们也都沉默了下来。”尽管人们总是会热切地投入一切新生事物当中，但对这一代人而言，第二次世界大战仍然是他们无法割离的一部分经历，当时所有人都对冯 · 格康的情绪感同身受。冯 · 格康并没有与莫斯科的亲人取得联系，或许是因为原计划的中转小住最后变成了一场冒险：当地因图丽斯旅行社负责接待的工作人员对这些德国年轻人及其一路向东的旅行计划一无所知，却

1966 年的日本之行是一次共同的体验。左起：维尔纳、冯 · 格康、艾科 · 普勒茨、汉斯 · 海登赖希和凯 · 普汉 - 舒尔茨

打保票说，第二天就能安排他们的行程。据凯·普汉-舒尔茨回忆，如同大部分这种情况下都会发生的那样——第二天，坐在旅行社里的完全是另一批员工，而他们同样一无所知。好在这些年轻的建筑师们已经做好了充分的准备，因为莫斯科值得一看的地方可不少。“显然，因图丽斯的工作人员对我们困在此处的境遇很不安，所以为我们提供了一辆豪华轿车。我们连比画带猜，用支离破碎的德语和俄语，总算说清楚了想要去拜访的地点。”

其中就包括传奇的构成主义建筑师康斯坦丁·梅尔尼科夫（Konstantin Melnikow）的工作室，他在自己的家中接待了这支小小的德国代表团。这是一个彻头彻尾的现代主义标志性建筑，平面是一对对称的圆——两个圆柱体彼此相交形成的“8”字形平面构成了这座不同寻常的房子，在两个圆柱体的交叠处有一部通向上层的螺旋楼梯。

艺术灵感是如何“起效”的？西班牙著名的博物馆建筑师恩里克·索韦哈诺（Enrique Sobejano）说：“作品早已存在于我们的记忆当中，虽然我们对此浑然不觉。它们往往在意料之外的情形下被我们几乎无意识的奇异联想触发而重新显现。我们被特定的记忆所束缚，被童年和青年时期邂逅的图像与印象所捆绑，而这些图像和印象又随着新的经历不断地变化、更新。在某一刻，一段被遗忘的记忆、一幅画面、一道声响或一个句子——我们以前所‘吸收’的东西——在某个项目的创造过程中重新显现，那正是引领我们走上某条特定道路的标志。”[1]

工作室的圆厅、螺旋楼梯、简洁的几何体量都成为冯·格康之后建筑作品中引用并以自己的方式重新表达的元素，并非原样复制，甚至算不上引用，而是把它们作为设计元素来重新塑造。在他设计的住宅中，螺旋楼梯起着至关重要的作用，在建筑内也占据着空间的中心位置；同样，彼此交接的圆形与方形作为造型统一体也在他的作品中不断出现。

年轻的建筑师们一开始并不清楚他们何时才能离开莫斯科，直到他们终于忍无可忍——就像维尔纳回忆的那样，“把拳头砸在桌子上”。而后，他们真的如愿踏上了下一段旅程，虽然并没有马上前往日本——飞机只带他们来到了伊尔库茨克（Irkutsk），两名因图丽斯年轻女员工在那里接待了他们。接下来，他们要前往纳霍德卡（Nachodka），从那里搭乘渡轮前往日本；不过，眼下还不急着启程，因为这趟旅程又一次勾起了冯·格康的过往——两名女员工之一告诉他们，她来自里加，是苏联人把她重新安置在了这里。这迅速拉近了他们之间的距离，同胞之间的理解和沟通使因图丽斯的所有规则都被抛在了脑后。

现在问题出现了，在伊尔库茨克该做点什么呢？这些德国人在莫斯科已经对俄罗斯建筑有了足够的了解，于是，他们决定乘坐水翼船前往贝加尔湖。冯·格康兴奋地拍摄着那些色彩鲜艳的木屋。“它们的形式完全一致，但不同的颜色为它们赋予了各自独有的风格。”他回忆说。大量的幻灯片由此而来，冯·格康在多年后的讲课中还在使用，可惜如今都已经遗落，它们本应是反映建筑师视角的有趣案例。

有一次，大家都饿了，但目之所及却没有一家餐馆。在莫斯科的经历让大家的胆子都变大了，他们敲开了一家船厂的大门，问有没有吃的东西，为了让自己的意图显得更正经，他们还递上了特别印制的德日双语名片。这些名片是艾科·普勒茨用翁格尔斯办公室的复印机——柏林工业大学的第一台复印机印的。他们受到了友好的接待和关照。然而，因为没有渡船，他们只能坐在一辆隆隆作响的卡车后面回到伊尔库茨克。晚上，建筑师们与两名俄罗斯姑娘及其朋友们一起狂欢、畅饮。在贝加尔湖畔这次德俄两国里加人的聚会中，源源不断流淌的是伏特加。

1. Sobejano, Enrique: „Erinnerung und Erfindung". In: Schneider, Katja/ Tietz, Jürgen (Hg.): e-X-tension. Aktuelle Museums- und Ausstellungsarchitektur im Bestand. Bielefeld/ Berlin 2013, S. 52 (Deutsch von Joachim Otte).

传统与现代

在日本，建筑终于又成为行程的主题。虽然他们并没有见到丹下健三本人，却参观了他的事务所，最重要的是参观了东京奥运场馆。一行人在建筑师前川国男这位优秀向导的带领下周游了日本首都。作为勒·柯布西耶的弟子与同事，前川国男以 1961 年开放的东京音乐厅（东京文化会馆，Konzerthalle in Tokio）被录入建筑史册。此处，我们要再一次提出艺术灵感如何“起效”这个问题。这座音乐厅的与众不同之处不仅是令人叹为观止的、与冯·格康严格的理性设计原则格格不入的雕塑性形式语言，还有那鲜明的清水混凝土的粗野主义，其中有一处细节——外立面窗前细长的清水混凝土格栅格外引人注目。此外，前川国男也充分证明了自己是日本传统木造建筑的大师，他的自宅就是一例（日后，此宅被改造成江户东京建筑园）。

在东京，不仅可以研究日本传统和现代建筑，还有机会体验现代主义的另一座里程碑——弗兰克·劳埃德·赖特设计的帝国酒店（1915—1923）。尽管年轻的建筑师们住不起这里的房间，但他们还是在那极富表现力的大堂里喝了几杯。

这个项目委托的内容是要围绕数座庭院组建一个酒店综合体。对于这位日后的美国明星建筑师，这件作品充分证明了他完成此类有国际曝光率项目的实力：建筑材料和形式语言以对当地历史与建造传统的深入研究为基础，而这些研究也延续到了他前后建造的两个工作室——塔里埃森和西塔里埃森当中。

然而，当时这个德国旅行考察团对待这座标志性帝国酒店的态度既有失敬畏，也有违古迹保护原则。他们用自带的锤子和凿子，从酒店入口的一根柱子上撬下了一块陶砖以作纪念。无论如何，酒店本身似乎也命数将尽，它将在 1967 年被拆除，只有内饰和大堂的一小部分得以幸存，并在博物馆中被重新组建。取而代之的是另一座高楼。

1966 年 8 月 29 日，冯 · 格康从东京第一酒店写给汉堡的“雀儿”和弗洛伦丝的信中如此写道，“东京”是一座“都市化几乎到了极限的城市。人、房屋和车辆如此密集，实在是非常可怕……街道上挤满了汽车，其中至少有 60% 是出租车。我想，大概整个德国的出租车都没有东京这么多。总之，一切作为城市属性的东西在这里都以夸张的方式存在，尤其是人。无论你把目光投向何处，永远都会觉得那里人过多”。

冯 · 格康的第一次日本之行对其创作的重要性不言而喻，除了与当时世界领先水平的建筑界建立了密切联系外，也为他和同伴们开启了一幅与以往认知截然不同的社会图景。冯 · 格康对其他国家和非欧洲文化的兴趣在那里获得了一股持久的推动力。在这个背景下，他对于将自己的作品推向国际的努力又找到了另一种意义，1999 年后对中国的热情也是如此。他是作为一个建筑文化的世界主义者在工作，被对未知文化和陌生世界难以抑制的好奇心驱使着，这在 20 世纪 60 年代的德国仅此一例。他的兴趣显然不只是旅游，甚至也超越了纯粹的建筑，从他拍摄的照片和录像可以清楚地看出这一点。

拍摄的照片反映了他精准的艺术眼光、对结构和形式的兴趣，以及对空间构图的关注，这是他基于几何学的建筑视角。现存的 1966 年第一次日本之行的几张照片以及他后来的旅行录像都明显地有所表露。

大约是在 1969 年，当他再次访问日本时，拍摄了一部约 30 分钟的影片，其中部分内容是以平静的镜头记录了一条日本商业街的日常。其中有一座玻璃顶的购物拱廊，冯 · 格康分别在白天和晚上都对它进行了拍摄，同样有着玻璃顶的泰格尔机场主厅正是在差不多同一时间里被设计出来的。

除了传统的日本房屋和风光，影片中还出现了一支身穿历史服饰的游行队伍。在对日常生活的观察中，他发展出一种近乎民族志学的作风。1970 年，他与家人、朋友一同前往突尼斯旅行，这趟旅程的纪录影片也是如此——在典型的度假画面之间，夹杂着他对人群和地点的深入研究。回到汉堡之后，他会对这些素材进行剪辑，弗洛伦丝还记得她曾协助父亲切割、粘贴那些胶片。冯 · 格康的第一次日本之旅结束时，给女儿带回了一件和服，至今她还保留着。

共同规划

在实地参观了丹下健三的奥运场馆之后，冯·格康和玛格二人与维尔纳合作，很快投入对奥运会建筑投标的具体研究当中。

1966 年 4 月 26 日，罗马奥林匹克委员会作出决议，1972 年的夏季奥运会将在慕尼黑举行。尽管有过几次尝试，但在此之前德国只举办过一次奥运会，即 1936 年在柏林帝国体育场举行的那一届。那时，运动会被纳粹用来当作宣传工具，而现在年轻的联邦共和国则希望向世界传达一个全新的、友好和开放的德国形象。慕尼黑以明显的优势战胜了其竞争对手马德里和蒙特利尔。

1967 年，慕尼黑奥运会场馆设计的建筑竞赛展开。此时的德国社会正处于动荡时期。1967 年 6 月 2 日在柏林，拥有警察身份的史塔西（Stasi）特务海因茨·库拉斯（Heinz Kurras）枪杀了学生本诺·奥内佐格（Benno Ohnesorg），为之后学生运动的激进化埋下了种子；与此同时，披头士乐队《你所需的是爱》（*All You Need is Love*）响彻电台。那一年，在汉堡的圣贝内迪克特街一层 gmp 的第一个办公室里也在播放着这首歌，团队成员们在那里热烈地讨论着提交给慕尼黑的设计方案到底应该是什么样。

毋庸置疑，最终按照金特·贝尼施（Günter Behnisch）和弗赖·奥托（Frei Otto）的方案建设的慕尼黑奥运会场馆是战后最杰出的建筑项目之一。当时，亟需的并不仅仅是功能性的体育设施，更重要的是为德意志联邦共和国建造一张展示其国际形象的名片。对于建筑设计事务所而言，这无疑是一次绝佳的机会，若是其方案最终能够得以实施，必将留名建筑史册。gmp 两个创始伙伴之间的讨论也因此相当激烈，同时，维尔纳、尼克尔斯以及玛格的妻子——同在布伦瑞克学习建筑的安可（Anke）都参与其中。由于大家无法就一个共同的设计方案达成一致，所以提交了出发点各异的两个方案：冯·格康的方案构想了一个呈不对称多边形的大型广场结构，四个由大小不同的几何圆形构成的运动

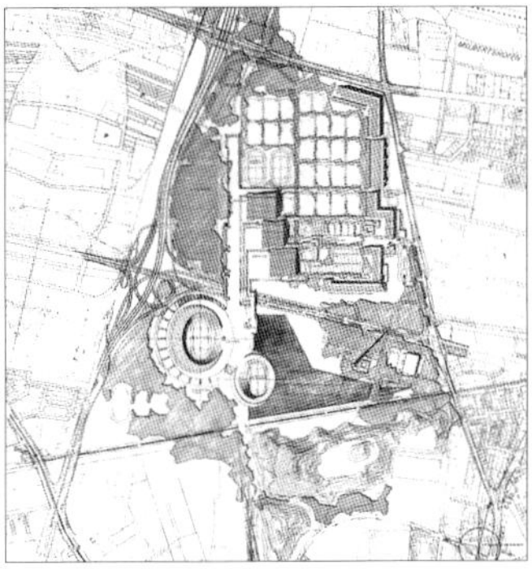

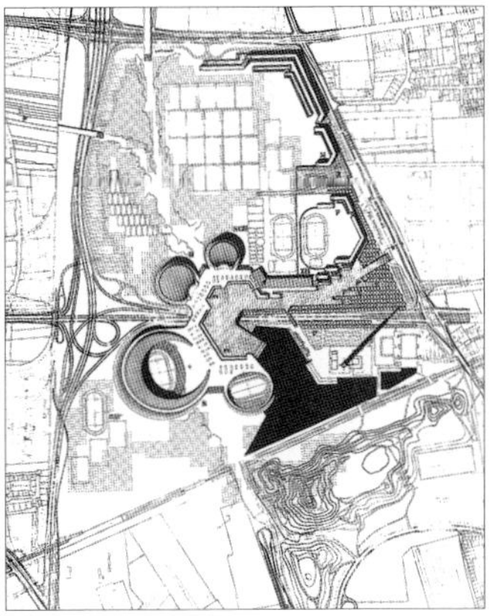

左：20 世纪 70 年代初成功的团队合作
在 1972 年慕尼黑奥运会场馆的建筑设计竞赛中，gmp 提交了出发点各异的两个方案。安可和玛格的方案获得了二等奖（右上），冯 · 格康的方案获得了入围奖（右下）

场馆，如同花瓣一样环绕着开阔的中心广场区域——这个方案后来获得入围奖。玛格和安可设计的方案致力于结构主义概念，最终获得了二等奖。这个方案将大部分体育设施整合到一个阶梯形的人造景观当中，可通过一条宽阔的轴线从侧向进入，而在轴线的终点处是一大一小两座体育场。

此次奥林匹克场馆设计竞赛表明了冯 · 格康和玛格的合作特点——在事务所的同一屋檐下，始终以各自的理念执行各自的项目。20 世纪 90 年代，随着事务所规模逐步扩大，这种合作特点的发展趋势不断加剧，直至形成一种分化，即玛格一直在世界各地设计体育场馆，而从 1999 年开始，中国的项目开始成为冯 · 格康的重要支柱。由此，从 1965 年的迪基希和巴德奥尔德斯罗厄到 2012 年的上海和深圳，其间形成了一条尺度多变、形式各异的宽广弧线。

机场建筑

以六边形领先

现在回想起来，在柏林泰格尔机场建筑工地举行的那场中期庆典上，分发给客人们的六边形纸板眼镜和出席者领带上的迷幻图案一样，时髦又大胆。正是 1972 年的柏林，照片上，冯 · 格康手拿香烟和啤酒杯站在合伙人玛格和尼克尔斯身边，画面中洋溢着一派欢庆气氛。毕竟，这座机场的建设标志着 gmp 首次在超大规模项目上大获全胜。对于柏林墙这边的西柏林而言，机场工地取得的建设进展也是一个重要的成就。

泰格尔机场的源起可以追溯到 1948/1949 年的柏林封锁时期。当时滕珀尔霍夫机场已达到运转极限，亟需缓解压力：每隔一分钟就有“葡萄干轰炸机”（Rosinenbomber）在那里降落，为这个处于苏联人封锁之下的城市运送必需的食物和取暖物资。于是，在极为仓促的时间之内，人们在容芬海德（Jungfernheide）边缘的泰格尔前火箭训练场上开辟出一条新跑道。在 1949 年封锁结束后的 20 多年里，这座临时“机场”仍然还是权宜之计，让西柏林的三支保护势力之间维持着表面上的平衡。英国人掌控着柏林 - 加托夫机场，美国人占据了滕珀尔霍夫机场，而法国武装部队和国有法国航空公司的飞机则可以从泰格尔机场起飞。然而，随着 1961 年柏林墙的建立以及飞机逐渐从奢侈品变成大众交通工具，滕珀尔霍夫机场民用区域的吞吐量开始变得捉襟见肘，而且起飞和降落跑道对于最新一代的飞机来说也不够长。滕珀尔霍夫机场已经“过时”了。因此，1963 年，柏林市议会决定扩建泰格尔机场。

正值随团旅游蓬勃发展的时代，越来越多柏林这座孤岛上的居民开始每年被吸引着飞往地中海，尤其是马略卡岛。对于去柏林的旅行者来说，在 1961 年之后，乘坐飞机成为前往这座围城的唯一途径。

话说回来，随便哪个重大建设项目，如果柏林没有在政治上和媒体上把它翻来覆去地说个没完，那它就不是柏林了，泰格尔的项目也是如此。1974 年，

《明镜周刊》（*Der Spiegel*）以“所有人的空间”为题报道说：“由于柏林合约，过境路线正在恢复。”而柏林的航空业则宣称：“根据最新的官方估计，1969年做出的预测——旅客数量在1974年达到750万——比1974年的实际数值大约高出了300万。”人可真容易犯错啊！因为推及未来，官方预测和《明镜周刊》都大错特错。2013年，泰格尔机场的旅客吞吐量是1974年对该机场预测的两倍以上。尽管冯·格康在1966年的竞赛设计中还规划了第二个六边形航站楼，但它并没有付诸建设。

对冯·格康来说，早在他对柏林新机场一无所知的时候，泰格尔的这场冒险就已经悄然展开了。与玛格一起，他们以“潜艇”的身份获得最初的专业经验的时候，还没有拿到学位。因此，眼下的要务是必须在布伦瑞克尽快完成毕业设计，更何况妻子和女儿还在汉堡等着他。

克雷默组的毕业设计有两个实践题目可以选择。第一个题目是关于农村环境中的建设，冯·格康对这个主题并没太大兴趣；第二个题目则不同，要求为汉诺威-朗根哈根机场（Hannover-Langenhagen）设计一个旅客航站楼。他不假思索地选择了机场的题目，这无疑是一个影响深远的决定。

很快，他就开着自己的雪铁龙2CV上了A2高速公路，从学校所在的布伦瑞克出发前往科隆，那里正在计划建造当时德国最现代化的机场。几年之后，他与事务所合伙人玛格又将因为泰格尔机场的规划再次踏上同样的旅程。抵达科隆后，为了节省酒店住宿费用，他在车里过了一夜，计划第二天去现场访问，以便更多了解科隆-波恩机场的设计概念。他想与建筑师保罗·施奈德-埃斯莱本（Paul Schneider-Esleben，后文简称：施奈德-埃斯莱本）取得联系，后者正在为当时的德国首都机场建设开拓全新的道路。

施奈德-埃斯莱本是1950年后德国最具影响力的建筑师之一，在这位杜塞尔多夫（Düsseldorf）人的尺规之下曾经诞生了极尽轻盈的哈尼尔停车中心（Hanielgarage）和挺拔、纤细的曼内斯曼大楼（Mannesmann-Hochhaus）。借由这些项目，他在1954年把风靡美国的国际风格带到了莱茵河畔。在1963年科隆-波恩机场设计方案中，施奈德-埃斯莱本同样借鉴了美国的最新发展趋势，其设计目标是为旅客创造一个步行距离尽可能短的机场。因此，他为机场设计了一座多边形的接待楼——面向高速公路，与一个作为停车场的中庭相连。最终的成果是对传统建筑类型的巧妙转译，将环抱荣尊庭（Ehrenhof）的三翼巴洛克宫殿形制转化为一组有着现代技术的交通建筑。在其他方面，也有着与此相似的建筑类比：机场建筑结构如同金字塔一样向中心逐级升起，宛如宫殿的主翼（corp de logis）；用于飞行场监控的塔楼像城堡钟楼一般耸立在建筑群中。

施奈德 - 埃斯莱本的设计好比是一名卓越的建筑师采取卓越的艺术技巧，为一个年轻的建筑项目颁上了一顶庄重的冠冕。柏林的滕珀尔霍夫中央机场拥有庞大的地勤大厅和部分遮挡的飞行场，长期以来被认为是机场设施的典范方案。然而，随着飞机尺度的不断增大、乘客数量的上升和进出港航班数量的增加，“机场”这个概念已经发生了根本性的变化。施奈德 - 埃斯莱本的机场在功能上探索出了一条全新的道路——旅客可经由主楼角上的两座廊桥到达两幢离港卫星楼。每一座卫星楼都为六边形结构，每条边上延伸出一个三角形突起，形成了一个清晰的星形。方案还规划了另外两座同样的卫星楼，但最终没有建造。

除了参考建筑史中的案例外，科隆 - 波恩新机场的设计由严格的理性的几何基本结构所主导。它的混凝土建筑和绵延的窗带吸取了当时不列颠粗野主义的潮流特征，这也将成为冯·格康泰格尔设计方案的特点。同时期的纽约，埃罗·萨里宁为划时代的 TWA 航站楼选择了有机的流线形式，科隆 - 波恩新机场无疑是对此最为针锋相对的“反击”。

为了了解更多与机场规划相关的最新情况，冯·格康咨询了法兰克福的汉莎航空。最新一代机场设计的指导理念是“驶入式机场”。随着“驾车直达登机口”和“在登机口直接办理登机手续”等关键概念的出现，从前集中办理旅客登机手续的做法已经被废弃了，取而代之的是在各个分散的登机口为旅客提供尽可能多的便利：他们可以开车或乘出租车直接前往登机口，在那里托运行李、检查护照，然后即可登机。这样一来可以节省时间，同时也省去了拖着行李四处奔波的麻烦，尤其是在 20 世纪 60 年代，带滚轮的行李箱还没有发明出来的时候。任何一个熟悉世界上那些大型机场及枢纽中无穷无尽的自动人行道和机场跑道的人，都知道“走入即登机”这个系统设计概念听起来有多么的诱人，而对于 20 世纪 60 年代来说，它似乎提供了理想的解决方案。冯·格康凭借对时代趋势特有的敏锐触觉，顺理成章地在毕业设计中采用了这个概念。

不久之后，他在泰格尔项目上对这个系统设计概念进行了再优化，并使其成为现实； 但当时他不可能预料到的是，这种系统设计概念是机场类型学的一个死胡同。直到几年之后，这个问题才随着机场规划模式的转变浮现出来。

直升机的着陆平台和塔楼。在硕士毕业设计中，冯·格康已经在思考符合时代精神的飞机场应该是什么样的了

早在汉诺威 - 朗根哈根机场的毕业设计中，冯 · 格康就提到了施奈德 - 埃斯莱本的想法，并将其升华为一个宏大的形式——通过一条高速公路，旅客将到达一座向公路出口开放的机场大楼，此处值得注意的是，大楼的平面是六边形。 六边形合围起来的中庭上方是一座大厅，大厅顶上则是机场必不可少的塔楼。一个供直升机使用的圆形着陆平台进一步增加了建筑群的完整性，并赋予设计一种未来主义的氛围。同时，冯 · 格康还在六边形的飞行场一侧为飞机规划了对接站。

从愿景到现实

1965/1966 年柏林泰格尔机场的建筑设计竞赛表明了施奈德 - 埃斯莱本的概念对同时代人的影响是多么深刻——科隆 - 波恩机场的设计母题被多次引用和演变，很多参赛者都选择了这种带有附属卫星结构的对称中心建筑，加上用于飞机对接的“延伸臂”。冯 · 格康、玛格和尼克尔斯的作品是少数独树一帜、寻求新路子的方案之一。

尼克尔斯虽是他二人的同学，但他距离做毕业设计还有一年时间，为了这项重要的竞赛，他被特地从布伦瑞克接到汉堡。早上十点左右吃早餐，在此之前，冯 · 格康基本不会着手做任何事情。然后，年轻的建筑师们开始研究竞赛设计，通常要工作到深夜。尼克尔斯记得，他经常就在办公室里睡觉，以便能一早继续工作。他们成功了！他们赢得了竞赛，评委会将在柏林国际展览中心的马歇尔大厅展示他们的设计方案。

这个方案可视作冯 · 格康毕业设计理念的进一步发展和更巧妙的简化。尽管在泰格尔方案中还能看到施奈德 - 埃斯莱本的影响，但冯 · 格康向前迈出了决定性的一步。由三角形网格构成的六边形机场完全封闭，可通过一条地下通道抵达。这样一来就形成了一个闭合的环形，让旅客们从主厅离开后可以获得完整的地面往来通道，从任何一个登机口都能很快到达另一个登机口。该方案舍弃了从主楼分出的卫星建筑。与之相对，冯 · 格康将“驾车直达登机口”的概念发挥到了极致——旅客可以从六边形中央的广场或是从地下停车场直接到达各自的登机口。从高速公路出口旁的一个大型标示牌上，旅客们可以得知他们应该去往哪个登机口，在办理登机手续时，只需托运行李，然后就可在几米之外登上飞机。抵达时的路线也同样简洁——旅客们不必步行很远去集中的行李领取区，而是直接在到达的登机口领取行李。

泰格尔奉上了“驶入式机场”的终极形式，这种形式的机场前无古人，也将后无来者。泰格尔机场是一场机场建筑的革命，为 gmp 的声名奠定了基础。在这里，一个始于他处的概念被完善至其终极；具有逻辑性、前卫功能性的解决方案和与其相辅相成的艺术态度紧密相连。然而，当时无人能够预料到，机场建筑将不可避免地走向不同的方向。在随后的几年中，劫机事件成为民航业面临的一个紧迫问题，从而要求提高机场设计的安全标准。这样一来，分散式办理登机意味着需要更多的检查与控制环节，由此增加的人员成本使其原本的优势变成了劣势。

在讲座和关于机场发展的谈话中，冯 · 格康曾反复抨击零售空间的急剧扩张。这些商铺遍布办理登机手续区域的前后，如今，这项来自所谓“非航空性业务”的收入为各个机场的经济成就做出了重大贡献，而机场彼此之间也在国内和国际上相互竞争。相较之下，泰格尔的主厅较小，为商店提供的空间远远不足。它是一个用于飞行的机场，而不是用于购物的机场；但是，正因乘客们在这里无须长途奔走，所以它尤其受人喜爱。这个机场设计以最短的路径赢得了柏林人的欢心。

除了有效优化旅客的站内步行路径之外，这个设计还有一点让评审们尤为欣赏：该方案进一步设想了在下一建设阶段加建第二座六边形航站楼。这样一来，机场的吞吐量就可以翻倍，那么，柏林就不存在机场容量的问题了，或者至少会是另一种局面。

1966 年，在柏林市议会城市建设主任维尔纳 · 迪特曼（Werner Düttmann）领导下的竞赛评委会用那个时代最优美、文雅的语言褒扬了泰格尔设计方案：“地勤单元的布局集中而清晰，形成了极为优良的运转流程。为国内 / 国际 / 过境转机以及航班到港和离港等各项服务需求提供了完美的解决方案。” 同时还特别强调，该方案拥有“足够的灵活性和适应性，以满足未来的需求”。

1966 年 3 月 21 日，汉堡《明镜周刊》热情洋溢地刊登出封面标题——“喷气机蜂窝”（Waben für Düsen）。

事实上，在泰格尔设计竞赛上取得的胜利比这个年轻的汉堡建筑师事务所在其起步阶段赢得的所有其他竞赛都更出色。此外，从周密严谨的设计到几个创始合作者的战略执行能力，这座机场无疑为 gmp 的外界形象和自我认知都树立了标杆。今天，有谁会把这么大的项目委托给两名 30 来岁、刚刚从大学毕业、

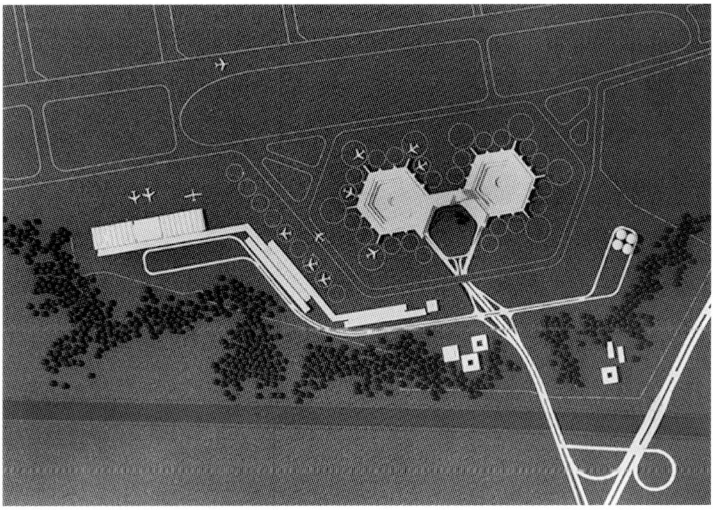

双六边形平面的柏林泰格尔机场设计方案是当年 gmp 这个年轻的建筑师事务所走向成功的起点

自创的事务所才起步不久的建筑师呢？这两名来自汉堡的建筑师都有哪些相关专业经验？他们在机场建筑方面的专业能力只体现在其中一个人的毕业设计当中而已。换作今天，在这样的前提下，一个年轻的建筑师团队能够拿到如此重要的委托是完全无法想象的；不过，1966 年就不一样了。

当然，冯 · 格康、玛格和尼克尔斯在当时也的确遭到了贬抑、怀疑和反对：这些建筑师们难道不是太年轻了吗？如此大规模的项目难道不会让他们力不从心吗？

回望过往，冯 · 格康承认，曾多次担心自己会输给更有经验的竞争对手；但最终，gmp 赢得了委托。在描述泰格尔项目时，冯 · 格康常常把它称作一颗“手工雕琢的宝石”，那是一件一气呵成的建筑杰作。然而，在此之前，还有很长的路要走。

首先，必须要赢得客户的信任。1966 年的 gmp 既不具规模也谈不上专业性，为此，他们得稍微包装一下自己。来自柏林的业主马上就要到了。时至今日，在曾经参与过这段经历的汉堡建筑师当中，流传着一个被描述得愈发添油加醋的故事：冯 · 格康和玛格如何匆匆忙忙地把办公室里的旧门板支起来改成绘图桌；旧时的同学被从相熟的其他事务所和布伦瑞克大学召集过来，其中包括布罗克施泰特、维尔纳和克劳斯 · 克劳迪乌斯等人，大家都像模像样地穿上了白大褂，假装自己正在进行紧张的设计工作……在正式的办公室会面之后，头头们便与来自柏林的先生们一起出去吃饭，出发之前悄悄地告诉大家：“一切顺利，你们可以把桌子拆掉，回家去了。”

然而，即使假扮出了“专业性”，他们在专业建筑界仍是新手的事实不可能一直不暴露出来。又有一次，一个代表团即将莅临汉堡，事务所里掀起了好一阵忙乱。大家从面包店采购饼干，还置办了一个雪茄保湿箱和一些不同种类的威士忌。这场“临时表演”可谓相当专业，其深谋远虑甚至体现在“摆在托盘上的酒瓶并不全是满的，而是余量各有不同”——暗示着这里进行商业会谈的频率以及随之而来的世事练达。冯 · 格康的第一任妻子格尔达躲在隔壁的储藏室里，在打字机上不停地打字，为整个环境再增添一分“业务繁忙”的气氛。然而不幸的是，大家都白忙活了一场。通知里忘了提前说清楚，来的人到底是谁。这一行人原来并不是另一个甲方代表团，而是迪克尔霍夫（Dyckerhoff）公司的代表。他们的来意非常明确：他们并不想下订单，而是想拿订单——毕竟，造机场的人总归是需要混凝土的。

每个成功的建筑事务所都会仰赖优秀的员工来继续深化竞赛作品。一旦方案在竞赛中获胜，他们就要雇佣更多有能力的人来完成施工图。由于冯·格康和玛格在自立门户之初就赢得了一个又一个的竞赛，获得了越来越大的建筑项目，他们的员工人数开始迅速增加。最开始的时候，圣贝内迪克特大街（St. Benedictstraße）办公室里的每个人都是彼此熟识的，大部分人在学生时代就已经认识了，而这种家庭般的气氛正在慢慢消失。某个圣诞节前（具体的年份已无法确知），gmp 团队到“屠夫交易所”餐厅欢庆圣诞，这家餐厅因其大份价廉的肉排而极受欢迎。聚餐完毕，一大群人回到办公室继续狂欢畅饮。冯·格康熟络地搂着其中一名“员工”的肩膀向他坦言，由于眼下有这么多的同事，他很遗憾始终没来得及和他互相认识。然而事实上，即便他有心要“认识”这名员工，那也是不可能的——这人是餐厅一名加工肉制品的师傅，他只是来和建筑师们蹭酒喝的。

成形的泰格尔

在柏林的业主和汉堡的建筑师之间逐渐形成了一种互相信任的关系。在1968年11月前往美国的一次联合考察当中，这种信任又得到了进一步巩固。

当时的美国对德国人来说，在包括机场建设的各个方面似乎都是一片具有无限可能性的土地。那里已经有了航空枢纽，其规模是战后百废待兴的德国所梦寐以求的。首先要去的是芝加哥的奥黑尔机场（O'Hare Airport）。截至20世纪60年代中期，它每年服务的客流量已经达到约一千万人次，此外，拥有埃罗·萨里宁设计的美妙弧线屋顶的华盛顿机场，以及洛杉矶、达拉斯，当然还有纽约，也都在旅行团的行程当中。由于天气恶劣，原计划对加拿大多伦多机场的飞行访问被临时取消了。这次旅行使考察团成员对机场组织的实际情况有了深刻的了解，包括旅客服务以及行李分流等；但最重要的是，旅行的过程也为大家提供了彼此交流和建立信任的机会。

冯·格康和罗伯特·格罗施（Robert Grosch）一起漫步于纽约的高楼大厦之间，罗伯特·格罗施与冯·格康年纪相仿，后来成为泰格尔机场的负责人，而此前的建筑设计竞赛就是他参与组织的。罗伯特·格罗施回忆说，因为门票太贵，他们只好忍痛放弃了在洛克菲勒中心举行的艾灵顿公爵音乐会，转而继续向曼哈顿以南行进。晚上，他们在那儿目睹了一场酒吧斗殴——直到酒保拿起棒球棍进行干预，才算完事。

“几乎就是一夜之间作出的决定。”冯·格康回忆说，“我们即将签署一份真正的合同。柏林市议会为此专门设立了一个部门。在接下来的几年里，几乎每一个细节都签订了合同，随后又一次次地进行条款补充。最终，泰格尔没有一座建筑不是由我们设计的——所有的附属建筑、机库、锅炉房、消防站、地下通道、整个停机坪、所有的道路和桥梁——你能想到的一切都来自我们的设计。”

冯 · 格康用 Super-8 摄像机记录施工过程

甲方授予合同所提出的条件之一是，几名汉堡的建筑师必须常驻柏林。gmp 随后搬进了紧挨着泰格尔建筑工地的一间临时板房。最初，这只是作为机场建设期间使用的权宜之计，但在之后近二十年的时间里，它却成为这些汉堡人在柏林的主要根据地。冯 · 格康不想一直待在酒店里，他在布莱布特罗伊街（Bleibtreustraße）附近的选帝侯大道（Kurfürstendamm）上租下一套老公寓，搬了进去，偶尔会在那里进行工程建设会谈。

面对公共业主对年轻建筑师可能抱有的怀疑态度，冯 · 格康和他的同事们所采取的应对方式是先处理部分委托，准备研究报告并向客户进行详细的介绍，以此来打消对方的疑虑。他们首先着手周边交通连接的规划、地块要求，甚至考虑到了日间和早晚高峰负荷的交通分布。由于这些建筑师们不断呈现出来的内容比客户要求的更加周全，疑虑逐渐消散了。其次，从待人接物到对机场建设和航空专业知识，冯 · 格康在各个方面以他特有的个人魅力和从容自信来消解客户的不安全感。此外，在事务所内部人事方面，他们也作出了相应的调整——罗尔夫 · 尼德巴拉（Rolf Niedballa）的加入使 gmp 获得了一名参与过夏隆柏林爱乐音乐厅建设的建筑师。后来，罗尔夫 · 尼德巴拉也成为 gmp 的合伙人之一，他在授标和竞标方面的经验巩固了不断壮大的泰格尔团队，并且补足了此前团队的专业能力缺口。

从 1969 年 6 月 12 日在泰格尔举行的动土仪式到 1970 年 4 月 27 日奠基，再到 1974 年 11 月 1 日启动航空业务，前后只用了五年时间，而所有三家盟国航空公司完全迁入还需要一年的时间。柏林市议会为泛美航空、英国航空和法国航空的这次搬迁慷慨地支付了费用，其中法国航空只需要从泰格尔北区搬到泰格尔南区。

1974 年 10 月 23 日，在柏林的这座新机场落成之际，拥有亮黄色的值机柜台和同样鲜艳的黄红两色指示系统就像 ABBA 乐队的歌曲一样时髦和色彩斑斓。带有玻璃屋顶的主厅和相邻的候机大厅的独特氛围完美呼应，可惜的是，后来在候机大厅中又增设了更多的登机柜台。希腊裔美国艺术家瓦登 · M · 克里萨（Varden M. Chryssa）的彩色荧光灯雕塑《鸟的飞行》高悬于天花板之下，下方是由冯 · 格康设计的黄色长椅——旅客们坐在这里，可以透过航站楼倾斜的窗带望见新机场的停机坪。在那个年代，航空旅行在德国刚刚兴起，生活在这座围城中的人们心中对于远行的渴望有时是难以抑制的，许多柏林人喜欢坐在那里，视线追随着闪烁的灯光，耳边回响着莱因哈德·梅伊（Reinhard Mey）[1]的声音，心中满怀热望。

在揭幕仪式上，冯·格康向柏林市长克劳斯·许茨（Klaus Schütz）赠送了一把巨大的钥匙。这是一把别具匠心的钥匙——gmp 到目前为止只是完成了第一座“六边形平面的建筑”，第二阶段的建造还没有开始，而市长收到的这把钥匙上有三个六边形，其中一个是被折叠起来的，但也可以把它打开。

然而最终，柏林的政客们放弃了修建第二座航站楼，这是他们在交通政策上犯下的一个重大失误。自从滕珀尔霍夫机场被关闭后，泰格尔机场被众多临时性建筑包围起来，它们就像溃疡一样，不仅模糊了机场的结构，而且其结构上的平庸老套也让旅客们不胜其烦。同样大错特错的一个决定是，不将泰格尔机场与市中心通过地铁相连——最初在设计方案中是有此设想的。

尽管如此，泰格尔机场开始运营之后，很快就成为一个特殊的地点，对柏林人来说如此，对冯·格康来说也是如此。正是借由泰格尔机场，他第一次显示了自己在重大项目上不仅具有设计能力，而且还具有付诸建设的能力。他的设计代表着当时最先进的水平，成本控制在预算范围之内，而且从整体形式到电话亭或是优雅的柏林椅，每一个建造细节的质量都无可指摘。对于年轻的 gmp 来说，无论是面对其他大型项目还是交通建筑，泰格尔机场都是一封无与伦比的推荐信，是未来成就的滥觞。

从泰格尔机场到柏林中央火车站、再到柏林勃兰登堡机场，这是一道长长的建造轨迹，其间囊括了一个建筑师的整个职业生涯，同时也包含了德国首都核心交通建筑的发展。

在柏林所获得的机场设计专业知识被冯·格康在之后的实践当中多次借鉴，其中代表性的建筑包括他设计的斯图加特机场（Flughafen Stuttgart）。该机场的建设在 1986—2004 年间分为多个施工阶段，以巨大的出发大厅及其纤细精巧的有机树状支柱而著称。1990—2008 年间，冯·格康和于尔根·希尔默（Jürgen Hillmer）在汉堡建造了另一个大型机场，其宽阔的大厅与微微弯曲的屋顶结构让人不由得联想到生动的飞机机翼。

在设计汉堡机场时，冯·格康曾不顾业主的意愿，极力想要削减商场的购物区域，而最终呈现出来的是双方妥协的结果——两个航站楼内没有商店，零售区集中在机场广场。

在主厅、候机厅、登机柜台等每一个细节上，设计泰格尔机场都是一种享受

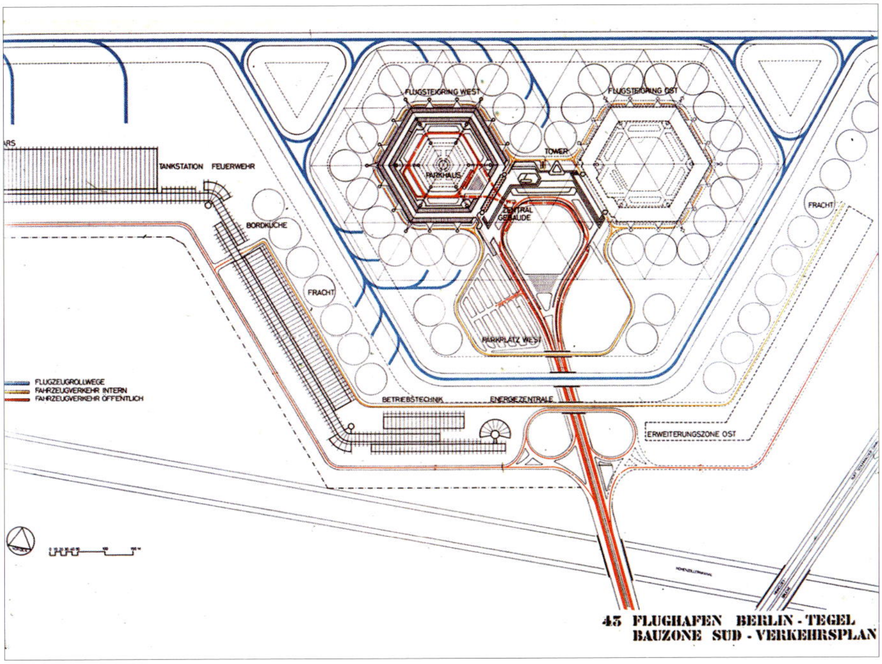

上：方案中第二个六边形平面的体量未付诸实施
左下：冯·格康（左）向柏林市长克劳斯·许茨（中）赠送了一把具有象征意义的柏林泰格尔机场的钥匙。在场的还有机场负责人罗伯特·格罗施（右）
右下：20 世纪 70 年代的柏林泰格尔机场

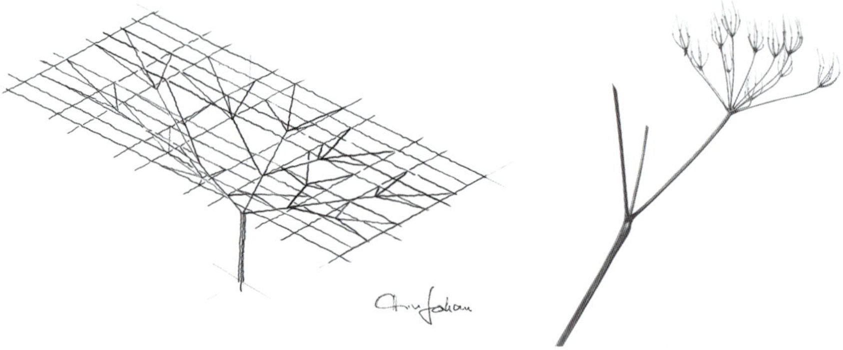

冯·格康多次承接机场设计任务，比如有着纤细精巧树状支柱的斯图加特机场

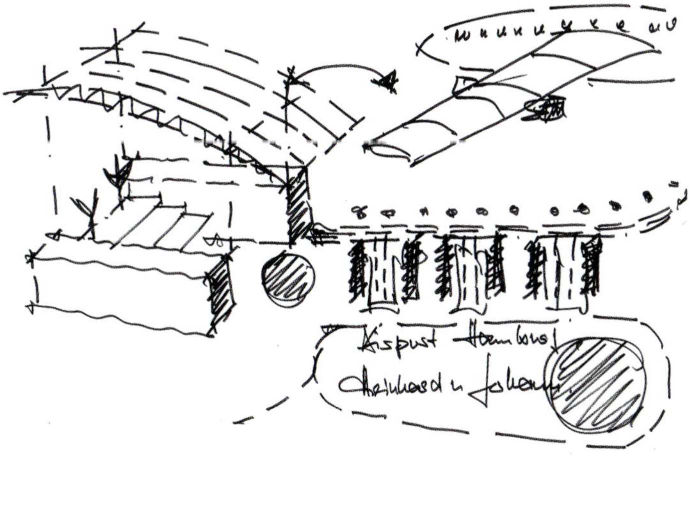

翼状拱形屋顶结构的汉堡机场

然而，并不是每一段有关机场的故事都能以建筑设计和经济上的成功为结局。1976年，在柏林机场启用不到两年时，豪赫蒂夫建筑公司（Hochtief）相关负责人找到了冯·格康：阿尔及利亚首都阿尔及尔计划修建一个新机场，他们希望和gmp合作赢下这个项目的国际竞赛。gmp设计了两个方案，其中的一个在不断地修改和深化，其间付出了相当可观的代价，直到20世纪80年代初。然后，项目戛然而止，但只是暂时的。

今天，任何人在"谷歌地球"上看到2000年后启用的阿尔及尔机场国际航站楼，都能轻易地认出其引人注目的基本结构。在建筑群的中心是一个圆形的停车场，围绕着它面向机场的一侧是一个弧形的大厅；从那里，两座卫星建筑呈扇形延伸至停机坪。

阿尔及尔机场项目的中止曾使gmp陷入了困境，因为有相当多的设计费用没有结清。中间人以一种近乎"密谋"的方式从瑞士联系上了冯·格康，提出想与事务所的一名代表会面，并愿以现金支付一半的欠款。双方在瑞士的第一次会面之后，又在巴黎进行了第二次会面，地点颇为高调地选在了高级餐厅"银塔"。在巴黎圣母院的景色映衬之下，一方把一个装有一半欠款的塑料袋交给了另一方。阿尔及尔的这场项目灾难就这样以双方的和解而草草收场。

"几年前有一次坐飞机，我旁边座位的乘客忽然向我搭话。"冯·格康回忆说，"他问我是不是曼哈德·冯·格康，我说是的。于是，他和我聊起我在阿尔及尔设计的机场——他刚刚从那儿离开。我告诉他，这根本不可能，我确实设计过几个机场，但阿尔及尔的那个机场从未完工过。'没错，它建成了，我之前就是从那儿起飞的。'我的邻座告诉我，还非常详细地为我描述了机场的样子。情况很快就弄清楚了，阿尔及利亚人的确已经按我们的设计完成了建造，但他们没有再咨询我们，甚至都没有告诉过我们。"对于之后事业在中国大获成功的冯·格康来说，这个故事的有意思之处在于，这座北非机场的建设正是由一个中国公司完成的。

还有一件事，冥冥中似乎和中国有关。1976年10月，当时担任中国国家重要领导职务的华国锋是《明镜周刊》的封面人物，该期杂志报道说："为了迎接1980年奥运会的到来，苏联已经准备为他们的新国际机场谢列梅捷沃二期（Scheremetjewo II）加建航站楼，设计师为汉堡机场建筑事务所曼哈德·冯·格康、福尔克温·玛格及合伙人。"

冯·格康无法亲自实施阿尔及尔机场的设计方案

20 世纪 70 年代中期，从易北河到施普雷河（Spree），直至莫斯科河都传开了：gmp 是建造现代机场的行家。然而，苏联首都莫斯科是如何在冯 · 格康没有参与的情况下拥有了一座由他设计的机场呢？这是一个几乎具有教科书意义的故事。有一天，一名略为可疑的客人来到 gmp 在泰格尔机场的“营房”——这儿已经从临时办公室变成了工作的常驻地点，他用蹩脚的德语询问当时已经升为 gmp 合伙人的罗尔夫 · 尼德巴拉，事务所是否愿意为莫斯科奥运会建造一座机场。一开始，罗尔夫 · 尼德巴拉并没有把他说的话当真；但来访者坚持说，他不是在胡说八道，是真的奉官方命令来柏林出差的，因为他们相信，只有一个德国公司有能力在预算范围内按时完成这项任务。为了佐证来意，他还展示了他的苏联共产党党员证。“奥运会，快速、大型，准备好了。”他说，交易的唯一条件是，如果机场成功建成，他要抽取设计费的 2% 作为提成。

在距离奥运会举办不到五年的时间里赶出这样一个大型建筑项目，在冯 · 格康看来是一个大胆的计划，这对于此类重大项目所需的准备时间远远不够，而且俄罗斯的气候条件会进一步加大项目的难度。尽管如此，他还是接受了这个项目的挑战。苏联派出了一支代表团前往柏林，柏林咨询公司—— 一个部分国有的工程公司作为合作伙伴加入项目，负责协调除了建筑领域之外的一切事宜。

与苏联人的会谈在位于柏林选帝侯大道的豪华酒店凯宾斯基进行，这场紧张的会晤给冯 · 格康留下了深刻的印象。在俄罗斯代表团当中，专业人员和克格勃特务几乎各占一半，整个会谈过程中消耗了惊人数量的伏特加和德国烟熏香肠。后来，这种香肠又源源不断地被带往莫斯科。

对于建筑师们而言，主要问题是如何在如此紧张的时间之内造出一个机场。混凝土的硬化过程需要足够的热量，时间短缺加上莫斯科的寒冷气候，将混凝土排除在建筑材料选项之外。因此，机场只能是钢骨架结构。为此，来自汉诺威附近朗根哈根的吕特建筑公司（Rüterbau）被邀请加入，当时它是联邦所有的萨尔茨吉特股份公司（Salzgitter AG）的子公司。为了让吕特建筑公司计算报价，gmp 公司将所有的图纸送到了汉诺威。然而在此之前，就有一套图纸从柏林的 gmp 办公室里失踪了，何人所为至今不明。竞争对手？苏联人？或者只是意外？

无论如何，最后，吕特建筑公司了解了冯 · 格康的设计，但他们并没有与 gmp 合作，而是与汉诺威的建筑师海因茨 · 维尔克（Heinz Wilke）一起参

冯·格康无法亲自实施莫斯科机场的设计方案

加了机场设计的竞标。海因茨·维尔克以前曾设计过汉诺威-朗根哈根机场（Hannover-Langenhagen），离吕特建筑公司的总部不远。从吕特建筑公司提出的一口价和框架条件上看，他们的竞争力是无可匹敌的。最后，在朗根哈根普费尔德马克特（Am Pferdemarkt）的一座办公楼内，双方在苏联人的主持下一决胜负。这座办公楼是圆柱形的，在谈判的休息时间里，竞争对手们便围着大楼转来转去。

不出所料，吕特建筑公司/海因茨·维尔克拿下了委托，但苏联人开出的条件是，必须先把gmp前期规划的设计费用结清。直至很晚，有关各方终于在一份手写的合同中商定：gmp把谢列梅捷沃二期的图纸交给吕特建筑公司，并放弃其版权；作为回报，对方将付清约260万马克的待结款项。然而，仅仅两天之后，情况又发生了变化。

"吕特建筑公司打来了电话，声称我们提供的图纸无法使用，无法依此施工。此外，他们说那份合同也根本无效，因为它是在'酒精作用'之下缔结的。"冯·格康回忆道。然而，那份合同的确是具有法律效力的，gmp在随后提起的诉讼中获胜，欠款得以偿付，从而把事务所从经济困境中解救出来。给那个俄罗斯谈判代表的两个百分点的"提成"被专门留出来，但直到今天，那人再也没有出现过。

那么，谢列梅捷沃机场二期呢？尽管由于苏联入侵阿富汗，1980年奥运会受到了不少国家的抵制，但由海因茨·维尔克/吕特建筑公司建造的机场还是如期开始运营了。一开始，因为受到美国总统卡特对苏联实施的贸易禁运限制，机场没有配备西方的计算机技术，倒是配备上了俄罗斯当时还不存在的液体皂给皂器。然而对冯·格康来说，莫斯科机场似乎是一个预兆——当他20年后重返此地建设项目时，仍然未受时运的眷顾。

设计建造机场是gmp的事业起点，而且这家事务所曾一次又一次出色地完成了任务；但是，偏偏是围绕着柏林勃兰登堡机场所产生的一系列问题让机场项目泛起了一丝陈腐的味道，蚕食着这家业务遍及全球的建筑事务所的声誉。

受到影响的不仅仅是gmp的工作和形象。勃兰登堡机场的案例更多是对大型项目在德国的可实施性提出了根本的质疑，质疑着政治决策者的专业知识以及实施公共建设项目的现行组织结构。

2012 年 5 月 23 日，冯 · 格康与 gmp 的几名合伙人以及项目合伙人相聚在马略卡岛。一个明媚的夏日，在岛上山间的冯 · 格康庄园里，正举行着一场项目评估会议。

这些定期举行的会议出于几个目的。鉴于事务所的规模以及大量同时进行的项目，这些会议使得各个合伙人在日常事务和他们各自负责的项目之外，能够保持必要的交流和信息沟通：谁在哪里建造什么项目，有什么新消息，哪里停滞不前，施工进展如何，完成了些什么内容等。

另外，评估会议有助于明确事务所在建筑和经济方面的立场。借助一张核对清单，对各个项目进行评估，看它们是否符合 gmp 的理念。为此，冯 · 格康给出了一个从 +2 到－ 2 的分级表：

+2= 提高 gmp 的声誉

+1= 符合 gmp 的标准

0 = 中立，不会损害 gmp 的声誉，但也不对其有利

-1= 不符合 gmp 的标准

-2= 有损 gmp 的声誉

所有参与会议的合伙人以及项目合伙人一同进行讨论和投票，从投票结果中得到一个平均值，从而得出项目的评级。在评估会议期间，总是弥漫着一种紧张的期待感，类似于等待导师对方案进行重大修改之前的气氛。冯 · 格康的评判有时会相当尖锐，令人不禁生畏，而合作伙伴之间的竞争也不容小觑。

在 2012 年的那次会议上，尽管周遭的环境如诗如画，紧张感却有增无减。gmp 在德国最重要的建设项目，即柏林勃兰登堡机场，多年来一直坎坷不断。

为了规模庞大的勃兰登堡机场项目，参与建设的几家建筑事务所成立了 bbi 规划联合体。按照计划，将按照冯 · 格康、胡贝特 · 尼恩霍夫（Hubert Nienhoff）和汉斯 - 约阿希姆 · 帕普（Hans Joachim Paap，后文简称：帕普）的设计，与 JSK 事务所合作建造这座新机场；但是，原计划定于 2011 年 11 月的开幕时间不得不在前一年就决定延期。新的启动日期被定在 2012 年 6 月 2 日，尽管时任德国总理安格拉 · 默克尔（Angela Merkel）已被邀请参加开幕活动，仪式筹备工作也在紧锣密鼓地进行，但就在 2012 年 5 月 8 日，新机场的启动

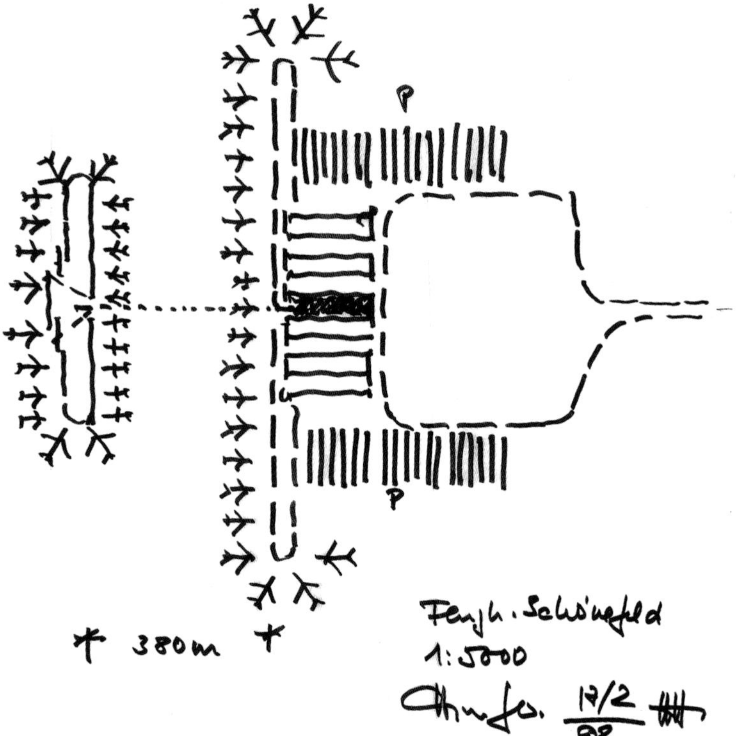

冯 · 格康为柏林 - 勃兰登堡机场手绘的设计草图

被再次取消。这简直是一场灾难，而且距离计划中的开幕时间又如此之近！公众的不满愈演愈烈，媒体也开始不断问责，“BER 问题”——这个短语屡见报端。至今，它仍然是小报用来描述“停摆的（意即停建的）机场”惯于使用的较无恶意的术语之一。

对 gmp 来说，情况变得更加糟糕了。2012 年 5 月 23 日 10 点，bbi 规划联合体接到了一份传真，告诉他们已经立时被业主解约。面对这种最坏的情况，马略卡岛、柏林和汉堡的 gmp 陷入了一阵忙乱：大家开始不停地打电话，向各方咨询，已经没人在意评估的事情了。

冯·格康认为情况已经很清楚：“眼下我们在柏林什么都做不了。”但是，与其他合伙人交换意见之后，大家还是决定立即飞往首都，亲临现场，即便目前在那里什么也做不了。

1. 莱因哈德·梅伊以歌曲《云层之上》（Über den Wolken）而闻名。后来，他把这首歌献给了柏林滕珀尔霍夫机场周边的居民，歌曲描述了主人公在机场目送一架飞机起飞时思绪万千的情景。——译者注

一场事先张扬的失败

围绕着机场所发生的一系列事件对冯·格康造成的影响极深。作为一名从业近 50 年、在世界各地完成了数百个建筑项目的建筑师，2012 年 5 月 23 日的 bbi 规划联合体被解约对他而言是一场彻底的个人失败，甚至是一种侮辱。单方面无事先通知、立时解约的行为意味着业主公然推卸责任，意欲转移对于他们自身疏忽和错误判断的注意力。然而，根据众多专家评估得出的一致结论，这一解约行为无疑是错上加错，典型的“破罐子破摔”。因为随着解约，一切新机场建设所需的专业知识也被拒之于工地之外，其结果就是让柏林郊外的施工现场陷入瘫痪。冯·格康曾给当时的市长，也是机场公司的监事会主席克劳斯·沃韦赖特（Klaus Wowereit）写信，试图能够合力解决困境；然而，几个星期过去了，也没有得到答复。

柏林勃兰登堡机场的启用日期被不断推迟，在首次取消开放近 3 年之后仍未明确启用时间。这不仅无助于解决柏林对于更大新机场需求的燃眉之急，更是将德国在按时、按预算完成大型建筑项目上的无能暴露无遗。这对柏林而言是一场灾难，对德国的海外形象来说也同样是一场灾难，而对 gmp 这样在全球范围内运作的建筑事务所来说则更是一场灭顶之灾。

2013 年夏天，冯·格康在他的《黑匣子之柏林机场项目》一书中探讨了机场项目失败的原因：“在我看来，这一切不幸的根源在于业主天真无知的假想，异想天开地以为可以从零开始为新机场募集到几个亿的私人资金，结果发现处处碰壁。最后他们相信，让由业主拼凑出来的规划团队来主持勃兰登堡机场项目就能够万事大吉。然而，这些团队完全没有经过专业的筛选，也根本不具备设计建造机场的专业能力。换句话说，机场建设的延误追根溯源，正如今天显而易见的那样，在于组织结构的不当。”[1] 柏林勃兰登堡机场作为一个比它的“老兄弟”——泰格尔机场更大、更现代、更国际化的项目，它理应汇集建筑师对于机场建设的经验之大成。

柏林这座大型新机场的历史可以追溯到柏林墙倒塌后不久，冯·格康当时正在着手设计施潘道火车站（Bahnhof Spandau）和柏林中央火车站，而有关大型机场的讨论也刚刚被提上日程。那时候，柏林正处于蓬勃发展的狂热时期，在东德、西德统一的欣喜之中，这座城市迎来了对美好前景和人口剧增的预期。冯·格康设计的泰格尔小机场每年仅能处理 250 万旅客客流，无法应对未来的旅客量。事实上，泰格尔机场在 2014 年接待的客流量已经超过 2000 万人次。然而，在柏林墙倒塌后，将位于市中心的机场再扩建出一个六边形平面航站楼的做法在政治上有些不合时宜。此外，以步行线路短、工作人员密集的登机口实现“一步办理登机”以及“尽可能少的购物区”等观念已经不再符合时下的需求。

柏林政界开始大力宣传“一个机场”的理念，想用这个“魔法概念”取代当下滕珀尔霍夫、泰格尔和舍内菲尔德机场（Flughafen Berlin-Schönefeld）三分柏林的局面。新机场未来将服务于整个柏林 - 勃兰登堡地区。第一步是选址。这个阶段需要进行大量调研，其标准不仅要满足旅行者的需求——对旅客而言，当然交通越便利、越靠近市中心越好，选址还必须考虑当地的噪声污染和自然环境保护等因素，因为机场将从根本上改变所在地区的面貌；同时，它的建设也意味着对此地数十亿马克的投资以及长期的税收保障。对各地的审查持续了几年时间，最后于特博格（Jüterbog）、施佩伦伯格（Sperenberg）和舍内菲尔德（Schönefeld）三个地点入围。舍内菲尔德的主要优势在于它离柏林很近，而且那里已有东德时期的老机场。当然，离城区距离近这一点既是优势也是劣势——这给当地居民带来了相当大的噪声干扰。最终，政治上的压力而非技术上的论点将舍内菲尔德推向了最优选项。1996 年 6 月，联邦建设部、柏林市议会和勃兰登堡州之间达成一致，将新机场定址于舍内菲尔德。实际上，联邦建设部和柏林市议会完全赞成选择此地，而勃兰登堡州则倾向于扩建位于施佩伦伯格的苏联军用机场。

与此同时，时任总理府部长弗兰克 - 瓦尔特·施泰因迈尔（Kanzleramtsminister Frank-Walter Steinmeier）和冯·格康的老朋友、内政部长席利正在举行一次秘密会晤，讨论一旦舍内菲尔德的方案遭遇失败，是否以及如何扩建泰格尔机场。冯·格康的想法是，用一座开放的U形体量取代原方案中的第二个六边形平面航站楼，U形的两臂终端可以用作飞机接驳；但是，这一切都没有付诸实施。机场的具体规划是由一个政治决定开始的——这个新建筑项目将由私人出资赞助。德国当前正处于公私合营项目的全盛时期，但此次寻找投资者的计划以失败告终。

虽然进行了招标，但参与者对这个过程的描述是“极其混乱”。无论如何，最后还是产生了一个赢家，即豪赫蒂夫建筑公司，它与gmp共同提交了一个设计。冯·格康与胡贝特·尼恩霍夫、约阿希姆·蔡斯（Joachim Zais）、帕普等几名项目合伙人[2]共同合作，为新机场设想了一个简洁、鲜明的标志性建筑元素—— 一座独特的大跨度玻璃人行天桥，它将连接主航站楼和后续即将建造的另一座中场航站楼。然而1999年，这个附加结构还完全是个“白日梦”，甚至没有列入项目议程。同年，在北京举办的一个展览上，gmp的第一本建筑目录中出现了这座天桥的暗示性图像。

最初的概念在形式上近似于汉堡机场的进一步演绎，而最终得以实施的设计已经与之大相径庭。按照最初的方案，勃兰登堡机场的主厅上方将建造一个大跨度的透明屋顶结构；南北指廊起初并没有出现在设计之中，出现的是冯·格康标志性的十字支撑结构。然而，项目还没有正式签订委托就出现了一系列节外生枝的状况，各个相关方彼此指责。三年之后，整个招标程序被取消了。将建设项目私有化的尝试宣告失败，因为风险最终都会落在机场公司身上。

经此一役，大量时间和可观的资金已经耗费掉了，而新机场的建设仍然遥遥无期。在第二次尝试中，政客们决定，这次要由机场公司自行出资和建造。2004年，五家著名的建筑师事务所入围总规划的乙方候选名单，其中包括设计了柏林索尼中心（Sony Center Berlin）的德裔美国建筑师赫尔穆特·扬（Helmut Jahn）、沃尔夫斯堡汽车城（Autostadt Wolfsburg）的建筑师贡特·海茵（Gunter Henn），以及英国的高技派专家理查德·罗杰斯（Richard Rogers, Rogers Stirk Harbour & Partners）——传奇建筑巴黎蓬皮杜中心就是他与伦佐·皮亚诺（Renzo Piano）共同设计的。

2004年12月，由gmp建筑师事务所、JSK国际建筑师事务所，以及负责技术楼宇设备的克鲁克工程公司（Ingenieurgesellschaft Kruck）组成的联合体中标。然后，在次年1月份签署合同，并启动了bbi规划联合体。在一片混乱的预备阶段过后，一切似乎可以踏上正轨了，毕竟，柏林勃兰登堡机场是新联邦州[3]最大的基础设施项目；但是，事实很快证明，乐观主义者们又高兴得太早了——此刻，真正的困难才刚刚开始。gmp 委托安永会计师事务所（Ernst & Young）进行审计，其报告显示，规划联合体统计的报价远远超过了机场公司的预算。

宝贵的时间又被不断消耗掉。2008 年年初，总规划合同发生了变化，项目施工被分为几部分分别招标，因此规划联合体的工作量相应增加了，需要达到的要求也相应提高了。除了建造主航站楼外，还将建造一南一北两个指廊。在万变之中保持不变的是，始终定于 2011 年 10 月 31 日航班时刻表变更之际启用新机场。在《黑匣子之柏林机场项目》一书中，冯 · 格康在一条时间轴上详细描述了其间接到的众多更改要求，再加上一个项目合作伙伴在此期间破产，最终导致启用日期推迟到了 2012 年 6 月。

业主提出的更改要求出于各种理由，也影响到了各个方面。其中涉及一些根本性的规划问题，例如从申根区和非申根区入境旅客的路线分离，以及空中客车 A380 这样的大型飞机所需的特殊登机桥在航站楼内的位置等。这需要进行所谓的“楼层变换”（Ebenenshift），从而导致了大规模的重新规划，完全打乱了规划和建造步骤的合理顺序。冯 · 格康在书中写道：“在施工期间，又申请了一个新的建造许可……已经进入施工的规划内容，有一部分又倒退回了设计和审批的状态。”[4]

不难想象，这些胡作非为是以时间和大量金钱为代价的，而这些钱都来自纳税人。举一个例子：最初，空客 A380 的登机桥被安排在主航站楼的中央，汉莎航空和柏林航空可以按需使用；后来，它从规划中完全消失了；之后，迫于柏林航空航站区内的政治压力，很快又重新出现了。由于 A380 登机桥与普通登机桥的规格不同，整个登机桥系统及其所有节点全部都要从头来过。与这个“楼层变换”相比，本来早就被否决、又在最后时刻决定安装的航站楼自动人行道，几乎算不上是什么风波了；然而随之，自动人行道所需的各种线路设备不得不以昂贵、费事又难看的方式藏在地板下或天花板上的盒子里。

更为复杂的一项要求是要在设计中包含一个“穿行商区”，即所有准备离境的旅客在前往登机口的路上都必须经过这一系列的店铺。其结果是对航站楼的出发层进行了全面的重新设计，以减少候机大厅的登机手续办理区面积、降低客流处理能力为代价。gmp 建议将航站楼的两端各延长一个单元，即43.25米，以“补回”失去的空间；但“该建议被业主以成本有限为由拒绝了”。冯·格康在《黑匣子之柏林机场项目》中做了简要说明。早在2008年，负责项目管理的迪索工程公司（Drees & Sommer）在其一份内部分析报告中就得出了这样的结论：“由于业主提出的这一重大改动，只有投入大量资金才能保证于原定日期开始试运营。如果必须维持成本框架不变，则必须放宽时间限制。”[5]

除了这些系统内部的问题之外，外界的变化也影响了建设进程。2010年4月，欧盟委员会决定调整航班的安全标准：自2013年4月起，只要安检处拥有必要的检测设备，旅客的手提行李中就可以携带液体。然而，这些新检测设备更重，而且比之前的型号需要更多的空间。当然不必说，新机场启用时的一切设备都得是世界上最先进的，于是，主厅的相关部分又要重新设计，并且需要加建额外的边亭以增加客流处理能力。这些无论如何都要到2013年才能建成，也就是在计划开放日期的一年之后。对于大型建筑来说，这种竣工之前的试运营是司空见惯的。

大量的设计方案更改不仅影响了整个建筑，也影响到机电设备，同时受到波及的还有消防设计——由于建筑方案多次发生极为根本性的变动，消防设计不得不相应进行数次修改。然而，由于消防设计未能获得建筑监督部门的批准，直接导致了机场开放之前又一次被临时叫停。

在距离既定日期如此之近的情况下再次推迟机场开放，媒体对此的报道一时间势如溃堤。各种论调和猜测甚嚣尘上，业主、政治任命的监事会，当然还有建筑师都受到了尖锐的抨击。尤为讽刺的是，机场项目被与“斯图加特21”（Stuttgart 21）或汉堡易北爱乐厅（Elbphilharmonie）相提并论，跻身于问题频出的大型项目之列。

《新苏黎世报》（*Neue Zürcher Zeitung*）在2012年2月21日的文章中写道：“尤其发人深省的是，这种伴随着工期拖延和建造成本爆炸式增长的重大失败，往往都发生在公共建筑项目中。它们与私人项目的不同之处在于，经由选举产生的党派政治委员会往往在其中拥有最终决定权。这很快就会导致专业意见和选举考虑之间的冲突，其结果是一种近乎巴别塔式的语言混乱。”

随着规划联合体被解约，法律顾问们的派对开始了，一场解约和辞退的大型轮盘赌也随之而来。在2012年5月17日机场有限责任公司监事会的新闻发布会上，新的机场启用日期被确定为 2013 年 3 月 17 日，同时宣布从 2012 年 6 月 1 日起，解除技术总监曼弗雷德·克特根（Manfred Körtgen）的职务。六个月后，机场公司负责人莱纳·施瓦茨（Rainer Schwarz）也被停职，并在 2013 年夏天被无通知立时解雇。

规划联合体被解约后，施工现场实际上处于停工状态。2013 年 1 月 7 日，柏林的红色市政厅，再一次传出机场将推迟启用的消息；但这一次，他们没有公布新的启用日期，因为说不定下一次又要出丑。与此同时，饱受政治压力的柏林市长克劳斯·沃韦赖特辞去了机场公司监事会主席的职务，至少是暂时辞去。他的勃兰登堡州同僚、州长马蒂亚斯·普拉策克（Matthias Platzeck）接任该职，但在 2013 年 8 月因健康原因辞去了所有职务。同年 12 月，出乎所有人的意料的是，克劳斯·沃韦赖特又回到了这个职位，而在他退出政界后，柏林市长继任者米夏埃尔·穆勒（Michael Müller）的心腹恩格尔贝特·吕特克·达德鲁普（Engelbert Lütke Daldrup）成为新一任机场公司监事会主席。

---

1. Gerkan, Meinhard von: Black Box BER. Vom Flughafen Berlin Brandenburg und anderen Großbaustellen. Wie Deutschland seine Zukunft verbaut. Berlin 2013, S. 104.
2. 胡贝特·尼恩霍夫现任 gmp 合伙人兼执行总裁，帕普现任 gmp 合伙人。——译者注
3. 德国新联邦州（die neuen Bundesländer）指的是在 1990 年 10 月 3 日两德统一时加入联邦德国，来自原德意志民主共和国的 5 个州，包括勃兰登堡、梅克伦堡 - 前波莫瑞、萨克森、萨克森 - 安哈尔特以及图林根。——译者注
4. Gerkan, Meinhard von: Black Box BER. Vom Flughafen Berlin Brandenburg und anderen Großbaustellen. Wie Deutschland seine Zukunft verbaut. Berlin 2013, S. 72.
5. 同上，S. 69-71.

冲刺式的回归

2012 年年初，若是你沿着柏林东南部尚未对外开放的高速路段，一路经由勃兰登堡省特有的松林朝着机场客运航站楼方向行驶，会在一条长长的轴线尽头抵达一座独特的“城市”，这座城市的核心便是那座全新的玻璃航站楼。当然，此时的勃兰登堡机场还在施工当中，离落成之日还遥遥无期。即便如此，当时的机场看起来一点也不像一座未完工的建筑，而是一个即将苏醒的现代化大型机场。

设计方案将新机场设定为由一块块独立的“积木”所组成的系统，它们在功能和审美上配合默契，共同形成了一个城市化的整体结构。一本设计手册为所有的机场建筑确立了一个框架——从宏观形式到微观细节，从材料选择到色彩方案以及景观构成。在这本手册中，还融入了帕普 1990 年在布伦瑞克工业大学毕业设计中的一些见解，而这个设计当年正是在冯 · 格康的指导下完成的。他毕业设计的主题是在柏林附近建造一个机场——整整 25 年前，冯 · 格康也为自己的毕业设计选择了机场这个主题。在勃兰登堡机场项目上，命运完成了它的轮回。在这片广达 14.7 平方千米、可容纳 2000 个足球场的巨大而整洁有序的场地上，几乎可以立即感受到冯 · 格康所秉持的、对于结构秩序和多样统一性的建筑原则。

火车站、停车楼、航站楼、酒店、仓库、机库、警察局和消防局共同组成了一个易于理解、一目了然的整体系统，而整个区域已经达到了一个城市的规模。仅是新航站楼大厅就长达 220 米，其屋顶面积为 49 000 平方米。它构成了新机场的核心，其南北两侧各有一条跑道平行运行。

巨大的玻璃立方体和宽阔的悬挑屋顶结合了不同的意象——日本寺庙建筑群的静谧冥想，以及路德维希 · 密斯 · 凡德罗柏林新国家美术馆“皮包骨”建筑的构造清晰性。申克尔风格的柱廊从两侧将玻璃航站楼围合其中。冯 · 格康又一次运用了他所热衷的空间划分秩序原则，这在他未能实现的汉堡美术馆方案和上海临港的中国航海博物馆中都曾出现。

航站楼屋顶悬挑出来 50 米，由 6 根近 30 米高的十字柱支撑，一直延伸到宽阔的入口车道上方，为旅客遮风挡雨。这是对经典柱式主题的现代诠释，早在冯·格康的第一个项目——施托曼大厅中即有体现。它们模仿古典柱式的卷杀，以优雅的节奏于基部和顶部逐渐收细，其动态、优雅的形式让人联想到极为细长的齐柏林飞艇（Zeppelin）或是抽象化的飞机机身。

在航站楼内部，机场的一切分区都集中在同一屋檐下的 6 层楼当中：到港和离港，登机手续办理，行李分类和提取，还有购物区——位于安检之后，在旅客前往位于 3 个指廊登机口的必经之路上。

与柏林中央火车站类似，航站楼本身的外立面被玻璃完全消解在前广场中。对于冯·格康而言，其核心任务是要往空间中引入尽可能多的自然光，而在这座建筑里的处理手法具有典范性。旅客们因而能够清晰地辨认方位，并对邻近的机场城（Airport City）中的酒店、办公楼和停车楼一目了然。

航站楼长达 220 米，通透、宏伟且独具个性，由间距 43 米的一系列立柱所构成的主题奠定了建筑的整体形象。屋顶天窗带沿着立柱组成的轴线展开。材料的选择将科技感与温暖的家居氛围相结合：特富龙涂层玻璃纤维织物（PTFE）的天花板，德国汝拉石灰石（Jurakalkstein）制成的浅色高级地砖，以及法国产深色胡桃木的登机办理柜台。出发大厅的中央是连接中间层购物区和地下火车站的通道。

通过安检之后，是包含了一系列餐厅和速食店的“美食广场”以及在最后关头才临时加入的“穿行商区”，这一区域直接通往 3 个指廊——长达 715 米、拥有 16 座登机桥的主指廊和两个各为 350 米长的侧指廊。浅色的地面、由诺曼·福斯特（Norman Foster）设计的胶合板主体、柔软仿皮椅面的等候区座椅、网格状金属嵌板的天花板和深色的木质护壁板，为此处营造出一个与主厅同样的功能性与舒适性并重、有着贵宾室精致氛围的服务区。

在极短步行路径这一点上，勃兰登堡机场无法与泰格尔这座驶入式机场竞争，虽然二者地勤系统截然不同，但全新的首都机场仍然提供了一个相对快速到达登机口的可能性——从地下的火车站站台经由两部楼梯登上出发大厅，然后通过安检、穿过购物区，即可到达主指廊。如果登机口位于南侧或北侧的指廊，则需要继续步行或通过自动人行道前往。这种方便使用者快速定位的逻辑性和清晰性是方案设计的指导原则，在毗邻航站楼的中央机场城区域的功能布局上，同样应用了这个原则。

实际上，对柏林勃兰登堡机场的未来预想相当明确：如果客流量继续上升，最多需要加建两个新指廊，将主指廊向西侧延长，并通过天桥连接；但是，时至今日，该机场无论近期还是远期的前景均不明朗。至少对阴谋论者来说，是赶上好时候了，各式各样的猜测满天飞。机场启用日期仍未确定，争吵还在继续，“羊”虽亡，却始终找不到合适的材料来“补牢”。这个重担现在落在了机场公司负责人的身上，他是冯·格康的老熟人——哈特穆特·梅多恩（Hartmut Mehdorn，后文简称：梅多恩）。

2013 年 3 月 8 日，冯·格康在休假中得知了这个新任命，他立即联系了他这位老对头——德国铁路公司和柏林航空的前老板。二人在铁路时代的恩怨都已成往事，过去的就过去了，眼下要务是机场的未来。

二人都明白，在毫无通知的情况下立即将 gmp 这一专业知识提供方解约的做法是大错特错，没有这几名原先的建筑师，想让工地重回正轨似乎毫无可能。于是，几个人在柏林巴黎广场（Pariser Platz）附近安排了一次秘密的晚间会议，以探询能否恢复合作，如何恢复合作。

冯·格康的目标很明确，那就是让 gmp 重回舞台，毕竟这是他的设计，而他的名誉也悬附于上。双方约定在一家中餐馆会面，当冯·格康与帕普一同到达约定的地点时，梅多恩却并未出现。他们点了清酒，等待会谈伙伴的到来。然而，梅多恩迟迟不现身。十分钟过去了，一刻钟又过去了……冯·格康越来越坐不住了，迟到可不是梅多恩的风格。于是，帕普询问餐馆，梅多恩先生是否留了口信说他会迟到，可餐馆却告诉他，他们根本就没听过梅多恩这个名字。大家一时不知所措。一名好心的服务员提醒说，也许他们约定的地方是巴黎广场的“中国俱乐部”。柏林的初春仍然寒冷刺骨，冯·格康和帕普在风雪中艰难跋涉了 100 米，来到那里。果不其然，梅多恩正在那里等着他们，手里拿着一份报纸。

冯·格康对于自己的迟到感到尴尬至极。“但梅多恩见到我们时相当高兴，让我们不必道歉，他说这没什么大不了的，反正他有的是事情可做，我们到了就好。”冯·格康回忆说。当年建设中央火车站时的不快已经一扫而空，二人都心知肚明，尽管双方的律师已经在估算对方的赔偿要求，但如果想让机场有一个好的结局，他们仍然需要彼此的扶持。虽然有来自柏林的政治阻力，梅多恩还是设法让gmp重新回到了规划进程之中；不过，仅仅扮演一个“小角色”——作为所谓的“冲刺团队”的一部分，旨在迅速完成机场建设。对 gmp 的诉讼和 gmp 的反诉讼都暂停，双方休战了——暂时如此。

这个时候，gmp 拥有了畅通无阻进入机场的权限，只为一件事——在航站楼内修建静谧堂[1]。在专门为此进行的竞赛当中，gmp 为自己赢得了这个机会。帕普设计了一座具有冥思氛围的砖构建筑，这处退避和沉思的所在与科技感的透明航站楼形成了鲜明对比。该空间在 2013 年圣诞节前不久完工。“梅多恩还不忘在里边奉献了一盏蜡烛。”帕普描述了当时颇为超现实的一幕。在结局不明的机场历史中，这是否算得上在一片黑暗当中燃起的一朵希望火花？

对于梅多恩个人而言，有关机场的一切都在 2015 年落下了帷幕。2014 年年底，由于监事会内部的纷争，他宣布辞职。新任机场老板是前劳斯莱斯公司经理卡斯滕·米伦费尔德（Karsten Mühlenfeld）。

与此同时，在海盗党马丁·德利乌斯（Martin Delius）的领导下，柏林市议会成立了一个调查委员会，以澄清围绕机场建设发生的一系列事件，甚至还要求对冯·格康的家进行司法搜查，为的是拿到一份文件，而这份文件早已能在互联网上自由获取——安永会计师事务所对柏林勃兰登堡机场作出的“关于项目进程中断及其影响的事实陈述”。安永这项调查的委托日期为 2012 年 4 月 27 日，委托者正是 gmp。事实上，这些文件被交给了相关的警察，而并未对企业或私人场所进行搜查，但负面新闻的出现——又一次——是不可避免的。

在《黑匣子之柏林机场项目》一书中，冯·格康将围绕机场的一系列事件置于一个更广阔的社会和建筑文化语境中去探讨，清晰阐述了目前德国几乎没有任何重大项目能够按计划完成的情形是由哪些问题所导致的。在他列举的“建筑业七患”中，“定义有误的建筑任务或不具体且有政治争议的愿望清单”，以及不切实际的建筑成本和工期估算，正是在勃兰登堡机场项目中出现的状况[2]。

---

1. 在车站、机场、医院等大型公共设施中所设的静默空间，供祈祷、冥想之用。——译者注
2. Gerkan, Meinhard von: Black Box BER. Vom Flughafen Berlin Brandenburg und anderen Großbaustellen. Wie Deutschland seine Zukunft verbaut. Berlin 2013, S. 29.

柏林 - 勃兰登堡机场于 2020 年正式投入使用

柏林 - 勃兰登堡机场室内

泰格尔重装上阵

新机场的延迟开放也影响到柏林剩下的最后一个机场——泰格尔机场。它不得不继续超负荷运行，在不断增加的客流量重压之下叫苦不迭。

骰子还未最终掷下，泰格尔机场未来的命运未卜，但可以肯定的是，泰格尔机场主楼将被挪作他用。冯·格康和胥茨很早就曾思考过泰格尔机场的未来。根据联邦政府、柏林和勃兰登堡州的一致决定，泰格尔机场必须在勃兰登堡机场开放六个月后结束其常规的航班业务。2008 年，当时的柏林城市发展议员英格博格·容格-赖尔（Ingeborg Junge-Reyer）在泰格尔主持了一个现场会议，与会各方阐述对于泰格尔机场未来发展的立场。“我想，当时举办方邀请冯·格康先生参加这场会议的目的，并不是期望从他那儿得到对于泰格尔机场未来处置的建议——虽然他最终的确做到了这一点。邀请他过来，更多是希望他能强调机场的重要性，并且让大家对其建造的时代背景有所认知。”胥茨在描述会议一开始的情况时说道。然而，现场会议随后取得了让在座各方都惊讶的进展，因为一个有关机场未来的具体想法在会上出炉了。“我们建议在这里建立一个创新和可持续发展技术中心，公司或是研究机构可以在这里协同展示德国的科研和制造专业能力。”胥茨解释说。这个想法参考了 gmp 在中国的经验——在中国进行的演讲和讨论中，事务所遇到越来越多如下提问：“在与建筑和城市建设相关的具体领域当中，作为德国人，你们能对可持续发展做出什么样的贡献？”

这促使 gmp 开始思考。德国在科研方面的专业竞争力是有目共睹的，而如何才能让这个专业强项变得更易理解、更惠及大众呢？“我们发现，在德国没有任何一个地方可以让感兴趣的人了解‘城市技术’（urban technologies）。因此，我们的想法是在航站楼内设立一个永久性的展览和研究站。”胥茨说。此外，在停机坪上创建一个示范性的城市生活和工作区，其年均产出的能源将多于其消耗的能源。

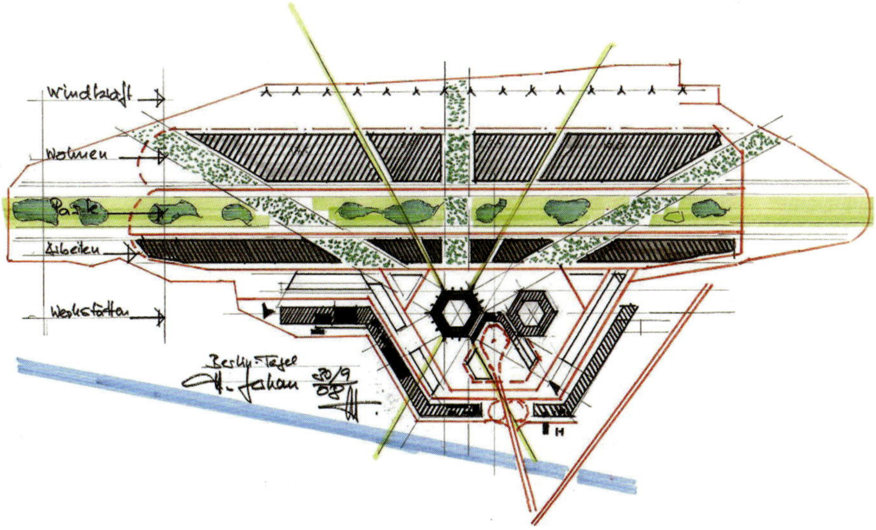

2008 年，冯 · 格康对泰格尔机场未来的使用愿景在业界引起了轰动

2009 年，在汉堡 gmp 基金会建筑文化学院（academy for architectural culture，缩写：aac，2007 年成立，后文简称：建筑文化学院）举办的“TXL+”（柏林泰格尔机场改造设计）工作坊上，大家对泰格尔机场的未来各抒己见，一些行业中一流的工程师和建筑师也作为发言人参加了此次工作坊。当市议会在 2013 年 3 月对该区域总体规划作出决议时，泰格尔机场仍在全面运行中。该决议确定，将短期利用机场建筑，特别是那座标志性的六边形平面航站楼，“尤其可为柏林博伊特科技大学（Beuth Hochschule für Technik）提供部分空间，以满足其不断增长的校舍需求。紧邻的区域可作为‘园区’，供高校、科研和技术目的使用。一条包含了目前机库和功能建筑区域的‘工业带’将与园区南侧相连，而目前起飞和降落区的部分区域将预留给有大面积空间需求的公司使用。”[1] 决议文件中如此规定。

市议会行政部门正在考虑举办建筑竞赛。对冯·格康而言，泰格尔机场的六边形平面航站楼奠定了 gmp 的声誉，理当申请建筑文物保护资格[2]，若是对这座建筑进行重新改造设计，毫无疑问会直接影响到他作为原始设计者的权益。因此，对这个建筑作品的改造也理应出自他本人之手。然而，要想走到这一步，要想让泰格尔机场成为 TXL+，当务之急是要让新的柏林勃兰登堡机场投入运行。

1 Der Regierende Bürgermeister/Senatskanzlei: Nachnutzung Flughafen Tegel: Senat beschließt Masterplan TXL, http://www.berlin.de/rbmskzl/aktuelles/pressemitteilungen/2013/ pressemitteilung.54428.php, 29.03.2015.

2. 泰格尔机场自 2019 年起已被列为文物保护建筑。——译者注

国际探索

冯 · 格康的特殊之处在于，虽然他与玛格一样，始终保持着对德国国内建筑市场的关注，但同时也对国外的建筑项目兴趣十足——尽管偶尔会受挫。

在德国，这并非一件理所当然的事情。恰恰相反，与 21 世纪初的情况大为不同的是，20 世纪 70 年代的德国建筑师极少接到国外的项目委托，他们对此也毫不关心。在以出口著称的德国，长期以来，建筑师们却心甘情愿地依赖着国内经济奇迹的红利，这种专注于本国的“传统”甚至可以追溯到 19 世纪。虽然当时英国、法国或美国的建筑公司在其各个殖民地已经拥有相当高的国际活跃度，且很快也将业务范围拓展到了殖民地范围之外，但即使是德国最著名的现代主义建筑师，如埃里克 · 门德尔松、瓦尔特 · 格罗皮乌斯或路德维希 · 密斯 · 凡德罗，也只是在他们被迫流亡时才开始在德国以外的地方设计项目。这种对国内建筑市场的专一性，直到 1945 年后的重建时期仍在继续。德国建筑师在国际项目上的参与度一直不高，因而世界范围内对德国建筑发展的了解也仅仅停留在表面。

1977 年，伊朗国王礼萨 · 巴列维（Reza Pahlavi）宣布举办德黑兰的巴列维国家图书馆（Pahlavi Nationalbibliothek）建筑设计国际竞赛，共收到了来自 27 个国家的 633 个参赛方案。当时，礼萨 · 巴列维的统治已日薄西山，随着伊斯兰革命的胜利，他于 1979 年 1 月 18 日逃离德黑兰，这场竞赛也戛然而止。

新图书馆是计划修建的文化中心的一部分，后续还将建造其他几座纪念性建筑。这是礼萨 · 巴列维统治时期德黑兰建筑和城市新规划的一部分，为此，多位著名的国际建筑师受邀参加竞赛，如加拿大的摩西 · 萨夫迪（Moshe Safdie）、英国的艾莉森 · 史密森（Alison Smithson）和彼得 · 史密森（Peter Smithson），以及日本的丹下健三——他曾在德黑兰设计过一座拥有 7000 个房间的酒店，并提出了新文化区的城市规划概念。德黑兰的总体规划是由“购物中心”这种建筑形式的发明者维克多 · 格林（Victor Gruen）制订的，他从维也纳移民到美国，是以工业建筑著称的建筑师彼得 · 贝伦斯的学生。

虽然冯 · 格康此前从未设计过图书馆，更别提建造了，但他以其特有的无所顾忌和好奇心揽下了这项任务。彼时，他刚刚开始在布伦瑞克工业大学任教。他与来自本校的两名助手——汉斯 - 埃格特 · 博克（Hans-Eggert Bock）和曼弗雷德 · 斯塔内克（Manfred Stanek）一起，在他位于海利根哈芬的度假屋露台上，完成了 gmp 的首次国际竞赛并获得胜利。项目要求设计一个颇为复杂的建筑空间方案，其中需要包含“有 8 个功能分区的科研图书馆、面向大众的开放式图书馆和儿童图书馆、会议中心、伊朗研究中心、中央书库、技术部门、行政管理部门和住宅”。

要在 12 万平方米的区域内安置 400 万册图书。在对设计要求进行仔细分析后，冯·格康研究出了一个设计方案，其外立面上一座座引人注目的圆柱形楼梯间令人不禁联想到丹下健三的粗野主义建筑。对丹下健三设计的借鉴并非巧合，自从日本之行的亲身观摩之后，冯·格康对日本现代主义大师的建筑有了深刻的了解。他认为，自己的建筑应该是当地传统建筑范式的当代变形。冯·格康曾一次又一次地前往北非和阿拉伯世界，从突尼斯到摩洛哥，从也门到阿富汗。他的图书馆设计方案正是在其对伊斯兰建筑的研究过程中诞生的。他设想了一个紧凑的建筑体块，其中央大厅拥有多个楼层，天花板上的玻璃狭缝将为大厅提供光照。对他来说，设计的重点是“由此在室内空间创造出该地区特有的光影变幻效果”。

在与之相邻的区域，他设计了一系列带有水池和遮阴人行道的庭院。一道借助地势 13 米高差所形成的瀑布为主厅赋予了别具一格的氛围。建筑通过一条柱廊与城市空间相连，柱廊的形式也是来自对古典形制的借鉴。

德黑兰的评委会高度赞扬了这个方案，因其以惊人的简洁的方式满足了复杂的功能需求。该设计创造了一座“别具一格的建筑纪念碑”。“其风格手法既非国际流行化，也未回归历史。该设计独辟蹊径地将本土的传统建筑元素转化到当下的时代语境中。”除了三等奖由一个南非事务所获得外，前两名的获胜者都是欧洲人——来自奥地利的埃德（Eder）、韦伯（Weber）、维登（Wieden）和西姆勒（Simmler）击败了他们著名的同胞威廉·霍尔茨鲍尔（Wilhelm Holzbauer），获得了二等奖；冯·格康和玛格拔得头筹。这就意味着：启程伊朗！

之前，图书馆的模型仅仅以一张照片的形式提交给了评委；现在，他们需要将模型向国王礼萨·巴列维展示，而作为竞赛的胜利者，他们将获得 10 万美元的奖金。然而，带着这个模型旅行成为一场不小的挑战。伊朗王宫的安全卫队不肯为这些高度可疑、带着巨大箱子的德国建筑师们放行。当然，他们最终还是带着模型来到了接待室。一扇贴着墙纸的暗门打开，已经显出病容的礼萨·巴列维走了进来——仅仅几年之后，他在流亡中病故于开罗。礼萨·巴列维与获奖者握手，向他们表示祝贺。

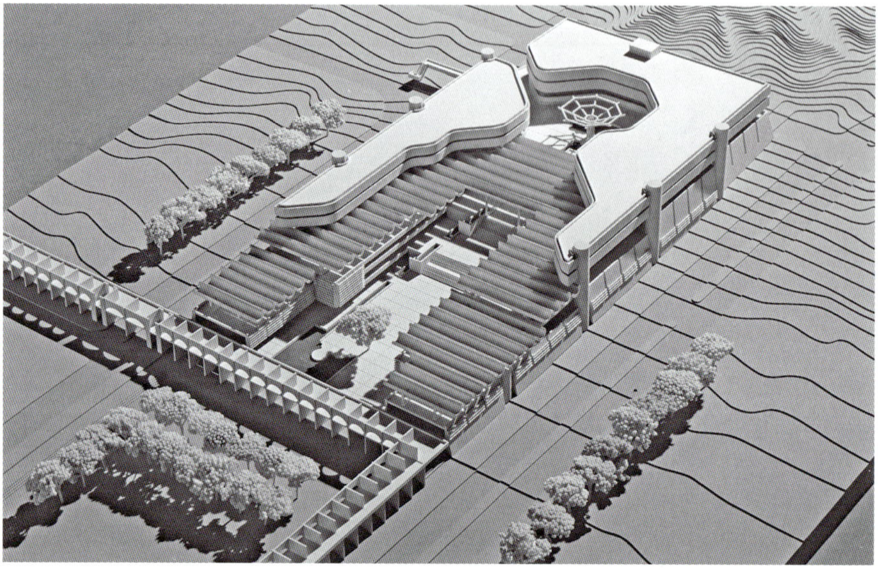

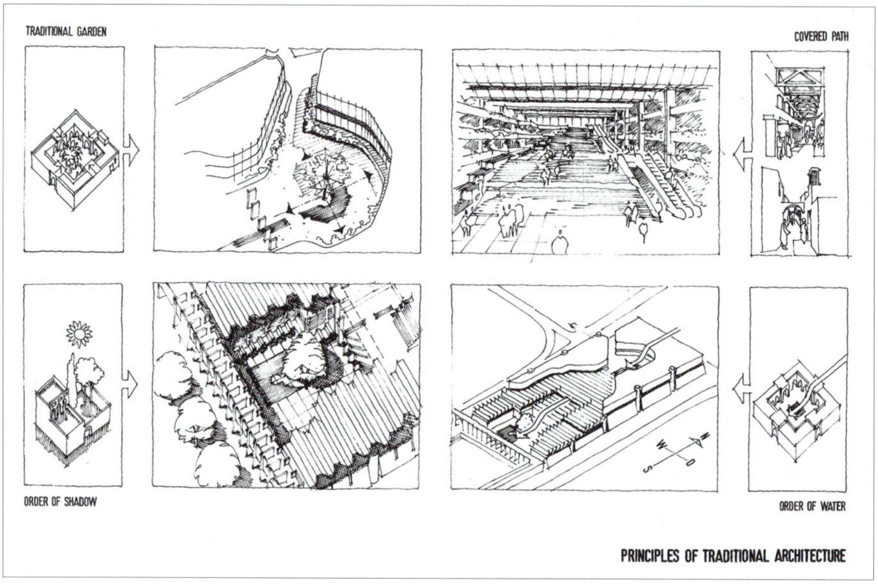

gmp 的第一次国际亮相就从伊朗国王手中拿到一等奖；但是，动荡的政治局势让德黑兰国家图书馆设计未能付诸实施

据冯·格康回忆，从伊朗回国的旅程也变成了奖励仪式的一部分：“国王下令，所有获奖者都将一起乘坐伊朗的国家飞机回国，但顺序要按照获奖的名次。我们很幸运，因为我们拿了一等奖，不用大老远先飞到约翰内斯堡。在飞行过程中，那些飞行员小伙子们讨论的主要话题是如何能在德国搞到根德电视机。最后，在汉堡的一个星期天，我们真的想办法把几箱电视机给他们弄到了机场。”

图书馆的建设规划开始得相当顺利，其间还在伊朗进行了几次实地考察。“还有一路狂飙到里海的驾车旅行，以及沙漠里的大麻派对。”冯·格康回忆说，“不过，我们的客户对德国人没能成功地控制本国的恐怖主义感到非常惊讶。他们告诉我们，他们从来不会有这种问题。”

然而，一切戛然而止——伊朗革命以及随后伊朗和伊拉克之间持续 8 年的残酷战争让图书馆项目被迫中断。25 年后的 2005 年，一个全新的国家图书馆确实在德黑兰诞生了，但并不是按照冯·格康的设计建造的。

在伊朗赢得竞赛后不久，冯·格康在中东地区又接到一个项目。这一次，至少算得上是部分获得了成功，他在伊朗获得的经验或许在其中发挥了作用。在他的航海密友扬·许特的引荐下，gmp 与汉堡的钢铁和建筑公司科蒂尼奥·卡罗（Coutinho Caro）合作，在沙特阿拉伯按照“可即刻入住”的标准建造两座城市，内容从供水到建筑制冷，以及城市户外设施等，其中包括男校和女校、一座有 1200 个座位的剧院或演讲厅、一座清真寺，当然还有住宅，其目的是让泰马（Taima）和苏莱伊尔（Sulayyil）两个沙漠聚居区成为游牧民族的永久定居点。泰马位于沙特阿拉伯北部，离约旦边境不远；苏莱伊尔位于南部，靠近也门。对冯·格康来说，这是一个激动人心的挑战——他第一次有机会建设一个全新的城市，具体处理其中的方方面面。

时至今日，这两座规划设计的城市依然生机盎然。它们被建造在网格状的平面上，以一个方形广场为中心规划了城市建筑，各个公共设施都紧邻这个广场，极其舒适的住宅楼则排列其后。如此形成了一个模块化的系统，可以根据需要不断扩展。考虑到炎热的沙漠气候和当地建筑传统，冯·格康设计了几乎完全封闭的建筑外立面，并在所有的开口处设置了宽大的悬挑，以获得足够的遮阴。他选择了混凝土黏土砖作为建筑材料。黏土取代了混凝土中常用的砾石等骨料，让砖块呈现出和谐的淡黄色。环绕庭院而建的住宅楼均采用了简洁的立方体形式，而每一座单体上三角形元素的不同组合让整个建筑群变得活跃起来。高低参差的梯度创造出生动的建筑轮廓，并在立面的立体层次中进一步得以强调。现代性和地域性并重的建筑由此产生，它将传统的形式语汇转译为一种抽象的现代建筑语言。

每一次前往沙特阿拉伯的旅程都是一场长达一天半的挑战，飞行结束后，还要坐吉普车在沙漠车道上开一个小时。此外，旅程中也会遇到其他风险，例如 1980 年 9 月的那一次。来自汉堡的这支建筑师代表团想经由约旦的安曼进入沙特阿拉伯，但在边境，可能被误认为是间谍的这些德国人经历了异常漫长的扣留和检查。他们向对方展示了新定居点的宝丽来照片，结果却让自己显得更加可疑。气氛极为紧张，充满了敌意，但他们浑然不觉。实际上，当时他们正身处一场世界历史风暴的边缘——两伊战争爆发的前夜。可以想象，在这种情况之下，他们只能艰难地、在无数电话沟通之中解释此次旅行的目的。

在之后的岁月里，冯 · 格康仍然一次次地被阿拉伯半岛的魅力所俘获。作为一名游客，他与妻子以及维尔纳、布罗克施泰特等几个好友一起游览了也门的黏土砖建筑。他在《建筑师的责任》一书中提到了这段经历，其中描述了在特定的社会和经济条件下，对于认知何为"美"的极大的文化差异："我们开着路虎车驶过充满危险的道路，穿越令人叹为观止的美景，抵达一座座印象鲜明的城市。司机是土生土长的也门人。我们第一次停车休息是在一个垃圾场附近，第二次是在一个被废弃的加油站，第三次是在一堆破旧的铁皮屋之间。在此之后，我们向导游请求，让他找一个尽可能'美'的地方作为下一个休息站。在忍受了更长时间的绕行之后，我们第四次停在了一个停车场，被一群大卡车和油罐车包围着。我们认为美丽的地方，在也门人的审美价值体系中绝非美丽。对他们来说，生活在近乎中世纪的社会背景中，任何环境，只要处于技术与文明之中，无论多么破旧，都是他们理想中'美'的缩影。出于同样的感知，对他们而言，那些简陋、拥挤、用波形铁皮搭出的棚屋以及电视天线，比我们为之惊叹的黏土高楼要漂亮多了。"[1]

2002 年，沙特阿拉伯建设部找到冯 · 格康，请他为贾马拉特（Jamarat）朝圣地的组织规划设计一个方案。在每年的朝觐期间，朝圣者连续多日接踵而至，向象征魔鬼的三根石柱上投掷石块。由于人流量极大，经常发生人群踩踏事件，造成大量死伤。

沙特阿拉伯泰马和苏莱伊尔的沙漠聚居区

冯·格康与其工程师朋友约尔格·施莱希（Jörg Schlaich）合作提出了一个设计概念，以疏导短短几天内涌入贾马拉特的约800万朝圣者。在他们的方案中，设想了一座多层建筑，通过它来均衡和疏导朝圣者人流：人们通过螺旋形的坡道进入，帐篷屋顶可以保护他们免被烈日灼伤。这些屋顶类似于柏林滕普杜娱乐中心（Berlin Tempodrom）的屋顶，但是后者的镂空版本。

然而，在前往贾马拉特汇报方案的路上，冯·格康装有图纸的行李没能及时运达。利用这段意外的空闲时间，他与一名司机一起穿越沙漠前往苏莱伊尔。在那里，他简直不敢相信自己的眼睛，他只看到一名看守和几座零散的有人居住的房屋。虽然其他建筑统统完好无损，但几乎无人居住，那些游牧民早已搬离此地。“这只是沙特权贵们的一个误判。”[2] 冯·格康对朝圣地的规划以失败告终，他的设计方案没有得到执行。冯·格康认识到，阿拉伯的建筑市场对他而言并非福地。

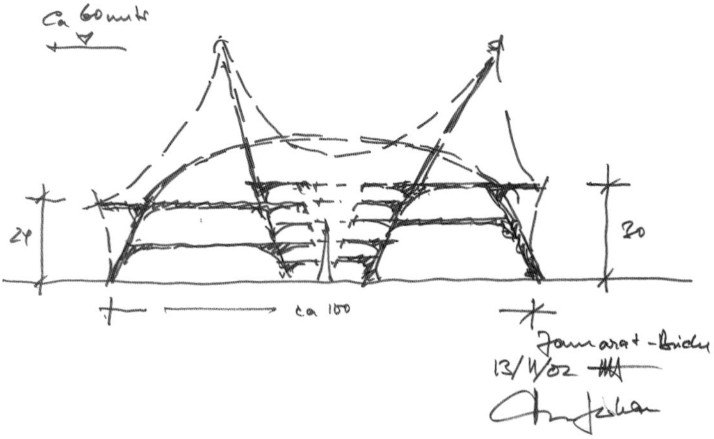

在沙特阿拉伯贾马拉特朝圣地，冯·格康设计的有帐篷屋顶的方案未能实现

1. Gerkan, Meinhard von: Die Verantwortung des Architekten. Bedingungen für die gebaute Umwelt. Stuttgart 1982, S. 100.

2. Gerkan: Black Box BER, S. 13.

虽要建造，仍要思考！
从布伦瑞克到世界的明星建筑师

教条取代了创造力

20 世纪 70 年代的德国不仅是喧闹流行乐和 ABBA 乐队时髦亮色的天下，同时也充溢着一种被理论所浸润的“灰色”。在 20 世纪 60 年代发生语言学转向（linguistic turn）之后，这种“灰色”伴随着一种浮夸的社会学语言，所波及的范围早已超出人文学科之外。在高度政治化的大学里，学生运动的影响持续长达十几年。

建筑学院的教授们同样被裹挟其中。早在 1969 年，建筑师兼大学讲师翁格尔斯就离开柏林工业大学，转赴美国康奈尔大学任教，而 1974 年接受布伦瑞克工业大学教职的冯 · 格康也未能幸免。“尽管从我毕业到开始教学之间的间隔时间相对较短，但大学已经发生了剧变，事实上，它已经令人不安地走向了自身的反面。”他回忆道。

德国 20 世纪 70 年代的教育政策近似于一个意识形态化和教条化的战场，建筑师和教育学家、高校教师一样在其中混战。在学校建筑领域，这一点变得尤为明显。1975 年后，人们实践了不少新想法，通过构建新建筑取代那些普鲁士“营房”式校舍的“砖盒子”以及那一套由走廊、礼堂和教室组成的标准化空间序列。这些新建筑虽然不是全部达到了夏隆在吕嫩（Lünen）或马尔（Marl）设计的那些蔚为壮观的亭楼式（Pavillonschule ）建筑的水平，但在汉堡也出现了一些值得关注的学校建筑。其中一个尤为独特的案例便是哈特穆特 · 冯 · 亨蒂格（Hartmut von Hentig）在比勒费尔德（Bielefeld）创建的实验学校，该校成立于 1974 年，由柏林建筑师路德维希 · 利奥（Ludwig Leo）设计。这类堪称典范的学校建筑与大量平庸之作形成了鲜明的对比，在其他建筑类型中也是如此。

20 世纪 70 年代初，冯 · 格康在柏林中学中心（Mittelstufenzentren）建筑竞赛中担任评委会主席，他以亲身经历验证了当教学上的教条主义与政治上的利己主义彼此苟合时会是怎样的情况。由于婴儿潮导致的学生人数上升，西柏林计划建造 12 座新的校舍。根据工业化和标准化建设的原则，它们的设计必须遵循统一的模式，以便尽可能地大量生产相同的部件，从而节省成本。至于各个学校所在的地理位置，对于设计过程而言根本无关紧要，仿佛那些关于场所精神（genius loci）—— 一个地点特有的精神氛围的讨论以及科林·罗《拼贴城市》这类著作对城市规划差异化的现代批评与研究都根本不存在一样。只有在夏洛滕堡区（Charlottenburg）第十三中学的形式与其他学校略有不同。在《建筑师的责任》中，冯·格康写道：“柏林中学中心的竞赛共收到 62 件作品，以我的判断，这些作品证明了这样一件事：由于设计任务纲领是错的，因此建筑方案必然是糟糕的。”[1] 尽管对整个过程及其结果感到不满，冯·格康并没有辞去评委会主席的职务；但由于此次经历的深刻影响，在之后的竞赛中他表现得更加言行一致—— 在 1981 年科隆科技市政厅竞赛和 2011 年柏林统一纪念碑的第二次竞赛中，他义无反顾地辞去了评委会主席的职务，因为他不愿接受“颁奖机构的意见独裁”。

不必说，柏林的学校项目最终成为一场财政、建筑和教育的灾难，冯·格康对竞赛的质疑得到了充分的证实，甚至事实还要更加惨烈。只运营了很短的时间，柏林的所有中学就因为石棉使用过量造成的污染不得不关闭，新建筑变成了数百万美元的坟墓，而此时的柏林人还拿着西方的补贴。这些仅用 3 年时间建成的“教育机器”，大部分早已从柏林的城市景观中消失，仅存的那部分也都成了废墟。无论从教育还是从建筑的角度来看，它们都是站不住脚的。理查德·罗杰斯和伦佐·皮亚诺设计的蓬皮杜中心与之诞生于同一时代，与其代表的国际高科技建筑文化品质相比，二者天悬地隔。

1975 年，柏林出版人金特·屈内（Günter Kühne）在《建筑世界》（*Bauwelt*）杂志中批评说，这些学校不仅是按照“工业化建造”的准则，也是按照“工业建筑”的准则炮制的。他对此给予了极为严厉的指责：“摆在我们面前复制了 12 份的结果，只不过是一个做成了三维的空间布局，用一点设计草草修饰了一下，却没有做任何真正的塑造构成工作。一个可变、可分割的建筑体块还并不能算作一栋拥有房间或是空间序列的房子。”

冯·格康认为，铺地毯、没有日光的教室，以及没有任何一扇窗子可以打开的全空调教学楼，无疑是设计中的一个极为夸张的反常趋势，但这也与政客甲方、咨询专家和执行建筑师之间的关系密不可分。“最终评估时参考的决定性标准，”冯 · 格康说，“是实用面积和空地面积、建筑面积、附属空间和走廊之间的百分比系数。”

1975 年，冯 · 格康在《建筑师不应该为一切负责》一文中，以柏林的学校为例，控诉了责任方之间这种灾难性的互相影响：“到处都在建造 2000 名，甚至 4500 名学生规模的学校，由此在建筑和人道方面产生的规模尺度化问题以及由此导致的一系列后续问题，与每一个人都息息相关。社会学家、教育学家、城市规划师和建筑师都在对此抱怨不迭。然而，如果人们试图对规划问责，就会进入一个互相踢皮球的状态。政客们援引那些给他们提供规划的专家们的说法；专家们援引政客的要求，抱怨自己的裁量权范围被压缩。责任仍然是抽象的、无形的，它被非个人化了。”

在这篇文章中，他不仅评析了责任问题——这个问题在近 40 年后的今天仍然具有现实意义，他还为《时代周报》的读者总结了他对“建造”这个问题的态度：“建造的目的，不仅仅是花最小的工夫造出一些防水的外壳，同时还要考虑到心理需求。因此，建筑需要被赋予目的和形式不可分割的统一性，因为建筑物的功用不仅是组织行动与流程，而更首要的是成为生活空间。生活中包含了体验、快乐和享受的主观因素。”

---

1. Gerkan: Black Box BER, S. 18f.

建筑的四柱

从 1974 年开始，冯 · 格康就将以上早期的建筑理念融入对年轻建筑师的教育当中。这一年，他接受了母校布伦瑞克工业大学的教授职位，接替其授业导师克雷默的教席。克雷默送给冯 · 格康的就职礼物意味深长——“那是一张断了一条腿的鲜红色靠背椅。”冯 · 格康回忆说。在那个教授之间、教授与学生之间争论无休无止的时代，这把椅子对于这名年轻的大学教师十分契合，毕竟那时不仅在伯克利或柏林有学生抗议，在布伦瑞克也时有发生。

在冯 · 格康到布伦瑞克工业大学就职的两年前，那里的建筑学教授们曾试图明确建筑教育的立场。1972 年 3 月，德国建筑评论界元老曼弗雷德 · 扎克（Manfred Sack）在《时代周报》上以《建造，不要思考》（Bauen, nicht denken）为题讨论了这个话题：“事情的起因是一出极小的风波，如果发生在一个更热闹的高校，可能根本不会有人注意—— 一个学生拒绝做毕业设计。题目是要设计一个学前教育机构，但她只是象征性地大致设计了一下，因为在经过长篇大论的社会学和教育学讨论之后她得出结论，我们的社会还不适合此类机构。她努力而自洽的尝试被卡在这两个专业当中出不来了。”

与某些助教对此的态度形成对比的是，布伦瑞克工业大学的教授们在这件事上持鲜明的反对态度。“首先，建筑师的任务就是按照社会或个人客户的建筑计划设计出拟定的建筑物。如果设计对象有难度，那么就需要组建一支专业团队参与方案的制订，而建筑师也将在团队中贡献自己的专业经验”。其次，所谓“建筑师的工作”是“设计，即将以文字设定的任务转化为满足功能需求的空间、符合当时设计意图的形式、确保安全性和耐用性的构造、达到当今要求的房屋设备，以及与所在环境之间的关系准则。”

还不到 40 岁的冯 · 格康，以其不足 10 年的设计和建造经验完成了泰格尔机场这样一个在各方面都完全满足上述要求的项目。他在布伦瑞克工业大学的

1974 年，冯 · 格康接受了布伦瑞克工业大学的教授职位

就职演讲援引了曼弗雷德·扎克发表的那篇文章，但改写了它的标题——《虽要建造，仍需思考！》（Trotz bauen, denken!）。

就职演讲的完整稿件如今已经找不到了；不过，在1978年德国建筑师协会（Bund Deutscher Architekten）杂志《建筑师》（*Architekt*）上，冯·格康也曾介绍过“布伦瑞克学派建筑教育”的指导思想：“我演讲的题目是为了表达……思考不可能之事的能力不应排挤做可能之事的意愿，做有用之事的必要性不应阻碍追求理想的努力，而应使其本身也成为理想。”

这为他接下来28年的教学奠定了基本框架。愿景和现实、功能和美学、统一性之中多样性的相互影响，不仅决定了他的教学原则，也指导着他自己的事务所实践，从而在其职业日常中，逐渐形成一种独特的建筑哲学。不仅在大学里，也在许多公开讲座中，他阐述了以下4个建筑指导原则：

1. 简洁性
2. 多样统一性
3. 条理分明的秩序
4. 独特性

对冯·格康而言，简洁性意味着“不惜一切代价为一项建筑任务找到最好而不是最快的解决方案”，其先决条件是要对建筑任务所包含的全部复杂性有深入、透彻的理解。对他来说，简洁性原则的最佳象征就是“蛋”——“没有任何事物比一个蛋更复杂，也没有什么比它更简单。它本身就是坚实而稳定的，其形式也清晰明了。它呈现了一种从功能和材料出发的成形过程。”

在回顾自己的职业生涯时，冯·格康感喟：“也许最难实现的原则，就是统一性和多样性之间的平衡。这个原则的产生可以从我们开始工作的时代角度来理解。20世纪70年代初的建筑界表现为两个极端：一个是单一性，像普通住宅建筑那样毫无差别地不断重复，尤其体现在当时的社会主义国家的预制混凝土板式建筑中，当然还有其他的例子。这样的建筑从民主德国直到朝鲜都普遍存在。与此相对的一个则是恣意妄为的多样，即使在今天，这种任性的多样性仍然存在于某些建筑师和自建房业主的自我表达当中，他们在建造时完全不考虑现有的环境。相比之下，建筑史上不乏融统一性与多样性于一体的典范，

左上：简洁性
右上：多样统一性
左下：条理分明的秩序
右下：独特性

例如意大利北部的一些城市，还有瑞士的伯尔尼。在那里，城市的样貌是由相同的建筑形式和同样的材料所塑造的；但是，如果你仔细观察，会看到造型中的差异与变化，或仅仅是檐高之间的微妙的不同。如此一来，每个建筑都拥有自己的个性、自己的面孔。这是一本完美的教科书。然而，想在教学中传达这一点，或在新的设计中去实现它，无论当时还是现在都有着难以置信的难度。这是为什么呢？因为没有那样一幅蓝本可以用来统领一项任务。于是，对于复杂的整体形式，主要的批评意见往往是'设计不明确，过于随意'，要么就是正好相反，觉得设计'太过统一，缺乏魅力'。"

特别是在提及中欧城市时，冯·格康觉得尤其要避免产生一个误解："并不是说，在建造中要沿用同样的风格或手段来跨越不同的时间界限。"每个时代都有自己独一无二的特征，这种特征要由建筑师通过手头的设计任务去表达、呈现出来。

第三个建筑原则是关于一个项目的结构秩序，即其内部组织，如何将各项功能一一赋予清晰的建筑形式。"就像一个被放大无数倍的雪花晶体，它有一个绝对对称、极为清晰的形式。"冯·格康形象地描述道。中国上海的临港新城就是他设计作品中结构秩序原则最清晰呈现的案例：规划以一个圆形的湖为中心，居住区呈同心圆状分布开来——冯·格康将水滴滴落水面后的涟漪转化成了一座新城的形象。

第四个原则是关于每个设计、每座建筑的独特性问题，如冯·格康所说，"每个房子都在索求一张面孔"。德语中的"Fassade"（立面）一词源自拉丁语 facies，意即"面孔"，这并非偶然。按照冯·格康的说法，如果房屋呈现出了"一张面孔"，并不意味着它们"要扮出各种各样的鬼脸，而是应该发展出自己的个性"。他认为，这一点在其家乡里加的新艺术风格房屋中得到了最令人信服的呈现。"我怎样才能认出一个人？主要是通过他的面孔，是面孔令其独一无二。每个人都有鼻子、嘴巴和眼睛，但每个人的特征各有不同。然而，这并不意味着每一个建筑师在完成特定项目时要为过分追求其建筑个性而牺牲与周边环境的协调，其建筑应该是一个建筑家庭的一分子。这是建筑师的核心责任。"冯·格康说。

此外，他坦承："有一些建筑是为了制造更多的关注度，甚至超出了它们所应有的，这通常是基于投资者的要求。这种情况在中国似乎比在德国更加普遍。在那里，人们往往不惜一切代价追求与众不同的东西。”

冯·格康建筑哲学的四大原则“在很早的时候，以埃贡·艾尔曼和克雷默的基本学说为基础发展而来，之后既没有变化，也没有扩展”。冯·格康的建筑哲学是从建筑实践当中发展出来的。对于他自己、办公室的同事以及布伦瑞克工业大学的学生来说，它确立了一个框架，所有设计任务都在这个框架之内开展；但是，这并不意味着从未产生过争论——在个别建筑项目上，对于如何制订恰当的设计方针也常会发生激烈的争论——这样的对话对他来说也是设计过程的一部分。“建筑设计是建筑师的构思与任务条件之间对话的结果，它首先是一种智识的非物质成果。只有当其发展到第二个阶段，才会完成理论与实践、意愿与现实之间的对话，其结果就是建筑。”1986 年，冯·格康在建筑杂志《弧》（*Arcus*）上以《对话式设计》（Dialogisches Entwerfen）为题写道。然而，他的建筑原则在同行和建筑评论家的反响中，并不只有赞同的声音，有人质疑：艺术性的空间在哪里？建筑所独具的非凡性在哪里？

“建筑，”冯·格康在他 1985 年的文章《束缚与自由》（Bindung und Freiheit）中写道，“是一种社会应用的艺术，是自由精神和物质约束共同的产物。这种矛盾性使它与自由艺术之间具有根本性的区别”。他的说法得到柏林建筑评论家法尔克·耶格（Falk Jaeger）的支持。在 2006 年对“什么是好的建筑？”的回答中，法尔克·耶格对其同行对当下代表性建筑持有的狭窄视野进行了批判，并说：“同时，像冯·格康、玛格及合伙人（gmp）中务实的建筑师，他们并没有真正做错什么，而是用坚实、经济和赏心悦目的建筑来满足经营者和使用者的需求，却被批评者以极端怀疑的眼光来看待，被失意的同行贬斥为‘商业建筑师’，只得到了非常迟疑、保守的一点赞赏。总而言之，首先建筑学不是娱乐行业，好的建筑与明星及其广受追捧的作品几乎没有任何关系。其次，在进行建筑学评判时，仔细观察极为重要。”[1]

1. Tietz, Jürgen (Hg.): Was ist gute Architektur? 21 Antworten. München 2006, S. 25.

空间与批评

即使在多年之后，谈及这位“教授”或是“老板”对于设计方案目标明确性的分析，冯·格康的大多数员工和曾经的学生仍然表现得兴致盎然。自 1998 年以来一直是 gmp 公司合伙人的格茨在描述自己与冯·格康的合作经历时说：“他总能以精准的眼光辨识特定的关联，辨析出存在问题的元素，并制订解决方案。”

冯·格康对员工的要求相当严格。他的衬衫前胸鼓鼓囊囊的口袋里随时都装着一支绘图笔（但绝不是讨厌的圆珠笔！），可以随时用它速绘一个灵感、修改一张平面，用他的想法为一个设计方案创造出新的发展空间。博才雄辩加上引人注目的外表，让他显得既自信又有魅力。他毫不妥协地追求自己的目标，一旦目标被认可，他就会迫切地将它们付诸实施。当项目的其他参与者不能或不愿跟随他的快节奏时，他会变得焦躁不安，他无法忍受犹豫不决、瞻前顾后的人。建筑、环境的塑造对他而言是切身之事。在中国访问一个客户时，他对其办公室里的饮水机感到非常恼怒——那是一场塑料的狂欢。“真是可怕的东西，必须得设计一个更好的出来。”他喃喃地说。当需要提交竞赛方案或是处理客户的修改意见时，加班是许多建筑师的家常便饭。尽管冯·格康早已过了退休年龄，他还是经常出现在办公室里，晚间电话、长达几小时的讨论、讲座和在全球各地的旅行仍然是他日常生活的一部分。他自己承担的繁重工作成为员工的标杆，他反应迅速的独到见解常常令人印象深刻且颇具挑战性。

冯·格康的建筑哲学极易理解，因而不但为员工提供了工作的框架，对客户来说，同样平易、生动，由于其结构的清晰性，他们一眼就能看出冯·格康设计方案想要表达的内容。此外，gmp 在世界各地建成的众多项目也让客户确信，gmp 有能力在议定的时间和成本框架内处理大项目。

冯·格康的学生都对他的设计分析能力钦佩不已。在作业中画上寥寥几笔，就可提供出一个简单的解决方案，为设计的进一步发展铺平了道路。这种辨识、梳理和构建复杂的建筑关系并将其以能够带来经济效益的方式转化为建筑物的能力，是冯·格康的个人特色，也是他在国内和国际上取得广泛成功的基础。

在布伦瑞克工业大学任教期间，冯·格康设计了一系列关于建筑实践的讲座，借此批评20世纪70年代中期不当的建筑潮流。他回忆说，那个年代“对抗议极为热衷。大家都不画图了，而是忙着写社会批判文章和印传单。”在他紧凑的课程当中，学生们必须要完成一个过程模型——通常是用纸板制作，以及一个最终模型，而大量的绘图是必不可少的，“直到对房子产生充分的理解，并且从四个原则的角度，对概念的成形过程作出令人信服的证明。”

在大型设计中不可或缺的是用一个隐喻要素来对实际的设计理念作出补充—— 一个抓人眼球的图像概念，例如上海临港新城的“水滴”。这一点后来在中国的作品当中起到了比在德国更重要的作用。据冯·格康说，在德国，其他建筑学教授对符号相当抵触，他们对自己学生的要求是“更抽象一些”。

每周，冯·格康会让学生分组完成同一项建筑设计作业，但在内容上会有一些变化：每一个小组都要通过抽签分配一种特定的建筑材料——木材、混凝土、石材或钢材，偶尔也有玻璃，其挑战在于要根据材料来完成相应的设计。毕竟，每种材料都有不同的特性，因此需要不同的处理方式和细节塑造。例如以大跨度钢筋混凝土来承载负荷时，可想而知需要采取与木构建筑完全不同的空间理念，因为后者的承重需要依赖密集的柱网。自路德维希·密斯·凡德罗的范斯沃斯宅开始，每名建筑学生在第一学期就已经明白，玻璃房子与汉萨地区传统的砖构建筑有着截然不同的设计前提。

冯·格康课程的另一类作业是在四种不同的文化或气候条件下设计同一建筑项目。为此，学生们必须弄清楚特定的场所精神所包含的各项参量对设计和材料的选择有什么影响。若是在热带地区，就需要设计一个高于地面、通风良好的房子，而位于寒冷地区的建筑则必须采取完全不同的、更为收敛的形式，以确保其保温功能。

在不同的气候条件下采用这种设计方法相对来说是比较容易的，因为对建筑所产生的关键性影响因素是已知的，或者至少是可以估算的。“更困难的，”冯·格康说，“是将文化差异以及它们与气候之间的相互影响也考虑进来。建筑的先决条件所产生的影响无处不在，一直延续到那些彰显权力、象征统治的建筑当中。那些充满震慑效果的长长的阶梯和高高的门把手是几个世纪以来君王的偏爱，从法国国王一直流行到齐奥塞斯库（Ceausescu）的时代。”

由于建筑师常常需要在很短的时间期限内提交竞赛资料和设计修改方案，所以冯·格康给学生们的设计时间也很紧张。学生们经常不得不在周末完成一个“小作业”，而每个学生每学期必须完成 4 ～ 6 个这样的小作业。当然，这些作业不必像大设计那样尽善尽美。大设计有一周的准备时间；作业在中午 12 点交上去，评图会持续到下午 4 点，中间还有可能布置其他作业；整个星期都要在工作室工作，不准把自己的作业带回家——这样做的目的是创造一种特定的“事务所”工作氛围。冯·格康很重视“学生之间的相互感知和影响”——一种竞争性的对话环境。

对大多数学生来说，这在专业上和心理上都意味着巨大的压力。“在评图的那一天临近时，大家都紧张得发抖。”萨宾娜回忆说。她本人曾于 1978 年在布伦瑞克工业大学学习建筑。曾是冯·格康的学生、现为 gmp 合伙人的胥茨也强调了这一点：“冯·格康在大学里是一个特立独行的人。与其他教授不同，他像是那种魅力四射的明星建筑师。周一上午，他开着捷豹或后来的阿尔法·罗密欧的扎加托（Alfa Romeo Zagato）一驶入停车场，整个建筑系就处于极度紧张的状态，直到他周二开回汉堡。”

不过，冯·格康偶尔也会晚一点到达布伦瑞克，他从不喜欢早起。“于是，他就会在路上用车载电话告诉学生们把设计图挂起来，他马上就会赶来评图。”帕普回忆道。他曾在冯·格康门下学习，后来成为他的助教，如今是 gmp 的合伙人。当然，那时候所有的设计图都早已挂在墙上了。“如果冯·格康先生说着说着就在杂音当中消失了，那么你就知道，他刚刚驶入易北河隧道，离学校还远着呢，因为汉堡和布伦瑞克之间只有这一个地方存在信号干扰。”

与其教授同仁相比，冯·格康是一个不同寻常的存在，这是因为他的教学与自己的工作实践联系紧密。“在大课上，他会讲述从自己的专业实践中汲取的经验，也会介绍 gmp 正在进行的、紧跟当下现实的项目。每个项目都有他自己的设计概念。没有其他教授能提供这样的知识。”帕普解释说。

冯·格康对工作时间要求很高，必须要“迅速”，否则他就会不耐烦。胥茨说：“这是因为冯·格康本人在理解空间规划并将其转化为空间结构时速度快得惊人，所要求的场地面积与设计永远不差分毫。在这一点上，没有人能够比得过他。”

冯·格康对昂贵汽车的热情，使得他在学生中与其成功的事务所一样具有传奇色彩。“绘图室里的所有同学都会翘首以盼，直到有人从他的评图会中回来。在他身边工作是一个挑战。”萨宾娜说。常常有人被他“批”得流眼泪，然后就轮到助教们来为学生查漏补缺、重建信心。萨宾娜说：“在讨论设计方案时，他们的图纸会被折成 A5 那么大。敢去找冯·格康改图的人，要么很优秀，要么就是非常自信。”在欣内克·韦贝格（Hinnerk Wehberg）的记忆中，如果你能为自己的方案辩护，证明你的设计既考虑到了功能性，也考虑到了经济上的可行性，那就没问题了。欣内克·韦贝格是一名画家、雕塑家和景观建筑师，也曾在布伦瑞克工业大学任教，并参与学生评图，早在 20 世纪 60 年代就与冯·格康熟识。当时，他为 gmp 最早的一批项目设计了室外设施，这种合作关系一直延续到在中国的项目和柏林勃兰登堡机场。

在布伦瑞克工业大学还有很多其他形式的设计作业，同样完全以建筑职业实践为导向。到硕士基础阶段结业时，每个学生都必须交出至少十个小型设计。一座港口灯塔，一个咖啡馆，一个报亭……学生们有 24 小时的时间来研究题目、画图和做出模型。这样一来，理解力和时间管理能力都得到了训练，对各类建筑项目的视野也得到了扩展。

这种以实践为导向的教学为许多学生开启了一扇了解工作领域的理想之门，对冯·格康也颇有助益——这不仅便于他在大学里选择自己的助教，而且许多学生在毕业后即成为 gmp 的员工，在布伦瑞克的事务所，或是在汉堡、柏林，以及后来的中国。以下这些建筑师都曾是他的助教：与冯·格康共同设计了 2000 年汉诺威世界博览会基督教馆以及克劳斯塔尔 - 采勒费尔德矿山档案馆（Bergbauarchiv in Clausthal-Zellerfeld）的约阿希姆·蔡斯；胥茨和他太太多丽丝·舍夫勒（Doris Schäffler）——二人在建立 gmp 中国办事处方面发挥了关键性作用；负责 gmp 柏林新机场设计的帕普。

就像在建筑事务所中常见的那样，很多建筑师只在 gmp 待了一段时间就各奔东西了。米夏埃尔·齐默尔曼（Michael Zimmermann）参与了比勒费尔德市政厅（Stadthalle Bielefeld）的设计，后来与于尔根·恩格尔（Jürgen Engel）一起成立了 KSP 恩格尔与齐默尔曼建筑事务所（KSP Engel und Zimmermann Architekten）；哈迪·泰赫拉尼（Hadi Teherani）、延斯·博特（Jens Bothe）和凯·里希特（Kai Richter）共同组建了 BRT 建筑师事务所（BRT Architekten）——曾被认为是汉萨地区最负盛名的事务所之一，在汉堡及其他地区设计了众多项目，直到 2012 年合伙人分道扬镳。此外，冯 · 格康从前的学生拉尔斯 · 克吕克伯格（Lars Krückeberg）、沃尔弗拉姆 · 普茨（Wolfram Putz）、托马斯 · 维勒迈特（Thomas Willemeit）和格雷戈尔 · 霍艾泽尔（Gregor Hoheisel），以 GRAFT 这一组合闻名——以活泼动感的形式为设计和建筑领域之间的跨界带来了一大亮点。他们的客户包括布拉德 · 皮特（Brad Pitt）——为其作品赋予了一丝好莱坞式的魅力。

2005 年，由六名往届学生共同参与的一个群展“建筑大师班”呈现了他们与冯 · 格康之间的桃李之谊。冯 · 格康的教学和建筑实践并没有形成狭义上的某种特定的建筑风格，其所发挥的教育意义在于，他所传授的建筑态度和精确设计手段使得学生可以根据其教授的设计理念胜任极为广泛，甚至是高度复杂的建筑任务，并将之转化为高质量的建筑作品。

然而，他的教学生涯并非一帆风顺。20 世纪 90 年代末，下萨克森州曾经展开讨论，打算对那些在教学之外还经营事务所的教授征收副业税。这场讨论持续了 5 年之久。冯 · 格康作为一名意气风发的大学老师，同时又经营着一家在建筑学和经济上都很成功的公司，这个议题与他息息相关。在他看来，提案所要求的金额是不合理的，更像是对他所获成就的一种惩罚。因此，1994 年，他认真考虑要辞去教职。之后，他把自己在布伦瑞克工业大学的教席交由一些声誉出众的同行来代执，这些同行都是以前在研讨会或是竞赛评委会等场合中有过深入交流的，其中包括迪特里希 · 班格特（Dietrich Bangert）、克里斯托夫 · 梅克勒（Christoph Mäckler）和卡洛 · 韦伯（Carlo Weber）。当然，这不是解决副业税争议的长久之计。在此期间，布伦瑞克工业大学提出了一项倡议，即成立一个学院俱乐部作为跨学科交流的论坛平台。在与大学校长贝恩德 · 雷伯（Bernd Rebe）的谈话中，冯 · 格康清楚地表明了对这个倡议的看法：“学院是什么……他们想成立的是什么？”他用手指着旧楼的院子说，“我们在这里建个什么吧，一座我们能用得上的展馆，我会掏一百万马克，但前提是你也要拿出同样的金额。”冯 · 格康对成立俱乐部的想法没有任何异议，但他首先看到的是令人摩拳擦掌的建设任务。他用几笔就勾勒出了展馆的几何结构，从而结束了关于副业税的争议以及关于学院俱乐部的讨论，并为学校添置了一处展示和讨论学生

教科书式的建筑范例——布伦瑞克工业大学老楼庭院里的展馆

作品的合适场地。他的学生克里斯蒂亚娜·克拉茨（Christiane Kraatz）、帕特里克·迪克斯（Patrik Dierks）、彼得·格拉泽（Peter Glaser）、帕普和威廉·施普林迈尔（Wilhelm Springmeier）负责展馆的执行规划。

一座桥从卡洛罗－威廉明娜大学（Carolo-Wilhelmina-Universität）的旧楼通向展馆的展厅层。一部露天楼梯从那里通往院子。这座展馆在形式上极为简洁，材料上仅使用了清水混凝土、钢和玻璃，树立起了一个直观的教科书式的建筑范例，可供未来几代学生学习。3 米的层高和 15 米 ×15 米的尺度提供了充裕的展览空间，同时也使展馆呈现出轻盈的立方体形态；建筑外立面是双层玻璃板，透光且隔热；间接入射光为展览空间提供了理想的室内照明。冯·格康最重要的玻璃体建筑——汉诺威世界博览会基督教馆也是在同一时间设计出来的，与它一样，大学里的这座展馆也会在一天中的不同时段改变其氛围和面貌：白天因反光而闪耀，晚上则成为一个巨大的立方体光源。

爱与教学

在布伦瑞克工业大学任教的经历以一种截然不同的方式改变了冯·格康的生活。在学期开始的三年之后，他在那里遇到了未来的第二任妻子萨宾娜。她和其他同学一起在冯·格康的指导下，为母亲疗愈协会设计一座建筑。她回忆说："冯·格康每周都会来几次，给我们指点一下工作，两周后我们必须交出设计。"不久，她就从布伦瑞克搬到了汉堡，与冯·格康一起生活，当时冯·格康已与格尔达分居。萨宾娜越来越感觉自己的处境很困难，就像被左右夹击，虽然她已经快要参加考试了，但她决定违背未来丈夫的建议，放弃考试，因为她更喜欢 gmp 办公室里的气氛。当时，事务所还在圣贝内迪特街，她在那里潜心参与竞赛和设计。此时的冯·格康不到 50 岁，在他的第一段婚姻中，他有了两个女儿弗洛伦丝和弗兰齐斯卡·玛农，但这段婚姻以失败告终。现在，他和年轻的第二任妻子一起住在希尔施公园（Hirschpark）他自己设计的木屋里，在和格尔达分开之后，他独自搬进去。奔波于布兰克内瑟（Blankenese）的家、圣贝内迪克特大街的办公室和海利根哈芬波罗的海边度假屋之间，这是一段忙碌的日子。

那个时代不同于今天，当时的建筑仍然是用丁字尺而不是用电脑来设计的。建筑师们手工绘图，有的画得好一些，有的画得差一些，但都不仰赖 3D 图制造出的富有欺骗性的完美视觉效果。"大家常常站在办公室的桌子之间，看看其他同事在做哪些项目，这能使他们对工作获得更生动的印象。"萨宾娜描述事务所的气氛时说。冯·格康夫妇会到世界各地旅行，有时是去参加竞赛和讲座，有时是在冬季休滑雪假期。然而，即使在旅行的路上，"哈迪"[1] 也总是随身带着他的笔记本，"他画草图、拍照片，他用双眼观察周围的一切"。

在冯·格康眼中，没有什么是不能重新设计改良一番的——房子、桌子、椅子、阳伞。建筑对他来说是日常生活，是一个持续的挑战，甚至为此还牺牲了一个圣诞节，这件事让他妻子很光火：他想出了一个全新的、从背面以菱形对角线支撑的桁架系统，试验品的测试被安排在圣诞假期的第一天。在圣诞树前，架子被组装起来，但整个结构还是因无法支撑而倒塌了，全家的圣诞庆祝活动也就这么狼狈地结束了。

即使在度假屋，冯·格康也常常忙着做设计，而萨宾娜则照料他们共同的孩子阿尔费德和阿莉莎，以及后来的两个小儿子尤利安（Julian）和乔纳森。许多其他伴侣难以应付的事情，对冯·格康夫妇来说却不是什么问题，因为萨宾娜是学建筑的，她了解这个行业，也了解丈夫的工作方式。“他是令人难以置信的存在，高效、聪慧、敏捷。”她钦佩地说，“他想用一己之力让事物得以实现，而且从不轻易满足。”

然而，冯·格康没有因为工作而全然放弃自己作为父亲的角色，甚至还因此制造了一些“惊喜”的机会。例如因为他有“公务”在身，2005 年，他带着全家去旅行，当时大儿子阿尔费德正在为高中毕业考试做准备。在纽约，他们去看望了冯·格康的女儿弗兰齐斯卡·玛农，然后驱车前往旧金山，开着路虎揽胜绕道沙漠，途径拉斯维加斯；在洛杉矶，他们参观了弗兰克·盖里（Frank Owen Gehry，后文简称：盖里）的迪斯尼音乐厅（Walt Disney Concert Hall），尽管冯·格康不大喜欢盖里“弯弯曲曲的折纸作品”，但他对其音乐厅的内部设计特别着迷；从美国出发，继续跨越太平洋来到中国台湾——在那里冯·格康与率先解码人类基因组的克雷格·文特尔（Craig Venter）一起，被桃园市中坜区中原大学授予名誉博士学位；途经中国香港“打道回府”。全家人在 14 天里环游了世界。

虽然他从未在中国的台湾岛上建过房子，但他对那里已经很熟悉了，他与台湾的第一次接触是在 1999 年地震之后。当时，他是一个建筑师小组的成员，负责对震后损失和重建可能性做出报告。在千禧年后不久担任台湾大学客座教授期间，他对那里的先进技术设备惊讶不已：当布伦瑞克工业大学的学生们还在把手工绘制的图纸钉在墙上以便进行讨论时，台湾的师生已经在用电脑画出设计图，之后投影到墙面上了。冯·格康还曾两次受邀担任在高雄的设计竞赛评委。第一次竞赛的冠军是伊东丰雄设计的高雄体育场——为 2009 年世界运动会而筹建，它以一种深远、开放的姿态和谐地融入景观之中；从第二次竞赛脱颖而出的是一座由台湾建筑师刘培森设计的具有“绿色”生态外立面的公共图书馆。

上：波罗的海边的海利根哈芬成为冯 · 格康一家人的避风港
下：冯 · 格康与家人一起在汉堡

当孩子们还小时，海利根哈芬为冯·格康一家人提供了一个共同的避风港。20 世纪初，那里修建了一批传统建筑风格的度假屋，建在混凝土基座上的茅草顶 - 木桁架结构的房屋沿着波罗的海岸一字排开，如诗如画。1974 年，一个偶然的机会，冯·格康在这里买下了一栋房子：他当时的合伙人安德烈亚斯·扎克（Andreas Sack）是海利根哈芬人，住在格拉斯沃德（Graswarder），他打电话给冯·格康说："这儿有一栋房子要出售。"冯·格康毫不犹豫地买下了。这是一个理想的度假屋，离汉堡不远，可以在海滩上开派对，也可以作为一家人出海旅行的基地——他们自此的航行甚至远至丹麦。

几十年来，冯·格康与海利根哈芬逐渐关系密切，而这座小城饱受 20 世纪 70 年代失败建筑的荼毒。80 年代中期，该城要建一所新学校。冯·格康非常想参加这次竞赛，但当时要求只有石勒苏益格 - 荷尔斯泰因（Schleswig-Holstein）的建筑师有资格参加。冯·格康和萨宾娜想办法规避这个限制：他们以"潜艇"的身份，用一个有资格参与竞赛的当地建筑师的名义，在度假屋里设计出了一所学校。萨宾娜回忆说："我们在纸板上精心绘制出设计图并着色，然后将这个项目交给了我们的合作伙伴。"提交设计是在圣诞节前不久，而圣诞和新年之间的时间是评审开会的日子。临近元旦前夜，他们得到了方案获胜的消息。在白雪皑皑的海利根哈芬，在颁奖仪式上，冯·格康夫妇被选定为设计方案的介绍人。由于冯·格康当时已经非常出名，而且作为汉堡人是没有参赛资格的，所以设计方案交由萨宾娜来阐释。"城市建设部长对我们的作品感到非常满意。"她笑着回忆说。没想到的是，随后仪式上的设计方案展示出了个小插曲：有人提议，请那名来自汉堡的著名建筑师——他正好在这里有一栋度假屋——也来评审一下设计。提议人问萨宾娜认不认识冯·格康先生，其实刚才就是冯·格康把她送到举行仪式的大厅，她心虚地说："不，我不认识他。"一会儿，冯·格康来了，好好地审视了一番（自己的）设计。"骗局"没有穿帮，但设计也没有被建成。

1985 年夏天，冯·格康和萨宾娜在海利根哈芬举行了婚礼。当天，新娘看见海利根哈芬的建设部长正好路过民政局，便打趣道："他看到我们从民政局出来时该会怎么想？是不是觉得这场婚礼是他促成的？"那是一个炎热的七月天，婚礼只有两个密友及其妻子受邀：布罗克施泰特及其妻子和格尔德·托马（Gerd Thoma）医生及其妻子，他们都曾与冯·格康一起在夏天骑自行车穿越南法，或沿卢瓦尔河游览。事先，这几个证婚人被告知“要带上一些行李”。在对目的地一无所知的情况下，他们向汉堡方向开去，然后开向福尔斯布特尔的老机场（不久之后，冯·格康赢得了该机场扩建工程的建筑竞赛）……直到在值机柜台前，这对新婚夫妇才向四个朋友和盘托出：大家将去威尼斯共度一个“奢华”周末——晚上在哈里酒吧享用婚礼特供菜肴；第二天早上，在夏日热浪中，乘船去托尔切洛岛（Torcello）野餐。

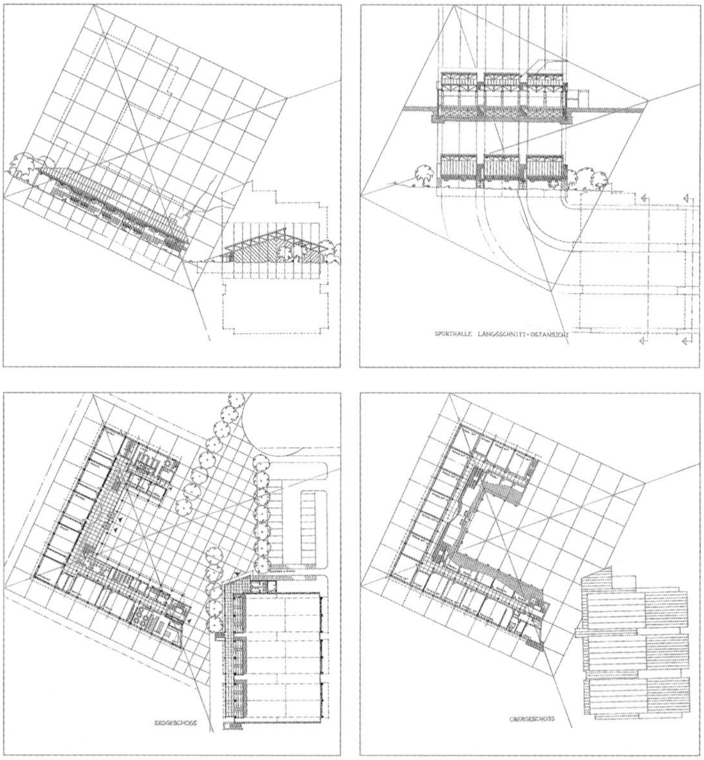

用爱设计——萨宾娜和冯·格康为海利根哈芬设计的新学校

1. 对冯·格康的昵称。——译者注

多样的群体

冯·格康不仅在布伦瑞克工业大学推行了他贴合实践的相关课程理念，而且还将其应用到为于尔根·蓬托基金会（Jürgen Ponto-Stiftung）组织的工作坊当中。该基金会由1977年被“红军旅”杀害的于尔根·蓬托的妻子伊内斯·蓬托（Ines Ponto）以及德累斯顿银行（Dresdner Bank）共同创立（于尔根·蓬托曾是德累斯顿银行的理事会发言人），旨在扶持建筑、音乐和现代文学方面的年轻创作者。1982—2002年的20年间，冯·格康在基金会的管理委员会当中负责建筑方面的事务。

1985年，作为在基金会工作事务的一部分，冯·格康组织了一批刚从大学毕业的年轻建筑师前往日本进行了一次详细的考察。在14天的时间里，他们走访了这个冯·格康刚毕业时曾与同窗好友一起探索过的国家。考察的地点包括东京、京都和大阪。3年后，冯·格康再次来到日本，在东京的日本大学担任了几个月的访问教授。除了东京居酒屋的各色清酒、用清酒“按摩”过的和牛肉（日本最昂贵的珍馐之一）外，他在这里还遇到了在德国前所未见的讲课条件，让他不禁有点儿“迷失东京”——冯·格康对着摄像机讲话，而学生们却坐在另一个房间里观看讲座直播。

1993年，冯·格康接受了南非比勒陀利亚大学（Universität Pretoria）的客座教授一职。在国外教学与在德国的最主要的区别是什么呢？“在德国，当一节课被取消时，学生们会欢呼雀跃；但在国外，学生们会很恼火，毕竟他们要缴学费，所以我还得把课补上。”

1997年，当他获得墨西哥建筑师协会颁发的荣誉奖时，又一次体验了一番异乡异俗。作为在墨西哥城举行的仪式的一部分，冯·格康将在晚上发表演讲。旅途奔波和陌生的气候让他疲惫不堪，直到酒店门房打来的一个电话吵醒了他。“司机已经在等我们了。当我们艰难地穿过墨西哥城拥挤的街道赶到演讲厅时，已经几乎迟到了一个小时，我尴尬到了极点；但当我们被领到大厅时，里面却几乎一个听众都没有。简直太失败了！然而，他们安抚我说，不用担心，一切都很正常。‘你难道不知道墨西哥时间吗？和欧洲时间不是一回事。’迟到一小时完全是正常情况。事实上，大厅里的确慢慢地坐满了人，大约在午夜时分，一场欢腾的盛宴开始了，一直持续到日出时分。”德国人观念中的守时在墨西哥是不作数的。

除了日本的考察，于尔根·蓬托基金会组织学生进行了几次国际化的工作坊活动。首次活动相当简朴，在布伦瑞克附近的沃尔芬布特尔（Wolfenbüttel）。在那里，著名的赫尔佐格·奥古斯特图书馆（Herzog August Bibliothek）馆长——德国最有名的图书馆员保罗·拉贝（Paul Raabe）委托冯·格康的事务所考虑一下图书馆的扩建工程。接下来的一次工作坊活动是在1990年，在德累斯顿举行。现在回想起来，这是对冯·格康意义重大的一次活动。

1989年11月初，就在柏林墙倒塌前不久，冯·格康曾来到易北河畔的这座昔日王都，脑海中那个笼罩着巴洛克美丽光华的德累斯顿神话被霎时击碎。当时，萨克森（Sachsen）建筑师乌尔夫·齐默尔曼（Ulf Zimmermann）邀请他就其作品进行演讲，此前他曾到汉堡拜访冯·格康。冯·格康回忆说：“我就像是在做梦一样，眼前向我展现的是另一个世界。”在某种程度上，东德的建筑师被隔绝在西方世界发展之外——西方建筑杂志被存放在图书馆的“毒柜”当中，冯·格康的《建筑师的责任》一书也位列其中，如果与图书馆工作人员搞好关系，可以在周末借出一阅。1989年11月2日，德累斯顿人在新城区莱尼茨街民主德国建筑师协会（Bund der Architekten der DDR）的房间里热切地聆听了冯·格康的演讲。“那是一个激动人心的时刻，这位著名的建筑师眼中含着热泪，几乎语不成句。”齐默尔曼回忆道。“我被这个城市的状况深深震撼了。”冯·格康在描述他与德累斯顿的这次机缘时说。然后，他又回到了西德。

1990年的德国之夏，此时前往东德似乎是时不我待。在“已经不再是真正的民主德国”和“尚未成为联邦共和国”之间那段短暂的青黄不接之时，冯·格康又来到了易北河畔，参加由于尔根·蓬托基金会组织的为期一周的“西-东工作坊”。

1990年7月13日，工作坊在布吕尔平台的艺术学院正式拉开序幕，参与者包括来自东德和西德的著名建筑师各10人，以及学生和青年建筑师各20人。

冯·格康联合于尔根·蓬托基金会在德累斯顿举办的一个研讨会

冯·格康很快就认出来自西德的几位著名建筑师——城市规划师彼得·兹洛尼奇（Peter Zlonicky）、景观建筑师欣内克·韦贝格，以及柏林的迪特里希·班格特、慕尼黑的斯特凡·布劳恩费尔斯（Stephan Braunfels）、斯图加特的卡洛·韦伯等；但对于东德建筑师的情况就完全不一样了："大家彼此根本不认识。我们只好像拉网式搜索一样地寻找东德的同事。"

与会者分成了10个工作组，用一周的时间内研究和讨论德累斯顿未来城市规划的各种问题。为了对整体现状有一个认知，大家首先要进行一次城市之旅，以探明此地的场所精神。

1990年的德累斯顿呈现出一种矛盾的城市面貌，到处袒露着1945年2月的轰炸所造成的破坏性样貌，其标志性的"纪念碑"就是杂草丛生的圣母教堂（Frauenkirche）。茨温格宫（Zwinger）在1945年后已获重建，宫廷主教座堂（Hofkirche）也是如此；1985年，森佩尔歌剧院（Semperoper）得以重新开放——对于德国具有重大历史意义的事件，甚至"西方电视台"也播放了卡尔·玛丽亚·冯·韦伯（Carl Maria von Weber）《自由射手》（Freischütz）的演出。然而，1990年时，德累斯顿王宫的大部分仍然是废墟，圣母教堂周围新市场（Neumarkt）的历史结构只有在铺路石下方的地下拱顶中尚存一斑，而这些德累斯顿仅存的城市文化遗迹在21世纪初的城市重建过程中也大量被毁。

20世纪50年代，老市场和东西向贯穿德累斯顿的维尔斯德鲁弗大街（Wilsdruffer Straße）已经呈现出了一个全新的建设格局，展现出的是"民族传统"风格，即那一时代的东德新古典主义建筑；但从市中心通往中央火车站的布拉格大街（Prager Straße）则截然不同，它在第二次世界大战之前就已被密集的建筑所占据。20世纪70年代，一些作为酒店或住宅的狭长片状高楼拔地而起，为这条大街赋予了新的形态，而这种国际风格的建筑群又进一步得到了"特型建筑"的补充，例如有着引人注目的铝质蜂窝外立面的中央百货公司，或是圆柱形的圆厅影院等。然而，在两德统一的时候，人们没有能力也没有意愿去了解和保护这些优秀的东德现代主义建筑代表作，尤其是当城市的许多地方仍然萦绕着荒凉、衰败的废墟气氛时，无怪乎1990年左右的德累斯顿被认为是一个已经"无力回天"的城市。事实上，在战前尚存的历史建筑中，只有约20%在战争结束前不久的轰炸中幸存下来。然而，即使在1945年之前，这些建筑中的大部分也并不是真正建于巴洛克时期，并不是来自那个由奥古斯特二世一手打造的“易北河上的佛罗伦萨”，贝尔纳多·贝洛托（Bernardo Bellotto，又名“卡纳莱托”）以其画作定格在文化记忆中的景致早已所剩无几。

在这种情况下，建筑师工作坊不仅是东德和西德这对疏远的“姊妹”间的友好接触，而且乌尔夫·齐默尔曼关于“以精神文化为目标来制订城市建设要求”的理念也得以付诸实践。这一理念旨在培养对城市及其空间的感觉，既包括对其优良品质的感觉，也包括对其不足之处的感觉。为了使一切在实际操作上成为可能，于尔根·蓬托基金会把必要的基础设备从西德运到了德累斯顿——从桌子、宜家椅子直到复印机。

由东德、西德两方人员组成的工作小组在这个夏天花了一周时间确立了一系列基本理念，但并没有作为最终方案在德累斯顿施行，不过，这本来也不是建筑师的目的。有一些理念被采纳，并在接下来的几年里得以推行，而另一些则被抛弃了。“我们留意到斯特凡·布劳恩费尔斯工作组的成果，不禁莞尔。他想把德累斯顿的街道改造成林荫道，以形成公园景观。当时负责建设部门的因戈尔夫·罗斯伯格（Ingolf Roßberg）对此格外感兴趣。”冯·格康回忆道。斯特凡·布劳恩费尔斯受委托设计一个“德累斯顿老城环路指导模型”（1992），该模型设想了一条与运河一同环绕市中心的林荫大道。

除了制订出一系列具体举措之外，工作坊还促成了一种具有开创精神的氛围，它体现在 1994 年首个市中心区域指导模型当中，这个模型在 2008 年被再次更新。工作坊中的多名参与者曾多次与德累斯顿再续前缘，如 2000 年，景观建筑师欣内克·韦贝格赢得了重建老市场的设计竞赛，而他是 1990 年在工作坊中首次面对这个问题。那次工作坊的课题还包括了其他一些城市空间的设计，例如德累斯顿市政厅附近的费迪南德广场和乔治广场；但时至今日，对此仍然没有值得关注的空间规划设计产生。

工作坊参与者以“德累斯顿的整体艺术”（Gesamtkunstwerk Dresden）为题写就的总结陈述仍然饱含着最初的开创性魔力，其中有一个虔诚的愿景——希望东德不要重蹈西德几十年以来的所有城市规划和建筑设计错误。建筑师们主张“暂缓善意但可能是错误的重建，直到形成社会共识”。

至少在新市场工程案例上，以上主张遭到了德累斯顿市民的决绝反对，他们希望通过在建筑上恢复到战前状态来掩盖该地的历史。当然，这种新历史主义与冯·格康的看法是截然对立的。在随后的几年里，他一次又一次地将目光投向德累斯顿。1991 年，他受柏林的资方委托，为易北河沿岸拟定了一份总体规划。在这个方案中，以德累斯顿前土木技术监督汉斯·埃尔韦恩（Hans Erlwein, 1872—1914）的名字命名的、壮观的埃尔韦恩仓库大楼（Erlweinspeicher）将被改建为酒店，并在其附近建造一个会议中心。然而，在德累斯顿市政厅进行的方案展示给该项目设计泼了一盆冷水——他和萨宾娜从汉堡将幻灯片、传输线、投影仪和投影屏幕运到德累斯顿，但他们在那里受到了极为冷淡的对待，甚至找一个幻灯机插座也变成了几乎无法逾越的障碍："在场的人没有一个愿意帮忙，直到大楼管理员看我可怜，给我指出了 20 米外的插座，并拿来了一个电缆卷轴。"一通忙下来，实际展示的时间已经所剩无几，这个项目之后也停滞不前。同样的命运也降临到他同年设计的老市场项目上；但是 1996 年，冯·格康通过老市场办公大楼项目实现了该方案的一小部分，以建筑形式表达了他的立场。这座建筑的砂岩外立面在垂直方向上极富韵律感，两层楼高的基座部分为商铺，这是他的一次尝试，旨在"创造一座结合现代办公及商业功能的建筑，既能对具有历史意义的内城街区作出回应，又能获得自身独特的时代品质"。办公楼与地块的历史布局相适应，柱廊、退进和层叠的设计赋予了建筑独特的面貌。在规定必须使用的斜屋顶上，冯·格康对严苛的历史主义做法作出小小的突破："倾斜的屋顶轮廓被解构成阶梯的形式，覆以天然红色外墙板。这虽是对传统的戏讽，但仍然保留了其原始语境。"

冯·格康和胥茨设计的德累斯顿文化宫改造（Umbau Kulturpalast Dresden）项目同样是在延续性与变化性之间走钢丝。这是一座高敞的厅堂式的建筑——几十年来，gmp 以这类代表性的会展活动建筑而闻名。位于维尔斯德鲁弗大街的文化宫是 1969 年由沃尔夫冈·亨施（Wolfgang Hänsch）设计建造的，冯·格康曾在德累斯顿见过他。该建筑位于市中心的显著位置，是新市场和老市场之间的分界标志物。多年以来，公众为之争议不断，甚至有人提出拆除该建筑。文化宫的修缮、改造工作将使之成为德累斯顿内城发展的一个杰出见证。然而，沃尔夫冈·亨施不同意改动他的建筑设计，并为此采取了法律行动，尽管是徒劳的。改造方案设想在建筑外部采用"符合建筑保护条例的、具有节能性的外立面"，而在建筑内部，将诞生一个崭新的音乐厅。参照夏隆为柏林爱乐音乐厅设计的阶梯葡萄园式的景观概念，这座音乐厅将呈现平缓的层级错落，其上冠以富有表现力的充满雕塑感的天花板。

1993年，在格尔利茨（Görlitz）和兹戈尔泽莱茨（Zgorzelec）举行的工作坊中，冯·格康加入了“国际性”。在作为“文化桥梁”的宗旨下，来自德国和波兰的学生被组成了7个工作组，探讨为欧佩拉（Europera）项目建造演出场地的问题。这是由沃尔夫-迪特尔·路德维希（Wolf-Dieter Ludwig）发起的项目，旨在让来自德国、波兰和捷克的有音乐天赋的青少年汇聚一堂。对于正面临经济衰退、有大量房屋空置的格尔利茨而言，这是一项雄心勃勃的事业，即便最终没有付诸建设。

1996年，冯·格康赢得了“布加勒斯特2000”（Bukarest 2000）国际城市规划竞赛，为他工作的国际性再次画上了浓重的一笔。包括建筑史学家肯尼思·弗兰普顿（Kenneth Frampton），建筑师维托里奥·格雷戈蒂（Vittorio Gregotti）、丹尼尔·李伯斯金（Daniel Libeskind）和克劳德·瓦斯科尼（Claude Vasconi）在内的高规格评委会，一共评比了来自33个国家的235个方案。冯·格康的设计中选。

1977年，曾被誉为“东方巴黎”的布加勒斯特遭受地震的毁灭性打击，以及随后该国领导人尼古拉·齐奥塞斯库（Nicolae Ceausescu）推行的一系列新建设，发生了深刻的变化：一条比香榭丽舍大街还宽的新轴线街道切入城市主体，其目的是要超越19世纪奥斯曼男爵（Baron Georges-Eugène Haussmann）创造的巴黎。这一规模巨大的城市规划的核心和终点是人民宫——一座新古典主义的庞然大物，后现代主义建筑史上一个迟到的特例，而对冯·格康来说，那是“一座令人毛骨悚然的宫殿”。同时，这个巨大的建筑也是见证布加勒斯特当代历史的重要地点：1989年12月21日，在尼古拉·齐奥塞斯库进行的一次演讲上，数十万罗马尼亚人聚集在这座建筑前，自发组成了一支反政府的示威队伍；第二天，尼古拉·齐奥塞斯库乘坐直升机逃离了布加勒斯特；三天后，他和妻子埃列娜（Elena）在一次公开审判后被处决。此时尼古拉·齐奥塞斯库的“新布加勒斯特”还只是“碎片”——遗留的一批建筑空壳和市内的空地。

总体规划是冯·格康与约阿希姆·蔡斯合作制订的，他们将宏大的城市轴线和人民宫作为历史遗产保留下来。为了重新营造合理的城市规划尺度，这些宏伟的建筑被嵌入一个以围合式建筑街区（Blockrandbebauung）为主的街道网格中。街区内将建造一些高层建筑作为其主导性元素，与人民宫的轮廓形成对比，正呼应了冯·格康的设计原则——统一性中的多样性。除新建筑之外，还

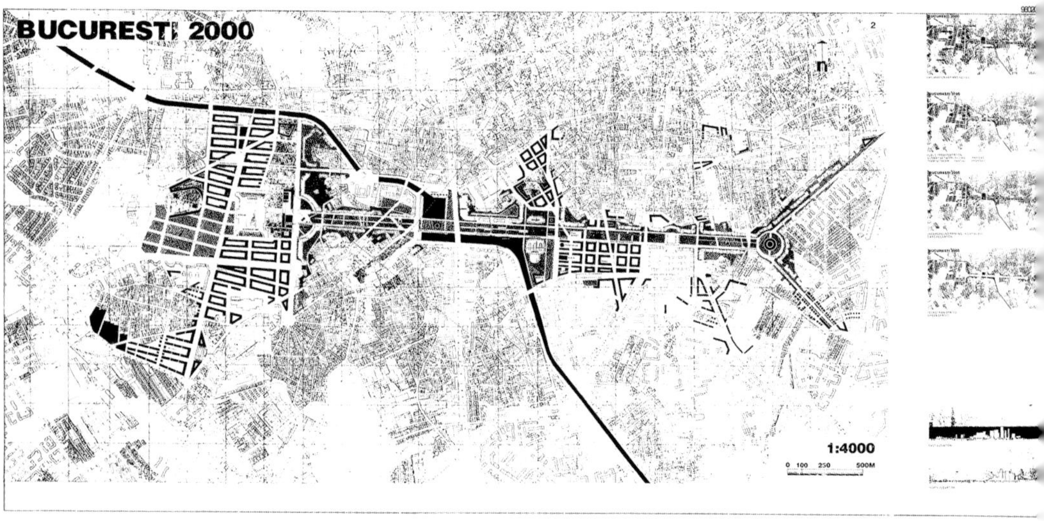

冯·格康为罗马尼亚首都布加勒斯特所作的规划设计获奖

会种下一片橡树林，把过于宽阔的大道和城市内部的空隙变成人们流连的地方。

尽管赢得了竞赛，布加勒斯特的规划却并未得到进一步推进。资方不断提出贪婪的新要求，而这些要求往往在打合法性的“擦边球”，有的甚至已经越界。冯·格康认为，以这种方式，显然不可能在布加勒斯特有高品质的发展：“这将成为个人利益争斗的城市规划战场。我们的计划从一开始就有沦为废纸的危险。”鉴于这种情况，在赢得竞赛的两年后，于尔根·蓬托基金会在冯·格康的推动下组织了“布加勒斯特 2000”工作坊，并且获得了当时的罗马尼亚总统埃米尔·康斯坦丁内斯库（Emil Constantinescu）的支持。对冯·格康来说，这是他加强与布加勒斯特联系的一次尝试，以便最终能够在那里实施自己的计划。在工作坊中，冯·格康有机会把针对各个对象的规划理念进一步具体化，他将人民宫周围的总体规划划分为四个区域，分别制订不同的使用方案。之后，来自德国和罗马尼亚的学生四人一组，进行下一步的工作。1998 年 5—7 月，学生们往返于布加勒斯特和布伦瑞克之间，并去汉堡和柏林进行了考察。具有历史意义的不仅是这个课题任务，而且还有他们在布加勒斯特的工作地点——马努克旅馆（Hanul lui Manuc）。在这个建于 19 世纪的商队旅舍中，年轻的建筑师们不仅在此留宿，还在露天庭院和拱廊中工作。1998 年 9 月初，在工作坊结束之时进行了成果展示。以市政厅、住宅区、纪念公园和高层建筑为设计案例，工作成果为布加勒斯特提供了极为具体的实际操作的起点，也使总体规划变得更加生动、切实。对于参与者来说，这次工作坊是一次难忘的经历。在汉诺威 2000 世界博览会罗马尼亚馆（rumänischer Pavillon，Expo 2000 in Hannover）中，此次工作成果向德国公众进行了全面展示；但是，这些方案仍然没有被实施。布加勒斯特市议会最终的确采纳了冯·格康的理念，将其作为城市总体规划的基础，尽管在今天的城市中并没有得以明确显现。基于冯·格康对罗马尼亚首都发展所做出的努力，罗马尼亚总统伊利埃斯库（Iliescu）于 2002 年 5 月 24 日在布加勒斯特授予他忠诚服务勋章。

2001 年夏天，于尔根·蓬托基金会的第四次，也是最后一次国际工作坊，对冯·格康具有特殊意义。20 世纪 90 年代，他曾得到在家乡里加建设的首批委托；此时，他与布伦瑞克的学生一起来到那里，准备为拉脱维亚首都的著名地点开发一系列新项目。工作坊设计任务是“重新营造城市中心区域，由学生设计的各个建筑和场所将为这个区域塑造出多样的面貌”。其中包括：建造一

面向国际。建筑文化学院的工作坊在 gmp 的专业指导下，为来自世界各地的年轻建筑师提供具有实践意义的教学课程

座博物馆、规划中央火车站周边区域、设计一个国际贸易中心，以及沿着道加瓦河修建一条步行大道——由 gmp 设计建造的国家银行（Nationalbank）如今就坐落在那里。学生们在工作坊设计的建筑方案与同时期出自 gmp 的设计风格截然不同。例如由亚尼斯·普鲁斯卡斯（Janis Pruskas）、叶娃·斯卡迪娜（Ieva Skadina）、拉尔斯·克吕克伯格和沃尔弗拉姆·普茨设计的琥珀金色的博物馆，其狭长、动感的形体和深深的切口显示出一种完全不同的形式语言，宣示了建筑史上的一个新篇章——解构主义的形式语言成为拉尔斯·克吕克伯格、沃尔弗拉姆·普茨及其后来成立的 GRAFT 事务所的特色。冯·格康对他们年轻的、富有表现力的形式语言作出批判性的反应，但同时也鼓励道："如果你们对此确信无疑，那就去做吧，我们在这儿不搞统一规定。"

随着冯·格康在布伦瑞克工业大学教职的结束，他在于尔根·蓬托基金会管理委员会的职责也结束了，而工作坊理念在建筑文化学院得到延续。该学院的目的是支持和培训在校学生与毕业生，推动国内外建筑、景观和景观保护领域的研究。该学院基金会的启动资金是由德国铁路公司提供的，虽然并不完全是自愿——资金来自冯·格康与德国铁路公司达成的和解协议，因为后者未经授权，对柏林中央火车站的地下层天花板进行了改动。

由于 gmp 在中国和越南等地的实践活动，欧亚文化交流在建筑文化学院占据了核心位置。该学院举办的首个活动是 2008 年的一次课程，主题是"作为文化输出的建筑：全球化世界的概念"；此后又举办了关于泰格尔机场后续利用（2009 年）以及关于胡志明市"德国之家"的工作坊（2010 年），后者的设计方案被实施建成。该学院很多贴近现实的课题都来自当下的日常热点，例如德国和中国的经济适用性住宅问题，以及在上海设计一所德国学校等。对参与者来说，不同文化视野和社会经验的调和，与建筑学和城市规划上的考虑是同等重要的。

自 2012 年起，建筑文化学院在汉堡兰维尔河景平台的前海事学校拥有了自己的一席之地，这座建筑也是由 gmp 改造和扩建的。在易北河畔高处的这座 20 世纪 20 年代的优雅建筑里，艺术家 + 企业家单凡（Shan Fan）经营着品牌学院——一所以传播和设计为重点的私立高校。单凡出生于杭州，在 2006 年由《时代周报》和歌德学院举办的题为"沉睡的巨人已经苏醒：中国是否让世界颤抖？"的谈话会上，他与冯·格康结识。冯·格康收藏有他的画作。这位科班出身的国画家创作了一系列中国传统的水墨竹画。2012 年夏天，在汉堡艺术中心举办的联合展览“中国的三座歌剧院”中，展陈了冯 · 格康设计的几座中国歌剧院与单凡的《慢画》系列——在这些画作中，他为黑白二色的平面赋予了一种浮雕般的结构。

2012 年，建筑文化学院在汉堡兰维尔河景平台的前海事学校开设了自己的校园

建筑师所居

甜蜜的家

对任何一名建筑师而言，为自己建造家宅都是一件特别的事情——就像铺下一条通向未来的小径，也会由此对身边的世界表达出自己独特的想象和要求。房屋的位置、大小、平面和建筑形式都在为“切身居住的环境应采取何种形态”这一问题作答。在这一点上，建筑师与世界上的其他人并没有什么不同；但是，一名建筑师的家宅所流露出的信息远不止如此——它直观地传达了宅主人的建筑学态度。只要建筑师是为自己而建造，他的行为就不必受外界影响因素的阻挠；他的设计不会被各种妥协所稀释，他也不再需要遵从“第三方”的意愿。

建筑师的家是一张建筑名片，让人得以从中一窥其艺术世界。然而，这个“世界”始终与其诞生的时代文化和社会语境紧密相连，例如美国伟大的建筑创新者弗兰克·劳埃德·赖特的住宅兼工作室塔里埃森以及他的冬季住所西塔里埃森，都是其生活理念和建筑思想的具象体现；瓦尔特·格罗皮乌斯通过包豪斯大师住宅以及自己在德绍的校长住宅，示范性地展示出一种既在形式上简化又具有立体主义风格的现代主义建筑的浓缩形式。

冯·格康为自己和家人设计住宅的机会在短短十年间出现过两次。几乎在与玛格成立联合建筑事务所的同时，冯·格康和他的家人搬进了位于布兰克内瑟希尔施公园的“弗里斯兰式”（Friesenhaus）小屋，而现在说起来，他把那座小屋描述为“基本是乱盖一气”。1977 年，正是在那座小屋里，诞生了希尔施公园所谓“G 宅”的最早的几个设计方案。“G 宅”于 1980 年竣工，其所在的位置得天独厚——背靠公园的葱茂林木，面对易北河的美丽风光——但也有问题：时至今日，仍然只能通过一条狭窄的人行小道抵达“G 宅”，这不仅对其使用产生了影响，而且对施工也产生了影响，因为根本不可能在那里开辟一个大型的建筑工地。

依偎在易北河的山坡上，冯·格康的第一个自宅借鉴了日本建筑元素（1）

依偎在易北河的山坡上，冯·格康的第一个自宅借鉴了日本建筑元素（2）

冯·格康设计的第一座自宅选择了木柱＋梁的结构。由于不能用吊车，每根木梁都必须靠人工抬上去，这无疑是一项极为麻烦的工作。这座以传统方式建造的小屋是冯·格康根据材料特性来完成建筑构件衔接的一个典型案例，其两个彼此相对的单坡屋顶巧妙地利用了地势的坡度，而小屋也与周围精致的环境和谐地融为一体。冯·格康特别重视的一点是，木结构要在室内可见，这样一来，它也可以起到空间划分的作用。主要的生活起居空间位于上层，从这个"主层"（piano nobile）望出去，易北河的滔滔流水尽收眼底。流畅的平面与开敞的厨房营造出开阔的空间效果。地板使用的赤陶方砖点明了乡村住宅的特点，也给房间带来了温馨的家居氛围。尤其引人注目的是他与萨宾娜共同设计的充满雕塑感的钢制楼梯，它将起居楼层与斜屋顶下的长廊相连通。房子的外立面也为木质，由水平交叠的木料和垂直方向的支撑结构组成。在施工期间，他们一家人住在潘策街（Panzerstraße），以便随时来看工地。

交互影响

在寻找希尔施公园住宅的设计参照时，你很快就会注意到冯·格康对日本建筑的兴趣，这一点在流畅的房间序列以及强调房屋野居风格的横档窗格样式中有着明显的体现。可见，日本之行留下的早期印象对他形成了一种非常个人化的长期影响，事实上，他对这个国家的迷恋从未停止过。在德国建筑界，这种热情绝非个例。

20 世纪 20 年代柏林的住宅建筑大师布鲁诺·陶特（Bruno Taut）于 1933 年被迫逃离纳粹德国，1934 年流亡日本，他对日本的传统建筑同样充满热情。他在日本领悟到的不仅仅是建筑的历史价值，还有建筑完美的纯粹性和明确的目的性。他意识到，它们所拥有的更多是当代意义，即对布鲁诺·陶特来说，日本建筑“实现了今日的渴望”。其中让他尤为印象深刻的一处建筑，同时也是他为欧洲现代主义带来的一个重大发现，就是建于 17 世纪的桂离宫。20 年后，另外两位现代主义的代表人物也关注到这个地方——瓦尔特·格罗皮乌斯在给勒·柯布西耶的明信片上，对桂离宫之行赞不绝口：“日本的房子是我所知道的最好、最现代的，而且它们是真正的预制建筑。”

冯·格康的第一座自宅从其木构的建造方式到与地景的融合、从体块的立体构成到对日本传统建筑元素的承借，都为现代和传统之间关系的研讨作出了重要贡献。

20 世纪 70 年代末，对现代主义的批判性讨论在德国愈演愈烈，从而掀起对传统的新一轮推崇，而与此同时，在欧洲的其他地区呈现出与之平行的发展趋势：以马里奥·博塔（Mario Botta）、奥雷利奥·加尔费蒂（Aurelio Galfetti）和路易吉·斯诺齐（Luigi Snozzi）为中心的“提契诺学派”为刚刚觉醒的地区主义提供了必要的建筑形式。对现代主义的第一轮批判已经在 60 年代初随着简·雅各布（Jane Jacobs）的《美国大城市的死与生》（*The Death*

and Life of Great American）一书问世而拉开帷幕；60 年代中期，出版人沃尔夫·约布斯特·西德勒（Wolf Jobst Siedler）在《被谋杀的城市》（*Die gemordete Stadt*）一书中表达了不满，而亚历山大·米切利希（Alexander Mitscherlich）则在《我们城市的冷漠》（*Die Unwirtlichkeit unserer Städte*）一书中发出了同样的感慨。这些出版物是建筑文化范式开始发生转变的证据，而 1966 年意大利后现代主义先驱阿尔多·罗西在《城市建筑学》一书中正式宣告了这个转变的到来。整块城市街区大规模整建所造成的极端后果是这个转变的导火索，而蓬勃开展的生态学讨论也是其成因之一。对现代主义愈演愈烈的批判随后引发了对传统城市结构和历史建筑处理方式的反思，从而促成了 1975 年欧洲建筑“保护年”的诞生。随着对不断成长的城市结构及其住宅、商业和零售混合利用模式的新推崇，一种新的建筑语言——后现代主义确立。

1979 年，冯·格康通过《建筑的条件》（Bedingungen für Architektur）一文，毫不掩饰地发表了他对后现代主义思潮的看法：“关于功能主义、折中主义、新家园风格（Heimatstil）、‘现代’和‘后现代’建筑的争论，是一种针对表面现象伪精英式的操作，因为所有这些象牙塔式的高雅争论都认为，只要谴责旧的学说、提出新的假设，就能找到摆脱困境的方法。”[1] 他严词拒绝了其对功能主义的全面否定。当时，这个思潮在德国是由海因里希·克洛茨（Heinrich Klotz）为首的一批一流建筑理论家发起的。冯·格康说，海因里希·克洛茨的批评“在我来看值得怀疑，它把功能主义这个层次丰富的概念贬低为陈腐意识形态的招牌，以便为自己的新意识形态赢得一块干净的白板”。由此，他以非教条的立场提出：“我们必须坚定地主张，每座建筑和每个城区都要拥有自己的身份——在内容与形式的内在契合这一意义上的身份，以及在实质意义上的身份，据此，建筑必须成为使用者能够认同的地点和家园。正如胡戈·黑林（Hugo Häring）所倡导的，必须从任务的本质中找到建筑的形式，即他所说‘我们想要寻访事物，并且任由它们以自己的形态展开。为它们赋予一个形式，或是从外部限定它们、在它们身上应用任何法则，都与我们的意愿相抵触。’”[2]

此后，冯·格康参与了 20 世纪 80 年代德国影响深远的两项城市规划任务——旨在推广一种对城市别样的理解方式—— 一项是西柏林的国际建筑展（Internationale Bauausstellung，缩写：IBA），另一项是法兰克福扎尔巷（Saalgasse）的房屋建设。

国际建筑展的目的是帮助抚平那些仍然清晰可见的、第二次世界大战带来的创伤，以及通过新建设来振兴城市，主要针对的是蒂尔加滕（Tiergarten）和克罗伊茨贝格（Kreuzberg）中直接毗邻柏林墙的区域。为了实现这个目标，国际建筑展采取了双管齐下的策略。开辟的第一条战线是，约瑟夫·保罗·克莱休斯（Josef Paul Kleihues，后文简称：克莱休斯）领导的“IBA 新建筑组”（IBA-Neubau）实现的几个新住宅区，其中包括靠近市中心且周边绿化良好的城市别墅（Stadtvilla）——这座小型公寓楼一时成为讨论的热点，它位于克罗伊茨贝格区的里特尔街［建筑师为莱昂·克里耶（Léon Krier）］。此外，由阿尔多·罗西和阿尔瓦罗·西扎设计的更大规模的新项目，如位于西里西亚门的那座被人们叫作“你好，忧愁大楼”的建筑，也成为大家关注的焦点。同时，哈尔特-瓦尔特赫尔·黑默（Hardt-Waltherrr Hämer）与“IBA 历史建筑组”（IBA-Altbau）开辟的第二条战线是，致力于 19 世纪柏林经典公寓楼的修缮升级。这种放弃大规模区域整建、转向社会性调和的做法，在克罗伊茨贝格区取得了尤为明显的成效，使得该区不仅在建筑方面，也在其他各方面都成为 20 世纪 80 年代德国的风向标，而“克罗伊茨贝格混合体”也成为其他地方城市重建的蓝本。

那段时期，西柏林的乐观主义精神统一反映在对生态新建筑的探索上。从泰格尔机场建设之初就一直在工地上旧板房里办公的冯·格康，通过离吕措广场（Lützowplatz）不远的兰德维尔运河（Landwehrkanal）旁的节能房屋也为这个课题作出贡献；不过在当时，“生态”举措仅限于南面的玻璃幕墙和一套墙面加热系统，所以“最好不要在墙上钉任何钉子”，他笑着说。

这座节能房屋融入一排城市别墅当中，而这些别墅标志着蒂尔加滕边缘处松散的、以单体建筑为主的使馆区到城市空间之间的过渡。与国际建筑展的许多建筑不同，这是一座毫无后现代主义式自作多情的房子，显示出冯·格康建筑特有的立体几何形式：平面接近一个正方形，凹进的四角被着重强调，由此形成了一个生动的建筑形象。北面朝向兰德维尔运河临街一侧的抹灰立面有着简单的开窗，较为封闭；朝向南面花园的立面被一系列带有玻璃封窗的阳台所消解。屋顶为金字塔形。冯·格康参加国际建筑展的项目除了这座建筑之外，还有吕措广场的项目——在一个街区内部建造了 3 栋城市住宅楼，其目的是在国际建筑展的框架内实现新的城市住宅模式，“提供靠近市中心的独立住房，作为一种融入街区的拥有高居住质量的住宅形式”。

兰德维尔运河的节能房诞生于 1987 年柏林国际建筑展

1. Esche/Gerkan (Hg.): Architektur im Dialog, S. 98.
2. Esche/Gerkan (Hg.): Architektur im Dialog, S. 108.

现代承续

法兰克福旧市政厅背后扎尔巷（Saalgasse）的建设与柏林国际建筑展在同一时期进行（1981—1984），与后者相比，它就像是一个缩小了的后现代主义建筑展。扎尔巷标志着一次批判性重建，而其反例就在几米之外：在那儿，经过富有争议的讨论，人们决定原样重建被战争毁坏的旧市政厅东侧。冯·格康参加了这个竞赛，意欲用“现代手段对周边的历史尺度作出回应”。虽然他的设计没有建成，但被评委会授予了特别奖。与“重建”相比，“批判性重建”将汲取已经消失的城市规划维度，将其转化为当代的形式语言，并经常引用历史参照来充实这种语言。然而，批判性重建和事实性重建（faktische Rekonstruktion）之间的界限偶尔也会变得模糊，因此参与扎尔巷重建的除了冯·格康和其他德国建筑师之外，还有美国后现代主义领军人物之一的洛杉矶建筑师查尔斯·摩尔（Charles Moore），也就不足为奇了。

冯·格康对围绕后现代主义的新思潮一直持批评态度。1982 年，他在《建筑师的责任》一书中发出慨叹：“与过往的纠缠不休正在渗透建筑理论的各个层面。”例如弗朗索瓦·斯波瑞（François Spoerry）在法国南部建造的复古度假地——格里莫港（Port Grimaud），目的是要打造一个田园风光的潟湖小镇形象，那儿的圆拱没有任何承载功能，无基座的柱子也完全不起支承作用，而这些在冯·格康看来简直是荒谬至极。他担心，如果这种发展趋势得到鼓励，可能会导致新一轮的意识形态化。他在书中写道：“当迄今为止的庸俗功能主义水泥盒子被伪历史主义的迪斯尼乐园仿造物取代时，就是这种情况。”[1]

冯·格康所倡导的是一种与此不同的建筑和城市概念。它以对欧洲城市结构的尊重为特征，体现在空间组织和典型的环绕中庭的围合式建筑上。他反对后现代主义对柱子、壁柱和山墙这一类现代主义之前的建筑装饰物的复兴，也反对重建已经消失的建筑。与反对原样重建法兰克福的旧市政厅东翼一样，10年之后，他也极力反对柏林皇宫（Berliner Stadtschloss）的原样重建。

借由在柏林设计的建筑，冯·格康表达了他在城市居住问题上的立场，而在汉堡格林德尔大街（Grindelallee）100号的商住两用楼中，其立场进一步朝向都市化发展。在后现代主义的全盛时期，他与长期合作伙伴克劳斯·施塔拉茨克（Klaus Staratzke）一起，设计了一栋角楼。这座建筑是对其周边创始者时代（Gründerzeit）环境的现代回应，同时也激发出一场与所在地点的现时对话。对面历史主义房屋的曲线与凸窗，在新建筑顶部的玻璃圆厅上得到呼应；向外突出的屋檐与旗杆，进一步强调了建筑的地标性；带有高窄开窗的、明快的多孔立面与玻璃阳台轻盈、纤细的金属结构相辉映，呈现出生动、精巧的建筑景象。

1. Gerkan: Die Verantwortung des Architekten, S. 148 f.

峡谷之战

几年之后，冯·格康在易北大道 139 号又拥有了一个新办公地点，他从航海中汲取灵感，将这座办公楼设计为一个舰桥式的圆厅建筑。这座办公楼于 1986 年竣工，与之毗邻的是他的第二所自宅。然而，在这一切实现之前，冯·格康仍需小心驶过一些“暗礁”，或者更准确地说，是一座峡谷——汉堡阿尔托纳区（Altona）的易北谷（Elbschlucht）。

gmp 面临着又一次搬家——位于圣贝内迪克特街 8 号的办公室对于这个不断壮大的事务所来说已经不够用了，而其从法律角度来看，该建筑的实际用途应该是住宅。冯·格康不想搬到传统的办公大楼，而其他的几个选项，例如星壕区（Sternschanze）的水塔或一个老卷烟厂，也被放弃了。每天早上，在从布兰克内瑟的家到哈维斯特胡德（Harvestehude）办公室的路上，冯·格康都会开车经过易北大道上一个无人关注的、杂草丛生的地块，那儿只有一个所谓的“跑鞋咖啡馆”和一家名为“泰拉莫托”的餐厅。冯·格康去了一趟这家位于易北大道 139 号的餐厅，立刻对这个地块产生了兴趣——位于街道南侧，位置极佳，对易北河和港口的景色一览无余，而这片地正在挂牌出售中。只有一个问题——在城市建设规划中，规定这里必须用作“餐饮用途”；但是，这不但丝毫不能阻止冯·格康拿下这个地块，反而激发了他一系列的想法。玛格一直劝说冯·格康保持克制，也许玛格已经预感到在这里施工将会遇到多大的困难。

尽管合伙人反对，冯·格康仍然拿定主意要在这块私人土地上建一个公共广场。该处原有的横杆将被拆除，半封闭停车场上方将诞生一个全新的广场，其右侧将是 gmp 的办公楼，而旧址上的老塔楼将被整合到新建筑中，广场左侧计划修建冯·格康的自宅。满足地块规定用途的餐厅将与山坡融为一体，经由一条从公共广场延伸而出大坡道抵达，一路上可将河流与港口的壮丽景色尽收眼底。从理论上来说，就是这样。

阿尔托纳区建筑管理局断然拒绝了这个想法。冯 · 格康转述了行政部门的回绝：“在易北大道上建办公楼？不可思议！”不过，阿尔托纳的政客们却不这么看——毕竟，规定的“餐饮用途”的确会得到满足，而且在私人土地上建立公共广场的想法非常具有吸引力，更何况是在这样一个得天独厚的位置。由私人业主建设一个空间意义和功能意义上的公共广场，这样的案例在建筑史上屡见不鲜，并屡次带来激动人心的成效：从文艺复兴时期推崇人文主义的教皇庇护二世 [Pope Pius Ⅱ，原名“恩尼亚 · 皮可洛米尼”（Äneas Piccolomini）] 对皮恩扎（Pienza）城中心的重新布局，到近代路德维希 · 密斯 · 凡德罗在公园大道的西格拉姆大厦前广场——在纽约摩天大楼的“森林”中开辟了一块美妙的“林间空地”。

在克服法规阻碍之后，又出现新问题——冯 · 格康忽视了对这个地块的仔细勘察。“这个地方曾经是汉堡非常受欢迎的郊游地点。它最初的名字叫‘易北谷’，后来才被改称‘易北平台’。我完全无法理解，当时怎么竟然没有好好想想这个名字是怎么来的。”他感叹道。在老明信片上，这个地方看起来就像一首田园诗——绿树成荫，水面宽阔，还有一座带有宽敞玻璃阳台的花园酒馆——即使天气不佳时也令人向往。然而，画面中没有透露的是，易北谷已经被 1842 年汉堡城市大火的瓦砾填平——这是一个极为棘手的建筑基地。对冯 · 格康来说，这意味着要么放弃他的打算，要么就得啃下基地打桩基——这块造价不菲的硬骨头。冯 · 格康仍然坚定地选择实施他的建造计划。这样一来，桩打得越深，费的材料就越多，工程造价就越高。

易北大道上那座餐厅的老塔楼被保留了下来。它是一个时代的建筑见证，也是这个地点的一个醒目标志，是其身份的一部分。两层的办公楼新主体与街道垂直，向地块深处延伸，外形如同停泊港口的一艘汽船，其头部是一座圆形建筑，与塔楼相呼应——这是 gmp 这艘巨轮的船头和舰桥。冯 · 格康和玛格在圆厅的二楼拥有他们共同的办公室，其上是一个同样圆形平面的会议室，建筑因此而醒目。这座船形建筑的内部狭长，充满了“海上作业”的气息，而窗外的港口风光自然也为此增色不少。环绕前方的露台让人联想到甲板护栏，木门舷窗让景色一览无余。暴露在外的钢结构和弧形屋顶既为绘图室赋予了工作室的气质，又使空间中洋溢着舒适的氛围。宽大的窗户为工作空间提供了良好的照明，即使是在一年中光照不足的季节。办公楼旁边是由红色灯柱和玻璃地砖

gmp 总部建筑宛如一艘停泊在易北河畔的汽船

勾勒出的公共广场，玻璃砖为其下的车库提供自然光照。穿过广场的小路可通向冯·格康的住所，而坡道则将食客们径直带到勒卡纳餐厅（Le Canard）。

与希尔施公园木屋相比，不到十年，冯·格康就在易北大道设计建造了一个类型截然不同的住宅，同时也宣示了他对几何形式的偏好。这是一个立方体的房子，边长为 12 米 ×12 米 ×12 米，平行于地块边界，为狭长的办公楼增添了一处小小的伸展变化。两座建筑之间因此形成了一个占据主导地位的小广场，呈喇叭状向易北河方向展开。最初，这座房子的木质外立面涂白，几年后转为原木色。采用全白的外观，冯·格康毫不掩饰自己在形式上与 20 世纪 20 年代“白色现代主义”及其 60 年代继承者——以理查德·迈耶和约翰·海杜克等建筑师组成的“纽约五人组”为代表的近似性。虽然房子的背面和面对广场的一侧基本是封闭的，但面对花园，冯·格康通过凉廊和大面积玻璃组成了一个几乎完全开放的立面——在这一面，还可以看到建筑的承重钢结构。立方体住宅的背面被一个深深的切口分割开来，向上通往主起居层的楼梯即位于其中。与希尔施公园木屋一样，在这座住宅里，冯·格康同样重视各个楼层拥有各自独立通道的问题，虽然孩子在房子建成时还很小，但住宅平面为未来的生活打造出高度的灵活性，从而保证了家庭成员的独立性和私密性——孩子和父母的区域被清晰地分隔出来，可以由各自的通道分别进入。

这座住宅功能和几何的中心是一部连接所有楼层的螺旋形楼梯，极富“冯·格康特色”。它创造了一种融洽的居家气氛，奠定了整个建筑舒适自在的个性。除了室内设计，家具也对建筑的氛围起到决定性作用，其中大部分是冯·格康自己设计的，他尤其偏爱瑞士梨木温暖宜人的色调。底层的前方是位于易北河斜堤上的一个露台，该层的大部分面积都被藏书占据。这些书被置于木质书架上，其金属十字支撑结构也是冯·格康设计的——在圣诞树边的首次试验失败之后，他改良了设计。这是一座现代性和温馨感并存的住宅，汉堡港的壮丽景色也为其独特性增色。

易北大道 139 号建筑群中的另一个成员，其标志是钢门框中的一幅鲜红色旗帜，上书白色字体“Le Canard”，指明了通往坡道的入口。无论是设计还是景致都引人入胜。在老树郁郁葱葱的荫蔽之下，形成了办公大楼的底层，并辅以一道设在地下停车场前的横栏。餐厅中心是仿建筑几何形态脱胎而成的圆形吧台，与冯·格康自宅一样，这里尽管保持了汉萨式（hanseatisch）的低调，

gmp 总部建筑室内空间

但仍然呈现出一种安逸的氛围，这样的设计并非毫无私心——冯·格康喜欢这个地方，也喜欢这家餐厅的菜肴。餐厅最初的主厨是星级厨师约瑟夫·菲豪瑟（Josef Viehhauser），由于拖欠房租和社会保险费，导致他之后不得不离开；自2005年以来，阿里·京格尔穆什（Ali Güngörmüs）一直担任勒卡纳餐厅的主厨，而自此，餐厅的名字前又加上了一个"新"字。2006年，阿里·京格尔穆什摘得米其林一颗星，他谈到自己的烹饪风格时说："我已经对所有的经典菜式了如指掌，但我试图将菜单上的经典与新鲜事物结合起来。餐厅主打地中海和东方菜式，但我也尝试将本地区以及我的家乡特色融合进来。我所创作的都是我自己喜欢的菜肴。"这话听起来，几乎也是设计一栋好建筑的秘方。

也许建筑和烹饪真的没有那么大的差别。两者都直接诉诸感官，也都是在这个世界上怡然生活、与这个世界合宜相处的关键。因此，新勒卡纳餐厅构成了汉堡这片特殊区域的身份标识——从景观和视野、从建筑及其创造的空间、从生活在这些空间里并与之共存的人们那里，各个组成部分相辅相成，最终呈现出餐厅的独特品质。这是一种"对话式"的品质，冯·格康很早就将其作为自己建筑原则的一部分，并以"对话式设计"这个术语纳入教学。

1996年，冯·格康与柏林办事处的胥茨、多丽丝·舍夫勒一起，又得到了一个设计餐厅的机会，位置在柏林最美丽的广场——宪兵市场（Gendarmenmarkt）。由于资方打定主意要在"宪兵市场找一个地方"，但尚未找到合适的具体地点，所以项目从选址开始。巴黎老佛爷百货公司（Kaufhaus Lafayette）柏林分店的地下层很快就被排除了，周围的其他几个地点也一样被排除；最后的选址定在耶格尔大街（Jägerstraße）——柏林-勃兰登堡科学院（Berlin-Brandenburgische Akademie der Wissenschaften）的对面。冯·格康是该学院的特邀成员。

这家新餐厅将由约瑟夫·菲豪瑟主理，而餐厅名字"VAU"，也暗示了他的姓氏。虽然如今的约瑟夫·菲豪瑟早在其他地方大展身手，但VAU的名字仍然未改。如冯·格康所描述的那样，现今主理该餐厅的米其林一星厨师科利亚·克勒贝格（Kolja Kleeberg）是在"一个令人流连忘返的氛围中"烹饪。整个餐厅形如一个狭长的管道，直到一系列房间的尽头才是厨房的空间。事实上，对于餐饮用途来说，这些空间难以利用，但冯·格康看到了其中的潜力。在面对耶格尔街的一侧，餐厅有一面展示窗；餐厅入口位于侧面；瑞士梨木的暖色又一次营造出温馨的氛围，弧形屋顶特别强调出空间的纵深感。VAU 让人联想到冯 · 格康几乎在同一时期为德国铁路公司设计的大都会列车（Metropolitan-Zug），并非巧合，它有力地证明了 ICE 列车简陋的“塑料风格”（Plastikcharme）是存在替代方案的。在 VAU，除了一楼房间外，冯 · 格康还将以前的煤窖改成了酒吧。尽管这里提供的是最精致的菜肴，但“煤”仍然在此处被保留下来，它沉重的气息曾经像钟声一样，在每个冬季萦绕在柏林上空。自 1997 年 1 月开业以来，经过封浸，没有灰尘和气味的煤块被放置在木架上，取代了书本。它们带着一种艺术性的讽刺，向来客们会心地眨眼的同时，也点明了这个空间曾经的用途。

再让我们回到汉堡。在私人土地上建公共广场固然是一个美好的理念，但当个人的自由受到一小群人的暴力威胁时，就触及了这个理念的包容极限。清理“红花”（Rote Flora）所引发的争端让汉堡的局势在 2013 年年底日益紧张。“红花”是位于星壕区的一座建筑，已经被一群自治主义者占领了 25 年。抢劫团伙在城市中四处流窜。2013 年 12 月 19 日，他们袭击了建筑文化学院所在的海事学校。作为公众人物，冯 · 格康和玛格也受到了攻击，被指责在世界各地建造体育馆，导致穷人的居所因此被拆毁，而建筑工人只拿到极低的工资。一天后，即 12 月 20 日，冯 · 格康的家和 gmp 办公室也遭到了袭击，一楼的窗户被砸碎，所幸没有人受伤。此时的事态已经跨越了自由的极限，尽管如此，冯 · 格康仍然决定，这片私人土地上的公共广场今后仍将向所有人开放。

建筑之声

厅堂建筑

对冯 · 格康和玛格来说，自独立创业的第一天起，他们就不断地在与大型项目和类型广泛的委托打交道。1965—1980 年，即 gmp 成立后的前 15 年里，一系列大型办公综合体和体育场馆、住宅楼和工业厂区被设计建造出来。那时，公开建筑竞赛非常普遍，gmp 受益其中，有一些作品中标，不少作品获奖，许多设计最终都得以建成；如今，过度监管、预选拔和对大型项目的资历要求，都使得年轻建筑师难以起步。

多样性不仅表现在冯 · 格康对环境设计的整体看法，也表现在他对城市布局直至家具设计等各个层面的参与，而在其设计的作品中，厅堂建筑占据了极其重要的地位。每一座厅堂建筑都是一个独立的个体，遵循着各自的功能要求进行设计，包括会议场所、音乐会场所、多功能厅等。在这些高大的厅堂建筑中，我们可以看到冯 · 格康建筑语言的延续和变化，它们与时代精神、建筑和城市规划的思潮紧密相关。冯 · 格康设计建造的厅堂建筑具有一种鲜明、独特的态度，正是这个态度将所有项目联结在一起，使它们超越不断变幻的时代与时尚而存在。

振兴城市中心：
比勒费尔德展演厅（Stadthalle Bielefeld）

通过巴德奥尔德斯罗厄的多功能施托曼大厅，冯·格康在20世纪60年代就开始了他对大型厅堂建筑的设计探索。回过头来看，这座建筑的某些地方的确有其时代性限制；尽管如此，置于一座平台上的独立单体、不同楼层之间的连接、玻璃幕墙前的遮阳格栅以及十字柱——时至今日，仍然是他建筑中的要素。距施托曼大厅项目15年后，出现了另一个设计大型厅堂的机会，当然，新项目的规模要大得多。

1980年，冯·格康参加了比勒费尔德展演厅的建筑竞赛，并夺冠。“他以令人舒适的清晰性、经济的手段和均衡的克制性，为比勒费尔德市中心创造了合宜的城市氛围。”——评审团如是说。吉尔德迈斯特机械工程公司（Gildemeister）的搬迁为该项目腾出了紧邻火车站的一片区域，因此比勒费尔德展演厅项目正是在一个城市转型阶段展开的。不少西欧城市都经历过这样的转型：20世纪60—70年代初的大面积整体重建，之后，从1980年开始进入回归城市品质的阶段，伴随着城市中心作为宜居住宅+繁荣商业区的角色日益增强。

在比勒费尔德的这个地块上，除了通往新城市轨道线路的区域外，计划建造一个由住宅、酒店和地下停车场组成的混合体，其中的建筑亮点就是新展演厅。冯·格康的设计考虑了周边这些不同的要素，并将它们转化为一个松散的城市结构。由于造价高达一亿马克，整个项目的实施被搁置，直到六年后才再次启动，方案被修改。一方面，新方案取消了住宅的建设，而原计划中的酒店只有在找到有兴趣的投资者后才会准许建造；另一方面，新方案增强了环绕展演厅的城市公园的功能。冯·格康的汉堡同行、景观建筑师欣内克·韦贝格（Hinnerk Wehberg）承担了这项任务，要为展演厅创造出“绿色平衡”。

正如大型建筑项目中司空见惯的那样，成本在比勒费尔德也起到了决定性的作用，冯·格康回忆说：“客户非常担心建筑成本会超过7000万马克，因此我们做了一件事——这种事通常都会出岔子。对方要求保证工程造价不变，但我们不可能完全做到这一点。经过简短洽询，我决定，将保证金额改为设计费用的一半。虽然这离客户想要的还差得太远，但它是一个明确的信号。这是一着险棋；但是随后，我们一直密切关注建造成本，因此最终没有超出太多。”

今天，当你来到比勒费尔德，会看到这样一座拥有永不过时的现代性的建筑——20 世纪 80 年代徘徊在整个联邦共和国的后现代主义幽灵没能对它染指分毫；它是一座清晰、鲜明的建筑，实用、简洁、独特，是经历建筑时尚的大浪淘沙之后仍然屹立的“建筑宣言”。

诚然，它与冯 · 格康的厅堂建筑首作——施托曼大厅几乎毫无共同之处。后者设计的多边形建筑已经变成了一艘“汽船”，像城市空间中的一个孤岛；所有功能都被集中在生动的建筑体中——与 gmp 汉堡易北谷的办公楼颇为相似，两者也几乎同时完工。尽管在规模和细节上截然不同，但仍然可以从中看到两者的“对偶性”。这可以追溯到最根本的建筑态度，也显示出这些建筑如何在简洁的几何形体中诞生。

1990 年，公开的展演厅平面图尤为生动地展示了其构成原则：宽阔、弯曲的入口在大厅和城市之间形成了一个半圆形的中介；上层，两个大厅与长方形的展演区域相对接；不同大小的方形和矩形玻璃开口在浅色的金属立面上组成网格图案，其后是建筑的楼梯和门厅。白天，光线倾泻而入；晚上，灯火通明的建筑将其内部的各种活动对外展现出来。有一部分立面是完全封闭的，呈现的阶梯形状正对应建筑内部的消防逃生楼梯，同时也以其多样统一性活跃了建筑的整个立面设计。

走进室内，在环形门厅后方迎接来访者的是圆形的入口，它承担着为两个大型活动厅和几个会议室进行分流的功能。大型活动厅具有惊人的简洁性，在室内延续了整个建筑的半圆形；观众席的座椅数量可以灵活调整；平缓的弧形天花板从顶部界定了厅内空间；色彩和材料组合依然与克制的形式语言一脉相承，黑色、灰色与耀眼的白色形成鲜明对比。舞台的设置兼顾另一个较小的大厅，以便根据使用需求随时增加内部空间的容量。这种大厅“背对背”的空间安排，为一座建筑容纳多个大厅的设计要求提供了有力支撑。

伴随着会议和贸易博览会对展览空间需求的不断增加，2010 年，在比勒费尔德展演厅的旁边加建了由冯 · 格康和沃尔夫冈 · 豪克斯（Wolfgang Haux）共同设计的 90 米长的无柱展览大厅——木构建筑，其入口的玻璃立面和拱形造型都令人联想到 gmp 设计的莱比锡会展中心，只是规模更小一些。

比勒费尔德展演厅源于简洁的几何形体

特拉维河（Trave）上的“汽船”：吕贝克音乐会议中心

在城市语境中建造，对建筑师来说永远是一项特殊的挑战。在城市背景下，所谓“在绿草地上建造”（Bauen auf die grüne Wiese）[1] 的自由（常常只是假设的自由）也不免要受到周边环境现有条件的制约。如果不希望新建筑与周围环境格格不入，那么在设计时就必须考虑到尺度、材料选择和空间关系。建筑师对周边已有的格局缺乏足够的研究和关注是导致当代建筑时常在公共认知中失去信誉的原因之一。某一时期的历史建造越是自成一体，其城市建筑的意义就越重大，在其中建造任何新建筑物时，就越有必要根据现有格局来仔细审视和度量，这对于 1134 年建城的汉萨同盟城市吕贝克而言尤其如此。

作为波罗的海地区众多贸易城市的代表，1987 年，特拉维河畔的这座城市被联合国教科文组织评定为世界遗产。如诗如画的街道两侧是典型的山墙高立的砖砌商铺，从远处也能一眼望见高耸的教堂塔楼的剪影，这是一个作为整体艺术品（Gesamtkunstwerk）的城市。要在此地安插一座音乐厅而又不破坏当地微妙的平衡，无疑是一项非常困难的工作。毕竟，这一类的活动大厅必须要达到某一个特定尺寸才能满足其功能和经济需求。除此之外，合适的地点也是一个原则性的问题。

经过深入研究，吕贝克（Lübeck）市决定把新的音乐会议中心 (Musik- und Kongresshalle，后文简称：MuK) 建在老城区外的特拉维河对岸。尽管在空间上与老城拉开了距离，但其周边的环境仍然极为特殊：著名的霍尔斯滕门（Holstentor）距此只有几分钟的步行路程，而被 1836 年的一篇游记描绘为“凿石刻出的一段世界史”的老城区，将通过一座人行天桥直接与大厅相连。

冯 · 格康在比勒费尔德确定的主题是，为各种类型的活动提供一个具有庆典氛围而在结构上又极尽简洁的大厅，而在 MuK 项目上，他进一步拓展了该主题。除了众多的音乐会和会议活动外，MuK 还是每年夏天举办石勒苏益格 -

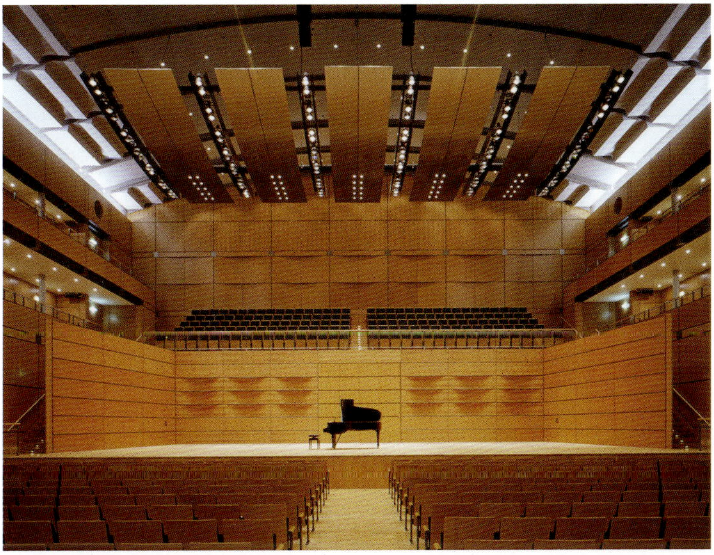

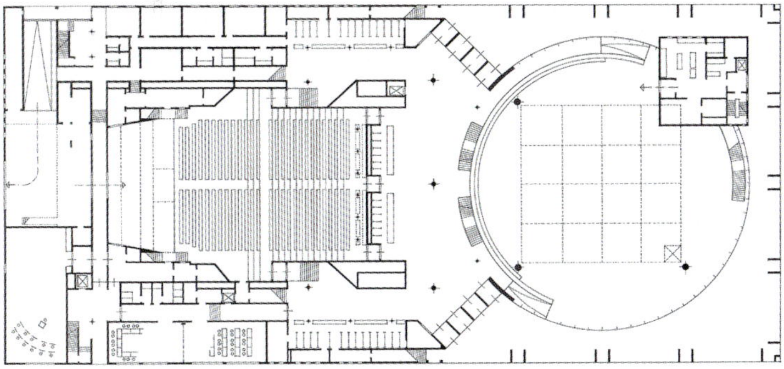

建筑结构简洁的吕贝克音乐会议中心（上）及其平面图（下）

荷尔斯泰因音乐节（Schleswig-Holstein Musik Festival）的中心场所。该建筑设计遵循冯 · 格康所说的“对称性和轴向性的适度法则”。他决定不以老城区的砖石建筑作为参照，因为在如此大的体量上，小体量的砖块很容易导致建筑整体的比例失衡，而最重要的是，冯 · 格康希望避免与现有的历史建筑产生任何形式的交集，用以强调新旧之间的对话。他决定用白色钢板 (Kantblech) 来建造 MuK 的立面。高大的双柱通过拱形结构进行水平连接，在大厅前方一字排开，为恢宏的建筑体块带来节奏感的同时，这些柱子也使建筑具有了些微纪念性—— 一种轻盈的紧张感。这使得 120 米长、55 米宽、19 米高的建筑体量不会显得过于庞大，巧妙地平衡了大与小之间的尺度关系。

“一个简洁明了的案例。没有矫揉造作的怀古，没有用砖石来谄媚，没有粉饰，没有模仿，就是一个属于今日的房子——不，不是冷冰冰的，而是带着激动人心的张力。”——曼弗雷德 · 扎克在开幕纪念册中对该建筑的评价。在这个项目中，冯 · 格康仍然坚持着他的几何学设计原则：宽阔的玻璃门厅所形成的通透圆柱体，与拥有弧形拱顶的封闭立方体音乐厅相结合，组成了 MuK。如曼弗雷德 · 扎克所言，门厅是一个“不受风雨影响的城市长廊——公共空间，了不起的想法”。德国北部的气候并不总是阳光灿烂，任何一个想在恶劣天气中找到容身之所的人都会欣赏这样的庇护空间。比勒费尔德的圆形门厅是一个封闭的、单层的功能性空间，而在吕贝克，冯 · 格康赋予了门厅独立的地位。一个新的空间由此诞生，它与环绕周身的圆环形天窗以及屋顶金字塔的正方形天窗共同组成了“第五立面”——这是一个重要的决定，当从吕贝克教堂的老塔楼看向 MuK 时，其意义凸显。此外，这也意味着对已有事物的尊重。圆形门厅的尺度使得它不仅可以作为音乐厅的前厅，也可以作为小型室内音乐会、阅读会或庆典的独立场所。大厅前面有两部相对的楼梯，通往各楼层以及环绕圆厅的长廊。楼梯成为两个空间之间的一个额外的“纽带”。

MuK 的核心是大型音乐厅，同样以比勒费尔德展演厅为蓝本；但是，由于使用瑞士梨木的墙饰面，MuK 呈现出一种截然不同的空间效果——尤为温暖、惬意的舒适氛围，与墙面的立方体分割结构形成对照。冯 · 格康认为，MuK 较比勒费尔德城市展演厅是一个更加成熟的作品：“如果让我今天再面对这个任务，我更倾向选择两层立面的 MuK。比勒费尔德的‘船头’应该更加一体化，

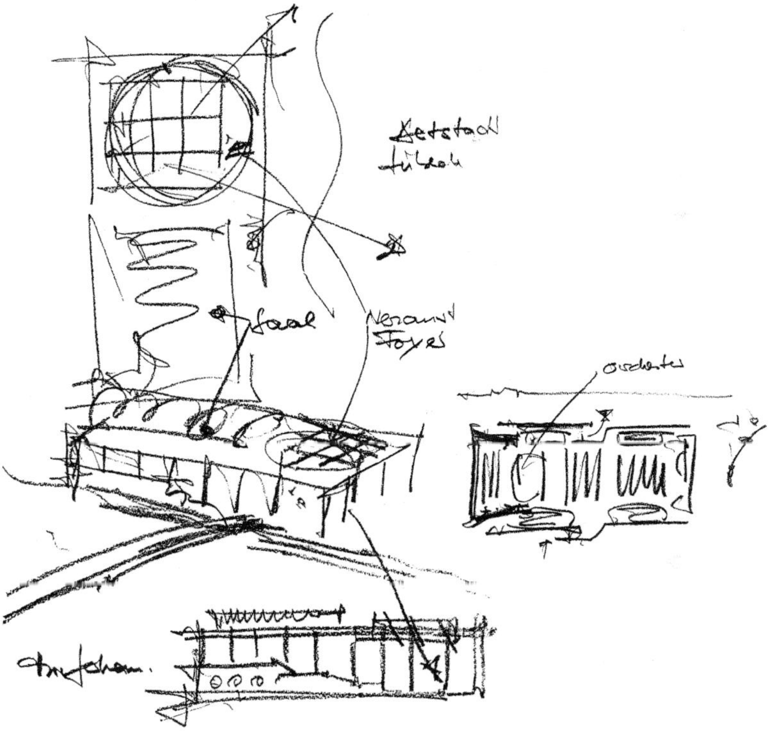

冯·格康手绘的吕贝克音乐会议中心草图

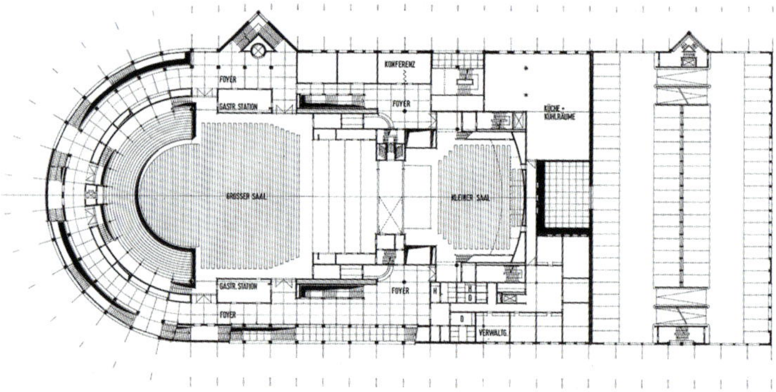

建筑结构简洁的比勒费尔德展演厅（上）及其平面图（下）

就像 MuK 一样。吕贝克的尺度更具有差异性。这座房子非常大，但由于金属板凸起的边缘消解了立面，所以看起来并没有那种庞然大物的压抑感。”

从吕贝克老城出发，沿着贝克格鲁博路（Beckergrube）向西走，一眼就能看到坐落于特拉维河对岸的 MuK——它的位置绝佳，极为醒目。与它永久相伴的还有托马斯·许特（Thomas Schütte）的《陌生人》（Die Fremden）——首次亮相于 1992 年的“第九届卡塞尔文献展”（9. Documenta in Kassel），曾经站在市中心红宫（Roten Palais）檐口上。“陌生人”的其中几个后来来到吕贝克——被对吕贝克贡献卓著的波塞尔基金会（Possehl-Stiftung）购买，在 MuK 的柱顶过梁上，这些五彩缤纷的瓷像有了新的安身之所。瓷像的形象由几何立体演变而来，仿佛是奥斯卡·施莱默（Oskar Schlemmer）的实验性作品《三元芭蕾》（Triadisches Ballett）中的人物。他们的色彩如此清新、鲜艳，但在其所站立的位置却显得那么疏离和陌生——那是任何其他人都禁止站立的地方。他们的目光低垂，行囊放在一旁，居高临下地等待着那个疑问：“他们到底是谁？”他们是难民，还是无家可归的人？在吕贝克，这个疑问似乎已经有了答案，因为“陌生人”早已抵达那里。新的已然变得如故，陌生的已然变得熟悉，这是长久以来就密不可分的，而艺术与建筑间的对话只是其明证之一。

1. 指在一块此前完全未被开发过的闲置空地上进行建造。——译者注

为文化之都而建：新魏玛会议中心（Neue Weimarhalle）

在欧盟为2009年以来的欧元危机而进行的斗争中，面对经济紧缩令和如山的债务，各类文化项目的处境岌岌可危。1985年，希腊女演员、当时的文化部长梅丽娜·梅库里（Melina Mercouri）提出“欧洲文化城市”的想法，为媒体更有效地宣传欧洲的区域多样性提供了可能。随着欧盟的扩展，自2009年以来，每年都有两座城市被授予“文化城市”的称号。1988年，早在两德统一之前，西柏林就被选为德国第一个“文化城市”；1999年，图林根州（Thüringen）的魏玛获评此项殊荣。德国和欧洲的历史在魏玛汇聚成一个复杂的万花筒——魏玛的历史既带着曾长居弗劳恩普兰（Frauenplan）的诗圣约翰·沃尔夫冈·冯·歌德留下的深刻烙印，也是瓦尔特·格罗皮乌斯领导的包豪斯之滥觞，而唯一建成的国家社会主义大区论坛（Gauforum）[1]以及布痕瓦尔德集中营也在此处。

在为魏玛“文化城市年”（即1999年）献礼的活动筹备过程中，年久失修的魏玛厅（Weimarhalle）的翻新和改建被提上了议事日程。20世纪20年代，这里曾经举办魏玛厅的设计竞赛——当年，那是一个特殊的但绝算不上不同寻常的建筑项目；但是，直到1932年——歌德逝世100周年纪念活动在即（尽管1929/1930年大萧条的影响仍在继续），才为实现该项目提供了最终的动力。1930年9月，建造魏玛厅的决议通过，按照金特·沃格勒（Günther Vogler）和他的父亲——魏玛资深建筑师马克斯·沃格勒（Max Vogler）的方案建造，于1932年落成，是德国一系列高质量市政建筑之一。自20世纪20年代中期以来，正是如此的建筑勾画出新的城市形象，而这种功能性和表现力齐头并进的趋势也反映在当代形式语言的承续上，例如那两座与毗邻公园相接的、曲线柔美的附属楼。

1996年，举办了以修复和现代化更新魏玛厅为目的的建筑设计竞赛。竞赛评选、颁发了三个一等奖，冯·格康的设计就是其中之一。最初拿到这个整建项目委托的是贝娅特丽克丝·武特克（Beatrix Wuttke）和托马斯·林霍夫（Thomas Ringhof）。他们采取了十分谨慎的做法：严格维持大厅的原始状况，在保护历史遗迹的前提下加以补充。

然而，1997 年，工程建造伊始，便出现了一个转折——事实证明，魏玛厅的支撑结构已经“无法证明其可靠性”了，换句话说，它的状况非常糟糕。原因可能是当年的建设时间太短（只用了 15 个月），再加上建筑材料的质量一般；另外，建筑所在的地块基础条件也不好。施工被迫停止。在所有相关人员间的一番争论后，决定由 gmp 拆除旧楼，用新楼取而代之。这个决定掀起了轩然大波，尤其是在魏玛的老居民当中，激烈的公众抗议爆发了。然而，“文化城市年”在即，已经不可能重新举办一次设计竞赛了。于是，冯·格康、胥茨和多丽丝·舍夫勒合作完成了一个新设计。胥茨说：“我们的新建筑仅用了短短 16 个月的施工期，它吸纳了老魏玛厅的方正形体，但赋予其独立的全新形式语言。”考虑到魏玛厅的历史教训，为了保证结构的安全稳妥，他们打下了一块 1.5 米厚的基础底板。“你在上面建一座高层都没问题了。”胥茨说。

为了在紧迫的时间内完成该项目，设计和施工同时进行，图林根经济部也紧接着举行了一系列的“睡衣会议”——会议通常在晚上 10 点以后，所有与会者都完成了其他日常事务之后举行。一个关键问题就是，要遵守严格的费用预算和时间框架。魏玛厅现在的名字是“新魏玛会议中心”，于“文化城市年”落成。1999 年 6 月 26 日举办了盛大的开幕庆典，魏玛德意志国家剧院管弦乐团在庆典中演奏，图林根州州长伯恩哈德·福格尔（Bernhard Vogel）发表了讲话。最后，由 gmp 组办的烟花表演为庆祝活动画上了句号。

受到业已拆除的老建筑所限，冯·格康在重新设计新魏玛厅的基础结构时发现，可供其发挥的空间相当狭窄。建筑的位置和体块都是固定的，较窄的两面用于交通，宽阔的一面朝向魏玛厅公园。项目的挑战性在于，要在如此苛刻的框架条件下设计出一个功能完善、每一个设计细节都尽善尽美的大厅。完成后的建筑，天然石材立面的疏阔网格框住了带有木质百叶的大面积玻璃窗——从内部看，这座建筑如同一只容纳音乐会和会议活动的木质珠宝匣。大厅温暖的木板饰面可根据活动种类及其要求呈现两种模式，再次强调出这栋建筑兼具开放和封闭的双重性：内部的侧墙可以滑动，既可以完全关闭，将大厅变成“黑盒子”—— 一个孑然独立的活动空间，也可以打开，让人在室内一览四周魏玛厅公园绿树成荫的迷人风景。两座门楼内还设置了较小的活动室。公园里坐落着一个立方亭，地上与地下部分相连，从而提供了更多的活动空间。

1999 建成的新魏玛会议中心呈现出古典的沉静

1. 纳粹德国计划在一系列重要城市兴建的作为大型政治活动中心的建筑群。——译者注

石帐篷：柏林新滕普杜娱乐中心（Tempodrom）

几乎在设计和建造新魏玛会议中心的同时，冯·格康再次与胥茨、多丽丝·舍夫勒合作，在柏林建造了新滕普杜娱乐中心。虽然这两个项目都是厅堂建筑，但几无相似之处：新魏玛会议中心呈现出的是一种古典的沉静，而于2001 年开放的新滕普杜娱乐中心则是一个张力十足的混凝土帐篷式建筑。它的设计既呼应了奥斯卡·尼迈耶（Oscar Niemeyer）设计的于 1970 年启用的巴西利亚大教堂，也让人联想到马戏团帐篷的典型结构，而新滕普杜娱乐中心设计正出自马戏团帐篷。

在东、西两德统一前的几年里，柏林已经形成一个非常特殊的政治 - 文化生物圈，它介于新浪潮（New Wave）和德国新浪潮（Neue Deutsche Welle）之间，介于另类文化、独立党派和暴力泛滥的占屋运动团体（Hausbesetzerszene）之间。作为西柏林的门面，特别是在柏林电影节期间，选帝侯大道散发出的零星魅力极具欺骗性。第二次世界大战后的阴影在 1980 年还远未消散，盘桓不去的往昔不仅表现在老建筑外墙的弹孔上，也表现在建筑物和城市荒地之间的空隙上，而由此产生的闲置空间成为文化和知识的“自由空间”。在联邦德国（即西德）的巨额补贴下，这座城市形成了一种可怕的依赖心态，而众多的建筑丑闻只是其表现形式之一。即使在东、西柏林统一后，柏林也花了好几年的时间才得以从这种长期以来依靠外来供养的模式中解脱出来。这一点很好理解，毕竟与德国其他主要城市，如慕尼黑、汉堡或法兰克福相比，柏林缺乏应有的经济实力。在柏林的政客中，出现一种怪异的消费心态，用 1929 年柏林传奇的花花公子兼作家弗朗茨·赫塞尔（Franz Hessel）的座右铭来形容再贴切不过了——“尽情享受那些你没有的东西。”

正是在这种社会环境下，“滕普杜”（Tempodrom）作为当时一个另类文化场所出现在柏林的版图上——艾琳·莫辛格（Irene Moessinger）用继承的一

2001 年开放的新滕普杜娱乐中心则是一个张力十足的混凝土帐篷式建筑

笔遗产，于 1980 年在当时尚未开发的波茨坦广场（Potsdamer Platz）荒地上搭建马戏团帐篷，实现了自己一生的梦想。在柏林参议院的支持下，该项目得以继续进行，后来出于噪声防护的考虑，马戏团帐篷被搬到了蒂尔加滕国会大厅（Kongresshalle im Tiergarten）的旁边。然而不久，因为帐篷挡住了联邦总理府新楼的去路，经过一系列围绕议会和迁都柏林的安全考量后，滕普杜不得不又从那里“消失”。经过冗长的利弊分析，政府决定将临时帐篷改为永久性建筑，新的建设地点选在安哈尔特火车站（Anhalter Bahnhof）的所在地。该火车站于 1952 年被关闭，1959 年遭到轰炸的由弗朗茨 · 海因里希 · 施韦希特（Franz Heinrich Schwechtens）设计的宏伟火车站大厅，只剩下一个大门的残骸，孤零零地站立在空旷的城市荒地边缘——柏林专栏作家海因茨 · 克诺布劳赫（Heinz Knobloch）戏称它为“安哈尔特‘停止’站”（Angehaltener Bahnhof）。

此时，自波茨坦广场的滕普杜开业以来已经过去了 17 年，柏林重新统一了，并在寻找作为一个整体的新身份，而滕普杜成为新首都好大喜功之风的典型案例。在 2006 年 2 月柏林市议会调查委员会关于滕普杜事件的最终报告中，追溯了新滕普杜娱乐中心的设计和建设过程，可谓引人入胜。冯 · 格康在建造这座大厅期间所遭遇的一系列典型的“柏林状况”，在这些文件中有详细记录。看看勃兰登堡机场的情况，再回头看这份报告，它令人震惊地显示出柏林在公共建设项目上根本没有从以往的教训中吸取任何经验。更令人痛惜的是，其中浪费的纳税人的钱已不能用百万计，而是用数十亿计。建造滕普杜过程中的成本增长，看起来不过是冯 · 格康十年之后建造首都机场遭遇的小小前奏，除了问题的规模量级之外，一切都毫无改变。

2005 年 1 月 21 日，冯 · 格康在调查委员会上总结道：“几乎所有公共建筑项目的规则都是这样的，报出的成本预算都是不实际的。原因在于，为了在政治上能够推进一个公共项目，其预算通常必须处于一个较低的范围内，这也是建筑项目在随后的建造过程中实际成本增加的真实原因。通常来说，这只是因为政治目标与现实不符。”另外，同一调查委员会还发现：“早在新建筑的设计阶段，整个过程就已经混乱到了极点。”不仅如此，“莫辛格夫人梦想拥有一座‘真正的’（即永久而非临时的）、可以容纳 3000 余名观众的建筑，因此在规模和陈设上，必定与以前的帐篷有明显差异。莫辛格女士和她的支持者们没有意识到，或者并不在意的一个事实是，一座新的永久性建筑意味着必须放弃旧帐篷的珍贵之处——对于许多柏林人来说，在帐篷里曾经举办的那些活动所带来的狂热氛围、情绪和生活体验。他们建议尽量让一切都维持原设想。为了至少让一部分滕普杜的常客对新建筑产生兴趣，作为对旧马戏团帐篷的纪念，新建筑要做好绿化，以生态的方式建造，其外壳要让人联想到帐篷。”调查委员会得出最终结论：“在一个由狂妄激情和经营者不断增加或扩展的要求所组成的罕见的混合体中……预先设定的成本框架被不断突破……建筑所提供的新可能性几乎让他们‘迷醉’，对其设想的任何批评意见都会被莫辛格女士的基金会董事会、支持者圈子和政治扶持所扼杀。”

就像许多其他项目一样，冯·格康与滕普杜的第一次接触也是在俯瞰易北河的gmp事务所圆厅内发生的。“这将是一个类似竞技场的大型活动空间。之后，我想出了一个主意，让这个建筑物延续帐篷的特征。此外，她还希望有一系列较小的房间，可以出租给各种活动组织者和酒店，她还打算建一个水剧场——当时我没明白她是什么意思。”冯·格康回想与艾琳·莫辛格的第一次接触时说。

那时，该项目已经经过了一段很长的磨合期。最初由柏林建筑师尤塔·卡莱普基(Jutta Kalepky)负责建筑设计，弗赖·奥托则提出了一组帐篷的结构设想。自从1972年慕尼黑奥林匹克体育场设计以来，弗赖·奥托一直是世界知名的轻质支撑结构设计师，他与金特·贝尼施一起完成了该体育场的设计；但是，他的这个柏林项目没有取得任何进展，特别是屋顶结构设计受到了很大争议。

1999年5月，冯·格康提出了他的初步设计方案。正如胥茨后来向调查委员会解释的那样，项目的资金问题并不在建筑师们当时的议程上，恰恰相反——尽管从外界的眼光来看似乎很荒谬——在他们看来，预先设定成本计算、提交成本预估是毫无意义的。“这背后的理念自然也能在其他的项目中得以确证。人们通常认为，建筑师应该把自己对建筑的设想用白纸黑字呈现出来，再一并附上恰好能实现这一设想所需的成本费用。正因如此，在某些项目上——并非所有项目——成本控制是被剥离开来的，即对我们的规划和纸面上的愿景、想法作出的客观考量，因为人们担心建筑师到时候会说：‘我非要把这个建筑（比方说滕普杜）造出来不可！’这就是为什么我在计算成本时，必须要让客户也能接受的原因。背后的潜规则就是如此，而且客户也心知肚明，尽管——正如我刚刚所说——我们当时报出的方案不仅包括设计和规划，同时也包括计算出的相应成本。”冯·格康解释说。新滕普杜的建造成本不断上升，从计划的4360万马克增加到6220万马克，而2001年12月成立的新滕普杜基金会也颇为短命，2004年便申请破产。这场金融和政治灾难促使一个调查委员会成立，并最终导致当时负责建设事务的社会民主党参议员彼得·施特里德（Peter Strieder）引咎辞职。

然而，有谁还记得圣诞节时，隆卡利马戏团在新滕普杜的大帐篷下那场令观众陶醉的演出吗？唯一留下来的是冯·格康的建筑——他与sbp施莱希工程设计咨询有限公司（sbp Schlaich Bergermann Partner）合作，为柏林献上了一个由混凝土制成的帐篷。他最初设想的是一个轻型帐篷建筑，如果可能的话，可以使用纺织品包层，而现在为了隔音，建筑顶部是一个大约37米高的混凝土帐篷顶。地面主入口的侧面有两部宽大的楼梯，通向一座高耸的露台，可以俯瞰整片区域，并在结构上将建筑整合在一起——这是冯·格康作品中一个典型的设计主题。内部，新滕普杜娱乐中心的特点是刻意减少混凝土直接暴露，地面采用胶泥沥青。这是一个功能组织良好的厅堂建筑，一排排座位环绕而列，总计3800座，另有一个400座的小厅和一个地下水剧场。与桑拿和蒸汽浴功能相匹配的是青灰色的天然石材和红雪松，一派时尚的氛围，而在水剧场中心带有圆形天窗的盐水池则似乎洋溢着神圣的气息。

新滕普杜娱乐中心不仅是柏林一处重要的新场馆，也是冯·格康设计的一系列厅堂建筑链条上的一个重要环节。就在该项目开展的同时，他正在为中国客户做南宁国际会展中心（Internationales Messe- und Kongresszentrum Nanning）的设计。在这两个项目中，冯·格康都采用了“帐篷”主题，并且两个项目最终都建成了。如今，新滕普杜娱乐中心的“孪生姐妹”矗立在地球另一端的南宁，在那里，冯·格康实现了以纺织品薄膜作表面的帐篷顶结构。

新滕普杜娱乐中心与冯·格康之后在中国设计的一系列建筑关系密切，也为他在德国设计的一系列活动场馆——这些建筑中的每一座，都是在由城市定义的语境之下诞生的——画上了圆满的句号。在使用功能上，这些建筑之间的差别是循序渐进的，尽管彼此有着不少互相关联的元素，但从中能看到冯·格康的形式语言和建筑手法的发展，从最早期的施托曼大厅到比勒费尔德展演厅的首个方案，直至MuK。凭借有着鲜明符号意义的建筑语言，滕普杜娱乐中心开辟了一个全新的领域：空间组织的功能性仍然具有决定性地位，但除此之外还融入了冯·格康后期在中国的作品中所特有的象征性。因此，这栋建筑是一个关键的环节，如果没有它，重庆大剧院（Chongqing Grand Theater，2005—2009）和上海东方体育中心（Shanghai Oriental Sports Center，2009—2011）的设计将是不可想象的。从这个意义上讲，新滕普杜娱乐中心对冯·格康接下来的工作产生了举足轻重的影响。

为上帝，也为世间

基督教馆：从汉诺威到沃尔肯罗达（Volkenroda）的朝圣之旅

东德与西德的统一开辟了建筑实践的新阶段，德国进入建筑的活跃期。1989 年后，德国东部很快涌现出各种各样的项目。1990 年，冯·格康在德累斯顿举办的工作坊对此进行了探讨，随后在德累斯顿和开姆尼茨（Chemnitz）完成了一系列项目。开姆尼茨工业大学的礼堂就是冯·格康设计的，他还在魏玛设计了一些项目，在柏林也多有建树——两德统一后，联邦德国的建筑议题在那里变得愈发密集。20 世纪 90 年代，gmp 从事务所本身到业务都有了飞跃性的发展，20 世纪末，随着分别拿下在越南和中国的首个项目，进一步推动了 gmp 步入国际化的进程。从此，这家位于汉堡的建筑师事务所在日益全球化的建筑领域中巩固了其作为德国最重要的参与者的地位。

在 1999 年赢得北京德国大使馆学校的竞赛后，冯·格康开始大力参与中国的商业项目，这对他来说是一种全新的体验；与此同时，他仍继续密切投入德国国内的建设任务中。虽然他在这个时期与德国铁路公司的合作多半都是大型项目，但也时常出现小项目，其中不乏一些迷人的建筑珍品。

1999/2000 年在克劳斯塔尔 - 采勒费尔德建造的矿山档案馆就是其中之一。在这个与约阿希姆·蔡斯共同设计的建筑中，冯·格康对材料及其使用采用了在之前作品中并不常见的设计手法。该档案馆 4 米宽，19 米高，其立面以落叶松木和铅皮的组合为特色，与哈尔茨山矿区的自然景观相呼应。

与新柏林中央火车站等大型项目相比，2000 年汉诺威世界博览会基督教馆的设计是一项相对较小的任务。这是冯·格康与约阿希姆·蔡斯的又一次密切合作。

冯·格康坦承，他一直很希望能建造一座教堂，“正是因为这项建筑任务看起来如此过时，因此必须要对其重新定义，而且，它受到的约束条件与其他大多数建筑相比有着根本的不同。”

虽然冯·格康小的时候曾经获准在杜肖恩（Düshorn）的教堂敲响周日钟声，而他的养父在那里作为新教牧师布道，但他本人从未与教会有任何关联。他期盼通过完成这项特殊的建筑任务而成为德国教堂建设的一分子。

1945年后，德国建造了许多新的教堂，涌现出许多杰出的教堂建造者，包括声名如雷贯耳的鲁道夫·施瓦茨、埃米尔·斯特凡（Emil Steffann）、奥托·巴特宁（Otto Bartning）以及多米尼克斯·伯姆（Dominikus Böhm）——他富有表现力的设计仍然影响着他的儿子及其追随者戈特弗里德·伯姆（Gottfried Böhm）。从20世纪20年代开始，他们的教堂设计既反映了神学，也反映了建筑问题。

20世纪60年代末，由于牧养方向，特别是新教教会的牧养方向，发生了深刻的变化，与主日崇拜相比，对儿童、老人，以及相关教育工作的社会承诺越来越成为当务之急，因此教堂中需要的不是有固定座位、朝向讲台和祭坛的圣礼空间，而是要成为有更高灵活性的社区中心。礼拜者人数的减少以及随后几年里教堂的大量关闭为20世纪德国宗教建筑的鼎盛时期画上了句号。自此，建造新教堂的机会少之又少，而改建甚至拆除教堂的情况却越来越多。

鉴于以上情况，20世纪90年代想要造一座教堂有多么困难，冯·格康在他的第二故乡海利根哈芬可谓深有体会：项目中的老教堂已经非常破旧，需要在公墓里建造一个新的渔民小教堂。他从一个倒置船体的概念出发，延伸出了一个木构建筑方案——“船肋构成了结构上的承重肋，外壳由木质包覆，形成一个翻转的船体，龙骨朝上作为中庭”。透过透明的祭坛墙，可以看到波罗的海和费马恩岛（Fehmarn）的美丽景色。然而，这个项目只停留在设计方案上。

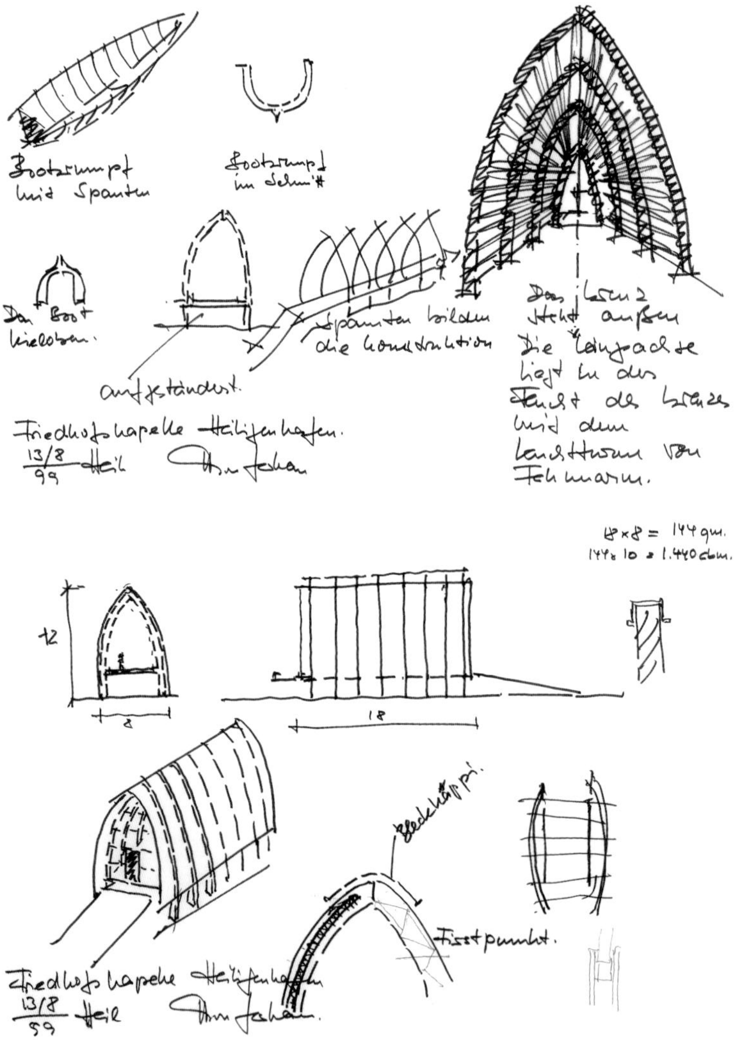

从船到教堂。海利根哈芬小教堂让人联想到龙骨朝上的船，但这个设计并未被实现

名利场

与海利根哈芬的项目相比，汉诺威世界博览会基督教馆总算是“善终”，这是冯·格康的第一座教堂，也是他的整个创作生涯中的关键作品之一。

自 1851 年的伦敦首秀，世界博览会掀起了无数热潮，收获大量公众关注的同时，也成为新产品的绝佳广告平台——从水泥船（1855 年）、电话（1876 年）到冰箱（1878 年）和自动邮票印花机（1909 年）。在这些工业时代的国际展览之后，建筑地标被一次又一次创造出来，建筑师和工程师用它们来测试新的材料和形式：第一个是 1851 年约瑟夫·帕克斯顿（Joseph Paxton）在伦敦建造的著名的水晶宫；随后在 1889 年，古斯塔夫·埃菲尔（Gustave Eiffel）在巴黎建造了埃菲尔铁塔；11 年后，巴黎又建造了大皇宫和小皇宫。这种发展势头在 20 世纪仍在继续：1929 年，路德维希·密斯·凡德罗在巴塞罗那建造了具有开创性的德国馆；1958 年，布鲁塞尔诞生了引人注目的原子球塔；1967 年，美国的梦想家理查德·巴克明斯特·富勒（Richard Buckminster Fuller）在蒙特利尔建造了玻璃穹顶的生态球。

德国的新教和天主教教会希望从 2000 年世界博览会中能够获得自己的一席之地。在“人·自然·科技——展示一个新世界”的主题号召下，世界博览会将迎来世界各地的几百万参观者。因此，这两个基督教教派决定在罗马教廷的展馆之外，在一个基督教联合展馆中展示自己。据当时汉诺威地区教会的福音路德教会主教霍斯特·赫斯勒（Horst Hirschler，后文简称：赫斯勒主教）回忆说，大家曾提出无数个想法，又都一一被打消，其中着重讨论的方案是一个属于一切宗教的教堂，或是一个不同教派可以相聚一堂的场所。然而，在众多提案中，没有一个是真正有说服力的，更谈不上有机会去实现。

1995 年圣灵降临节，赫斯勒主教与图林根州沃尔肯罗达的耶稣兄弟会进行了会谈。汉诺威附近洛库姆（Loccum）的前下萨克森西多会修道院

（Zisterzienserkloster）中的新教学院与耶稣兄弟会有着特殊的关系，其前身是1131 年建立并在 1150 年祝圣的沃尔肯罗达西多会修道院，1163 年建立洛库姆修道院作为其分支修道院。在两德统一的推动下，博爱济世的耶稣兄弟会为沃尔肯罗达这个偏远的地方注入了新的活力。

在这种情况下，赫斯勒主教有了一个绝妙的想法：对于偏远的沃尔肯罗达来说，要找到赞助商来修缮那里的破旧建筑是非常困难的；但在世界博览会的背景下，这也许将成为可能。基督教馆的概念由此产生。它将是一座带有回廊的教堂，以钢和玻璃为架构，展览结束后可以将其拆分，在沃尔肯罗达重新组装起来。几乎没有什么比世界博览会的喧嚣与沃尔肯罗达来自遥远的宁静更强烈的反差了，而可搬迁的展馆则是可持续建筑的一个典范，这在世纪之交的建筑期刊和德国世界博览会的宣传册当中掀起了不小的热潮。除了项目的独特性之外，还有种种因素，最终让这座基督教馆成为一个了不起的成功案例。

1997 年，冯·格康在这个只邀请了五名参赛者的小型竞赛中脱颖而出。赫斯勒主教回忆说："这是一个巧妙而简单的设计，立即说服了我们。"彼得·库尔卡（Peter Kulka）也受到了邀请，他是德累斯顿人，在科隆工作。这名教堂建筑师汉斯·席林（Hans Schilling）的前同事对宗教建筑主题非常熟悉，他曾设计过梅舍德（Meschede）的"静默之屋"（Haus der Stille）——一个纯混凝土结构的小教堂。

冯·格康关于基督教馆的想法确实很吸引人。赫斯勒主教认为，这似乎是"一个相当疯狂的主意"；但是，他毫不迟疑，态度非常坚定："世界博览会的主题'人·自然·科技'需要宗教才能成立。"

在后统一时代和即将到来的千禧年的欢欣鼓舞之下，这次世界博览会吸引了 1800 万参观者，就像既往一样，它不仅是国际广告和表演秀，也如冯·格康所言，是一个"名利场"。国际性的展会与沉思、安宁是格格不入的。尽管如此，参与世界博览会的声音必须是响亮的，只有这样，才能在国际竞争的大合唱当中表达出个体的声音。然而，在数字时代，这样的大型活动有多大的当代意义，还有待商榷。

基督教馆设计的核心是关于其概念和在展览场地上的位置问题。对于教会方面而言，他们必须拿定主意，即教会是否愿意与其他参展者的"噪声"并置，或者干脆更进一步，他们应该试着把其他"噪声"淹没吗？还是说，应该为世

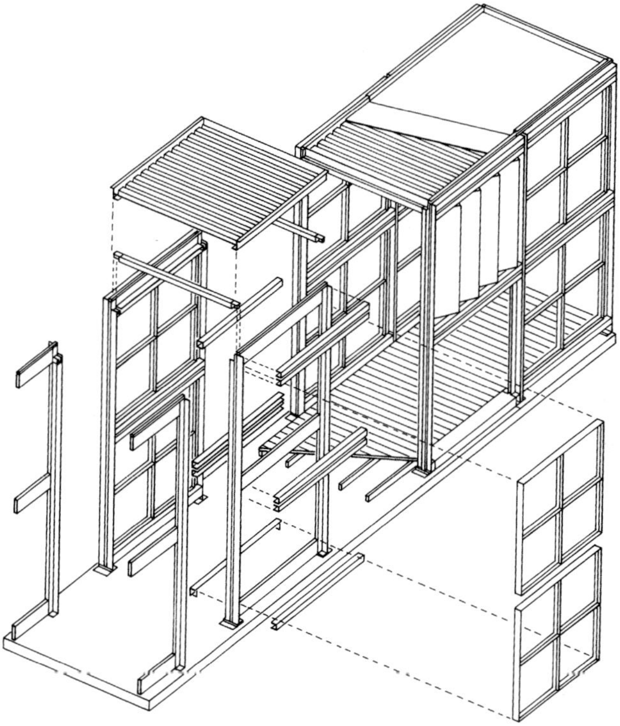

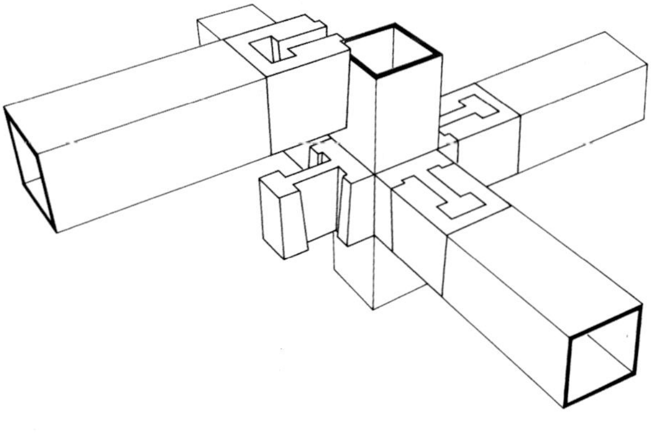

基督教馆的结构原则——十字形支撑及回廊

界博览会的参观者提供一个退避和沉思的地方？这里该是一个“中立”的展馆，还是可以变身为一个联合教会？

gmp 当时的项目经理约恩·奥特曼（Jörn Ortmann）回忆说：“在世界博览会召开之前，我们考察了许多场地，并根据各自的布局反复调整我们的设计。”最后，幸运之神降临了——原计划在中央世博广场建立海洋生物中心的投资者退出了。在世界博览会总代表比尔吉特·布雷厄尔（Birgit Breuel）的促成下，赫斯勒主教争取到了这块出乎意料的土地。“教堂是属于村庄的”，赫斯勒主教认为，基督教馆将位于市场广场中央，而这个广场也是根据 gmp 的城市规划设计的。有了这样的中心位置，该馆自然会吸引游客的注意——游客将面对一个独特的教堂空间，而这个空间全然是世界博览会主题的物化。

游客既对基督教馆的宗教内容感兴趣，也对建筑本身感兴趣，而在其周边的其他国家展馆也有一些亮点。例如彼得·卒姆托（Peter Zumthor）设计的瑞士馆由多层木梁组成，散发出新鲜木材才有的美妙气息，深受游客喜爱；由托马斯·赫尔佐格（Thomas Herzog）设计的世界博览会屋顶同样是木结构，同样得到了游客的积极回应。相反，由 MVRDV 建筑事务所设计的荷兰馆引起了很大的争议，它的混凝土结构让人联想到一个装满各色物品的货架仓库；东道主德国的展馆紧挨着基督教馆，长期占据着负面新闻的头条。早在活动的筹备阶段，该馆就曾引发公众不满，因为虽然来自慕尼黑的年轻建筑师弗洛里安·纳格勒（Florian Nagler）在两次竞赛中都获得了成功，最终建成的却不是他的获胜方案，而是企业家兼建筑师约瑟夫·翁德（Josef Wund）的设计，冯·格康称之为“建筑灾难”。从 1929 年巴塞罗那的密斯·凡德罗到 1958 年布鲁塞尔的塞普·鲁夫与埃贡·艾尔曼，再到 1967 年蒙特利尔的弗赖·奥托，德国馆在世界博览会上的优秀创新之作显然已经在汉诺威烟消云散。

冯·格康主张在世博广场的环境中“反对浮躁”，希望树立一个建筑榜样；但是，实现这个主张的道路何其坎坷。该展馆的设计概念在教会代表中引起了激烈的争论，冯·格康还记得当时漫长的讨论：“教会的想法偏向一个‘现代’的多媒体展示。然而，两个教派对其内容没有真正达成一致。”冯·格康的想法是把这个展馆设计成一个教堂，把人放在中心位置；但首先要做的就是说服他的两个客户，即新教的赫斯勒主教和天主教希尔德斯海姆（Hildesheim）教区的约瑟夫·霍梅耶（Josef Homeyer）主教。

在冯·格康的坚持下，两名主教与他会谈，以梳理各项事宜。“我们随后进行了多层次的、非常委婉的对话。”他回忆道。会谈在赫斯勒主教位于汉诺威马施湖（Maschsee）附近的私人公寓里进行。冯·格康带来了在汉堡制作的展馆模型，这是来自多个不同领域研究的综合成果，在各项研究的帮助下，gmp 的建筑师们进一步拟定了教堂的形式和空间结构。这个模型不仅说服了两名主教，而且工业界的赞助商代表也对这座钢铁和玻璃结构的建筑兴趣十足。

冯·格康和赫斯勒主教之间迅速形成了相互尊重、密切合作的关系。在二人的一次晚间会晤中，诞生了将一个标志性的玻璃十字架放在基督教馆一侧的想法，以之取代经典教堂中的钟楼。后来，这个极简的、独一无二的玻璃十字架并没有和展馆一起运往沃尔肯罗达，而是在世界博览会结束后被搬到了汉诺威的穆伦堡联合教会中心（Kirchenzentrum Mühlenberg）。左右逢源的赫斯勒主教找到普罗伊萨格公司（Preussag AG）来赞助这笔额外的近 100 万马克的建造费用。

约恩·奥特曼回顾这一切时，认为是一段非常特别的经历：“有很多深入的交流，但若是我们不能将每一个步骤都一五一十地展示清楚，两个官方教会也会怀疑和犹豫。不过，教会也知道如何享受。为了经营基督教馆院子里的餐饮亭，我们在布伦瑞克的 gmp 办公室组织了一次品酒会，有酒庄的经营者和两名修女参加。酒棒极了，是莱茵高的雷司令！”

基督教馆由三个主要部分组成：一个宽 3.40 米、高 6.80 米的环形回廊，9 间让人联想到小礼拜堂的内室，18 米高的方形教堂大厅及其地下墓室。此外，展馆前一个开放式的钢结构与展馆形成了空间上的距离感。回廊和教堂以立方体的设计语言为特色，而地下墓室则是由混凝土塑造出有机形状，地面上铺着海沙，唯有的装饰是一个中世纪东正教的基督像和一个洗礼池。不规则摆放的混凝土长椅邀请游客来这里端坐欣赏艺术，在安静的空间里祈祷、冥想，或只是停留、歇息片刻。

虽然教堂部分可以用几十辆卡车运到沃尔肯罗达，但其地下室却不得不留在当地了。这对原本彼此呼应的整体效果来说，无疑是一个重大缺憾。

2001 年，冯·格康在沃尔肯罗达基督教馆搬迁竣工的典礼上充满自信地说：“结构简单合理、材料精简、细节精确，在气质和空间氛围上无可挑剔。”教堂大厅的平面尺寸为 21 米 ×21 米，钢制吊顶由 9 根优雅的十字形钢柱支撑。尽管建筑采用了清晰的几何构成、易于解读的结构和冷静克制的材料，但其内部空间仍呈现出一种独特的氛围、笼罩着一种特殊的光晕。究其原因在于独具匠心的照明设计：十字支架上方的天花板上开有天窗；点支式玻璃幕墙立面，外面覆有一层薄薄的大理石板，像一件斗篷一样笼罩着这个神圣的空间。半透明的大理石唤起了人们对早期基督教堂和罗马式教堂精致雪花石窗户的记忆。因此，基督教馆高敞的空间确实是明亮的，但并非透明，这样可以屏蔽周围的环境因素，同时允许自然光的射入。随着一天中太阳的移动，钢结构的影子在墙壁上徘徊，并不断在大理石的细纹上描绘出层层叠叠的几何形状；随着天气的变化，室内光线也会像人的情绪一样发生变化，并营造出迷人的光影效果——这些对冯·格康来说特别重要，因为教堂终究是自省的空间。

对于基督教馆回廊及其环绕的 9 个内室，瑞士民俗学家托马斯·亨格纳（Thomas Hengartner）也参与了设计，但这些在世界博览会后并没有被搬到沃尔肯罗达。它们阐释了信仰的意义，是关于音乐、光线、色彩、文学和建筑的装置。其中，一批来自世界各地的圣经和一个换物柜——每个从那里拿走东西的人，都要在那里留下一件自己的东西，尤其受到游客的喜爱。

冯·格康把基督教馆理解为一个“另类”之所。它为游客开辟了一处沉思的空间，鼓励他们参与创造和保护的主题；它以建筑的方式激起人们的思辨，没有许多国家馆中常见的那种华而不实的营销，这是每名游客在初次到访时就能发现的。冯·格康在建筑双层玻璃幕墙的大尺寸窗格中填充了各种日常物品——向日葵干花、木盘、音乐磁带、一次性注射器……积极和消极的精神性物品突兀地并置在一起。

多样性在与空间的碰撞中产生了一种独特的美学，像冯·格康所希望的那样，这将拓宽人类认识理解自然和技术相互关系的视野。上述“玻璃填充”概念的前身是冯·格康、沃尔夫冈·豪克斯和玛德琳·唯斯（Magdalene Weiss）一起为飞利浦公司设计的汉诺威贸易博览会展台。他们的想法是将交易会的喧嚣、骚动与一个结构清晰、内敛的空间并列一处，通过一个不同寻常的设计，向外界直观、明确地表达其功能。1999 年 1—4 月，一个单元大小为 3 米 ×3 米的钢结构构筑物诞生了，作为这家电子产品巨头的贸易展览门面，而构筑物的玻璃格子里填充了大约 11 万个透明灯泡。

2000 年汉诺威世界博览会的基督教馆圣堂的半透明大理石立面和回廊景观

基督教馆回廊景观

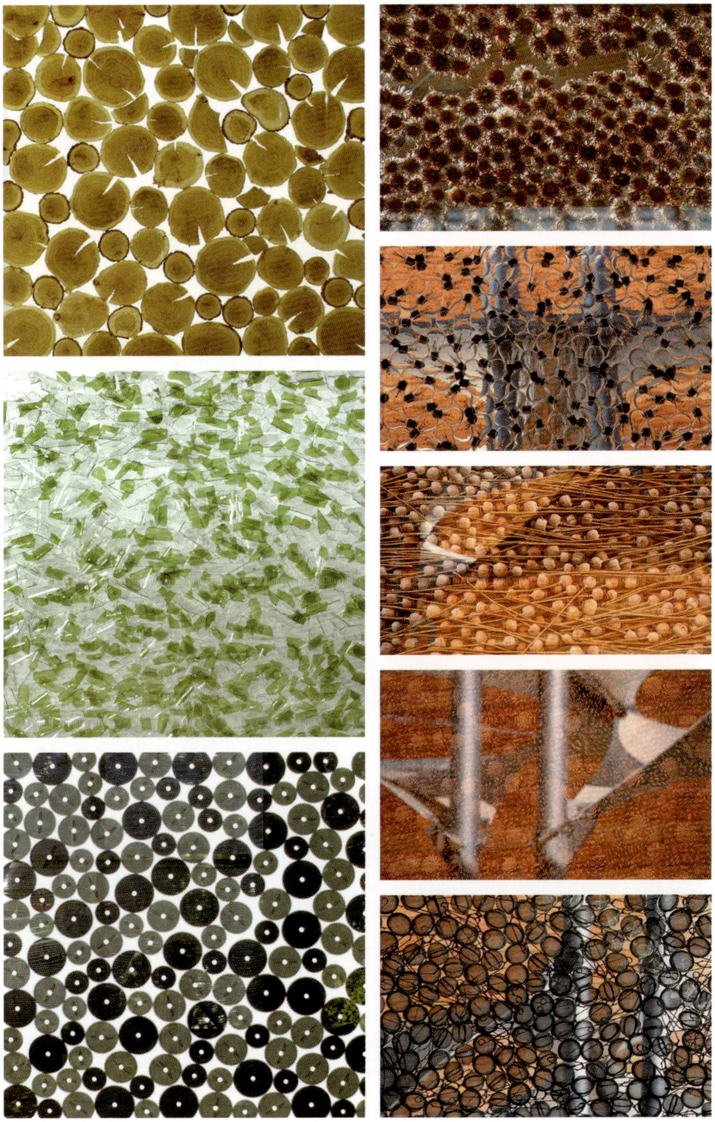

以建筑的方式激发思辨——双层玻璃幕墙的大尺寸窗格中填充了来自自然和技术领域的日常物品

对基督教馆橱窗式现代诠释设计的评论中不乏批评之声——“过于亵渎”“太炫耀”“太肤浅”。然而，即使有这样的负面评价，这个设计也不失为开辟了一条关于教会和信仰讨论的新途径。

约恩 · 奥特曼回忆说：“在事务所里，为了立面组件的装配，我们组装、讨论、打样、尝试和丢弃了各种各样的东西，直到做出最后的抉择。我们在布伦瑞克工业大学的一条玻璃走廊里组装出样品，并与冯 · 格康的学生们一起讨论和挑选。”

世界博览会很快就结束了，这意味着基督教馆在沃尔肯罗达前西多会修道院中的第二次也是更为长久的生命的开始——2001 年 8 月，教堂正式对外开放。建筑拆除和重建的先决条件是对材料和结构的选择。“钢这种材料激发了我们许多新想法。它应该以最自然的状态展现出来——轧制型材、轧制板材和角钢，为了防止锈蚀，钢材表面涂了云母氧化铁漆。教堂立面是一个预制框架系统（Pfostenriegelsystem），只需将钢构件进行插嵌并以螺丝固定即可，因此易于组装和拆卸。”冯 · 格康解释说。

对建筑物稳定性至关重要的是钢构件的连接点。为此，gmp 与来自多特蒙德（Dortmund）的吕特钢结构公司（Stahlbaufirma Rüter）一起开发出一个插嵌式的构造节点。冯 · 格康坦言，在这个插嵌式节点的想法背后，他“为其构造原理感到自豪”。 冯 · 格康对于结构节点的长期思考在基督教馆中得到全面呈现。不仅建筑结构，冯 · 格康还将这种金属预制件组装的方式使用在教堂的陈设上。例如一个由 4 毫米厚的不锈钢制成的带有 5 个烛碗的烛台，两个大尺寸的环插嵌在两个竖长组件上，构成了烛台的底座和支撑臂，而烛碗插嵌在支撑臂的终端。这种烛台可以被轻松地拆解开，装进一个便于运输的木箱中。冯 · 格康为沃尔肯罗达新教堂的祝圣仪式捐赠了两件这种烛台作为祭坛照明。

重视组件的连接以及将形式简化到基本几何形，这两点是冯 · 格康建筑理念的基本要素。只有这样才能创造出功能完善、形式简洁的作品，并使设计可“移植”，这在冯 · 格康的作品中是非常典型的现象。例如他把为烛台研发出的工艺移植到其设计的酒馆桌子的支架上；同样的结构设计稍作变化，以十字柱形式出现在 1994 年为德国铁路公司设计的火车站屋顶原型中。这反映出冯 · 格康传承包豪斯理念所坚持的现代主义基本原则，即找到一种在美学上令人信服的功能性设计，进行系列工业化生产。并不局限于建筑学的框架之中，他的创作

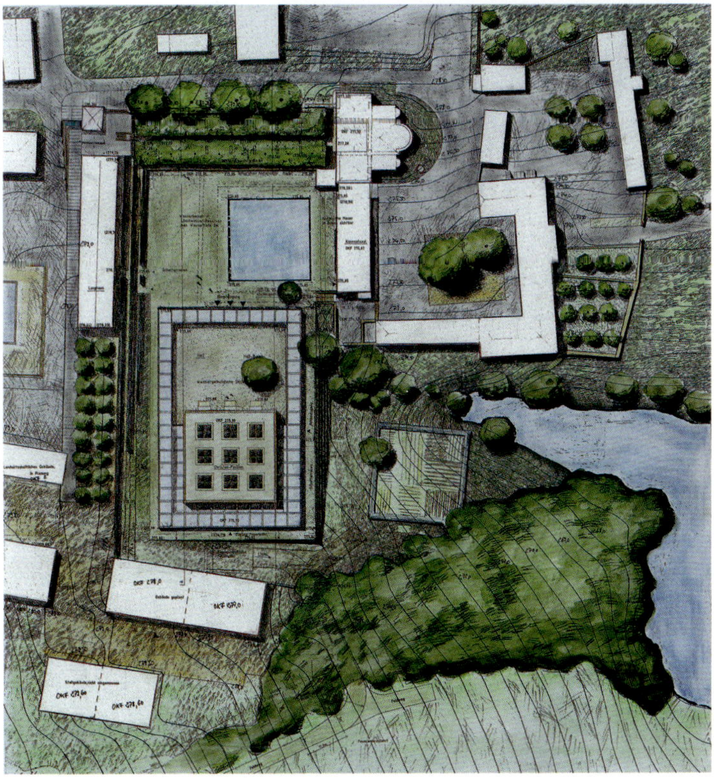

可迁移的建筑——基督教馆在沃尔肯罗达找到了新家，并与该处前修道院建筑群融为一体

还涉及家具和日常用品——这些作品也会成为大型设计的“微型试验场”。基督教馆作为这种思想性和艺术性的贯彻之作，在冯·格康的众多作品中具有特殊地位，也是他最受欢迎的建筑作品之一。

虽然在世界博览会上，基督教馆不得不与其他建筑争奇斗艳，但甫一搬迁，便带来了人们对其认知视角的改变——从喧嚣转向寂静，从现实环境转向历史氛围，从全球化的竞技场转向地方特色。基督教馆胜任了这一切，但其可胜任的远不止这些。在修道院历史建筑与这座新加入的当代建筑的对话中，形成了一个独特的吸引点——这里既是宗教的朝圣地，也是建筑的朝圣地。每年夏天，基督教馆既是一座教堂，也是一个受人欢迎的音乐会场所。与最初用钢铁和玻璃代替已消失的修道院教堂中殿的想法相反，这座新建筑被给予明确的定位——与老教堂分足而立。为了与整个建筑群融为一体，冯·格康决定要适应周围地形，避免基督教馆过于高耸而超过其他修道院建筑。今天，一个巨大的方形淬火池标志着以前修道院回廊的位置，而一排排的树木则指示着已消失的教堂中殿所在。在这里，传统和现代融合成为一个有机整体，这是一件整体的艺术作品，深深吸引着每一个访客。

2003 年，基督教馆为其设计建筑师赢得了古老的马尔堡菲利普大学（Marburger Philipps-Universität）新教学院的荣誉神学博士学位。当时的教堂建筑和当代教会艺术研究所（Institut für Kirchenbau und kirchliche Kunst der Gegenwart）主任霍斯特·施韦贝尔（Horst Schwebel）为此致辞，他说基督教馆“做出了表率，即如何在世俗语境下以忠实可信的方式来呈现宗教。通过建筑，（冯·格康）在世俗背景下为宗教开辟了一个新空间，并以其艺术精神使建筑的崇高性和人性成为宗教的表达。”

在 21 世纪的第一个 10 年即将结束之际，冯·格康和约阿希姆·蔡斯得到为霍夫盖斯马（Hofgeismar）的新教学院建造一座小礼拜堂的机会。这是平面为长方形的一个简单空间，其效果完全由材料的二元对比所塑造。三面内墙以表面涂有酚醛树脂的桦木胶合板进行铺装，与其温暖的棕色调形成鲜明对比的是，天花板和剩下的一面墙采用了以回收玻璃制成的玉色铸造玻璃，并以背光照明。在中国重庆的大歌剧院中，冯·格康也使用了这种玻璃材料。在木饰板中凿切而出的十字架点出了祭坛所在，它为这个强调内省的祈祷空间赋予了方位指向，以及作为沉思和祈祷场所的基督教含义。

神圣的尾声——桦木胶合板和玉色铸造玻璃的材料二元对比塑造了霍夫盖斯马新教学院小礼拜堂的空间效果

复合，而非复杂

无论建筑物的尺度是大是小，冯·格康总是将其作为一个设计整体来看待。这一点不仅反映在基督教馆或霍夫盖斯马礼拜堂的整体设计上，从城市规划到建筑设计，从室内设计到家具陈设都有所体现；同样体现在泰格尔机场的设计中——那里创造了一个从登机柜台到候机厅座椅一气呵成的空间。这种设计手法无疑产生了长远的效果。冯·格康不仅为大型机场或活动大厅设计整体陈设，还为汉堡的勒卡纳（Le Canard）和柏林的 VAU 等几家餐厅设计了从桌子、座椅到柜台和货架的全套家具。如此，从一贯如一的设计手法和态度中，诞生了一系列建筑整体艺术作品。

家具是冯·格康的建筑宇宙中最小的组成部分；但是，这些作品浓缩着他的设计理念。“圆中方”餐桌就是其中一例，这也是他在易北大道的住所中最引人注目的一件东西。餐桌由清晰的几何元素组成，即圆形和方形。如果你把小圆桌的四个扇形展开，它就会变成一个更大的桌子，中间是一个正方形，而四个展开的部分则呈三角形，彼此连接，形成另一个正方形。显然，这只是个小把戏，但它不失为一个有精神性、有深度和功能附加值的小把戏。圆桌的四扇合上之后，中央还专门留出了一个凹口，以便可以把桌子轻而易举地再打开。作为传统家具中的折叠桌，就这样被重新“发明”了一遍。

在冯·格康设计的梳妆台或擦鞋凳上，也流露出他对戏谑双关的某种偏爱。他再次使用了最喜欢的木材——瑞士梨木，而这些家具也绝不只是功能性物件，他的演讲台也同样由瑞士梨木制成。这些物件只有在展开、折叠时才会显露其中的秘密，并在形式统一性当中呈现出功能的多样性。

通常情况下，冯·格康设计的家具结构清晰可辨，没错，你甚至可以自己把它们再组装一遍。家具被尽可能设计成像柜架系统一样的插件式结构，沿用其作品的核心概念之一 ——“连接”。

从方形到圆形。几何形状构成了冯·格康家具结构设计的基础

他的家具设计范围很广，从照亮汉堡 gmp 会议圆厅的“冰块”落地灯，到埃贡·艾尔曼设计的经典桌子的“折叠版”（办公桌），甚至是玻璃门的合页。

冯·格康与福克玛·西弗斯（Volkmar Sievers）合作，为自己的住宅设计家具。曲线柔和、有着交叉椅腿和活动皮垫的高靠背艾斯拉法雷特餐椅（Es Rafalet），与折叠桌、餐具柜、墙上的十字烛台交相辉映，使马略卡岛自宅成为一件和谐的整体艺术品。

为马略卡岛自宅设计的带有皮垫的软垫椅坐起来十分舒适

狂热首都：
作为主要文化媒介的建筑

虽然成立于此地，但 gmp 从未将自己看作是一个纯粹的德国汉堡建筑事务所，世界各地，只要有竞赛，只要有有趣的建筑任务，gmp 都会参加。尽管项目的多样性和建造地点的特殊性各有不同，但冯·格康的作品始终具有北德的低调特性。他的建筑与其外表很相似，自信但不浮夸；他的建筑被定义为一种有态度的克制，而没有陷入脆弱的极简主义；在其室内设计中，功能和氛围相辅相成。

作为一名来自沿海地区的人，又住在一个经常有暴风雨的城市，自然特别重视房屋的稳固性。冯·格康习惯使用久经考验、值得信赖的材料——在德国北部，这也包括了砖。从汉堡的仓库城（Speicherstadt）到 20 世纪的大型办公楼或弗里茨·舒马赫（Fritz Schumacher）住宅，他作为汉堡的城市建筑顾问，成功地在这座汉萨城复兴了北德的砖瓦传统。

1992 年，冯·格康以一座当代的汉堡砖建筑成功地传达了他的设计理念，这就是布赖兴弗利特（Bleichenfleet）的德日中心（Deutsch-Japanisches Zentrum）双子楼，该建筑紧邻赫伦格拉本（Herrengraben）的施泰根贝格尔酒店施泰根伯格酒店（Steigenberger Hotel）——由玛格设计建造。德日中心包括两个建筑形体：一个形体以优雅的姿态融入地形，依循着运河的弯曲路径；另一个形体如冯·格康所说，是“块状的、棱角分明和敦实厚重的”。以这种方式，他在两个不同的建筑形体中分别撷取了日本和德国的元素，而由略微凸出和凹进的砖带构成的立面，与玻璃和白色金属饰板展开了色彩和材料间的对话。

作为汉堡建筑师，冯·格康和玛格一直积极参与城市建筑的讨论，二人常常做出大相径庭的解决方案，其中一例便是 1986 年汉堡美术馆扩建工程的设计竞赛。

20 世纪 80 年代，博物馆建设被公认为建筑界顶级设计任务，在德国和世界各地都涌现出大量杰作。20 世纪的最后几年被认为是建筑发展的全盛时期，建筑甚至被誉为“文化的主要媒介”，而有关汉堡美术馆新楼的讨论就是在这个阶段进行的，新楼将成为两座老建筑的补充。1953—1963 年，担任第一任建设主任的保罗·塞茨（Paul Seitz）扩建了“汉堡艺术之家”（Hamburger Kunsthaus）[1]，其轻盈通透的结构令人印象深刻，而在建成 20 年后，就不得不为这次新的城市扩建项目让路。

玛格的参赛方案没有对现有的博物馆建筑进行轴向扩展。相反，他将扩建部分移到一侧，推向铁路线的方向，从而创造出一个由树木围合的前广场；一座塔楼凸显出其地标性。

冯·格康的设计则完全不同。他计划延展现有的博物馆轴线。为此，他恭敬地将新建筑体块与老建筑群拉开距离，在老建筑和新建筑之间形成一个开放的广场；柱廊界定出广场，同时也顺应着朝向阿尔斯特湖（Alster）倾斜的地形。然而，冯·格康和玛格的方案都没有获胜，最终赢得竞赛的是“OMU”——建筑界就是这么称呼翁格尔斯的（当年他也提交了一份泰格尔机场的竞赛设计方案）。他设计的“立方体块”矗立在一个令人生畏的倾斜基座上，以一种近乎理想的方式体现了其对“正方形”这个基本几何形的执着。

冯·格康坦承，自己“与翁格尔斯有点儿过节”。比他年长近10岁的翁格尔斯与海因里希·克洛茨关系密切，后者是法兰克福德意志建筑博物馆（das Deutsches Architekturmuseum）的创始馆长，同时被视为德国后现代主义理论家的领军人物。于是，冯·格康在一本建筑杂志上发表了匿名的讽刺评论：随着海因里希·克洛茨与翁格尔斯打得火热，前者为建筑界引入了一个新的度量单位——“1 OMU”。现在回过头来看，冯·格康仍然觉得翁格尔斯的建筑理念过于教条，始终固守着那一套形式的“正典”。“当被问及这个问题时，翁格尔斯回答说：‘什么是正方形？我不认识。我只认识四个直角。’尽管如此，翁格尔斯作为一名大学教师很成功。他的许多学生和同事也许正是因为这个原因才坚定了立场，例如马克斯·杜德勒（Max Dudler）和汉斯·科尔霍夫（Hans Kollhoff）。”冯·格康如是说。尽管保持着批判性的距离，但他仍然与翁格尔斯共同撰写了一篇文章，于1987年8月发表在建筑杂志《建筑大师》上：“翁格尔斯和我一起坐在斯图加特宫殿花园的一家酒店里。我们都参加了小宫殿广场的改建竞赛，两个人的方案大相径庭。最后，我们俩都没赢，赢的是美国人——贝考弗及合伙人事务所（Pei Cobb Freed & Partners）。”

这篇文章讨论的焦点内容是：一碰到代表性的重要建筑项目，甲方总是会找国外的明星建筑师。例如英国人詹姆斯·斯特林（James Stirling）在斯图加特建造的新国家美术馆，维也纳人汉斯·霍莱茵（Hans Hollein）在门兴格拉德巴赫（Mönchengladbach）设计的阿布泰贝格博物馆（Museum Abteiberg），或者美国人菲利普·约翰逊（Philip Johnson）设计的比勒费尔德美术馆（Bielefelder

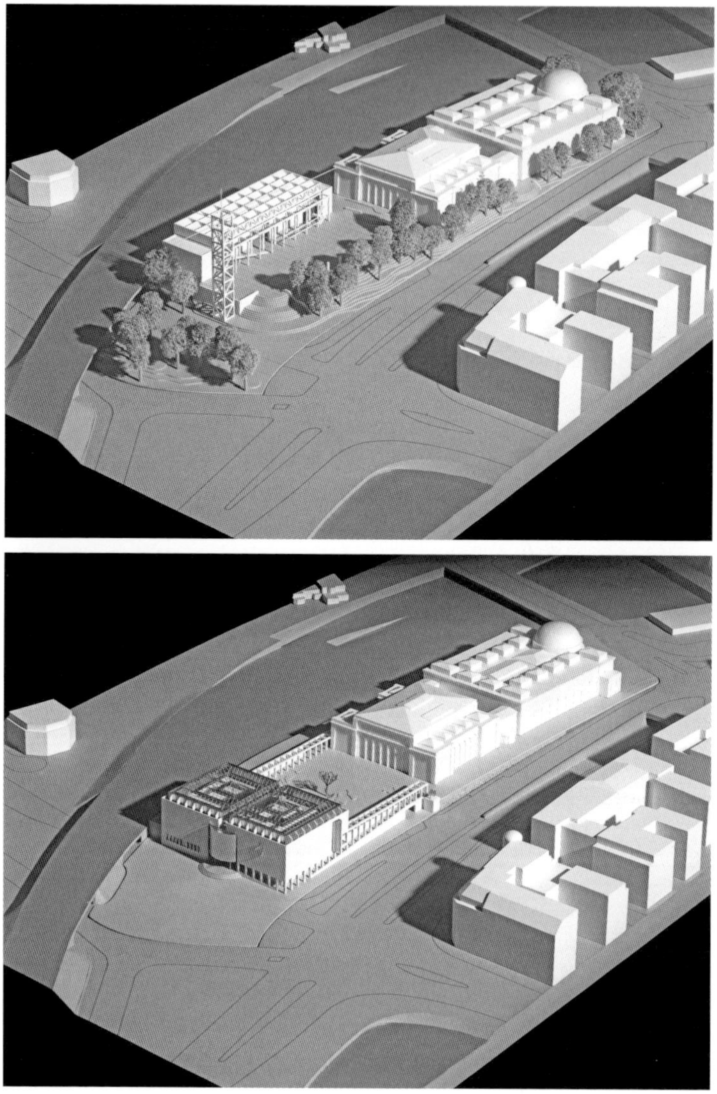

玛格（上）和冯·格康（下）所作的汉堡美术馆新楼设计

Kunsthalle），都被他们视为后现代主义最重要的设计任务——博物馆建设——已经被牢牢掌握在外国建筑师手中的明证。对冯·格康来说，这是一条“单行道”：“毕竟，当时没有一个德国建筑师收到国际上的同等项目委托。”这两名德国建筑师的心中已积怨颇深，当然还有受伤的虚荣心。1987 年 8 月，曼弗雷德·萨克（Manfred Sack）在《时代周报》上以《德国人，请德国式地建造！》（Deutsche, baut deutsch!）为题，对翁格尔斯和冯·格康的感叹做出了严厉却不失幽默感的回应：“买德国意面！吃德国香蕉！”也许，后来让这两位针锋相对的德国建筑巨擘平静下来的是，被美国人拿下的斯图加特设计方案最终没有建成。

然而，20 年后，冯·格康遭遇了与这篇文章论题相同事态的全面反击。他与胥茨共同设计的中国国家博物馆方案处于岌岌可危的境地，其原因是随着大量明星建筑师的涌入，中国公众和建筑界开始担忧：中国建筑，尤其是重大建筑项目，受到了过多的外来影响。他们为此发出警示：“中国建筑中的中国人在哪里？”

20 世纪 90 年代初，德国国内和国际建筑界的热点不在汉堡，而是在柏林。1989 年 11 月 9 日，柏林墙倒塌，彼时身在国外的冯·格康在媒体上得知了这个消息，之后不到一年，两德统一；1991 年，一系列有关迁都的激烈争论终于尘埃落定——德国首府将从波恩迁往柏林，这为柏林未来几十年的城市规划打下了政治基石，并将这里变成了一个巨大的建筑工地。围绕着波茨坦广场、巴黎广场和保留了旧国会大厦的新政府区，涌现出一系列激动人心的规划和建造活动，从根本上改变了这座城市的面貌。

在第二次世界大战中饱受摧残，又经历了 1945 年之后两德截然不同重建活动的城市中，城市规划和建筑之路究竟该如何走？柏林墙将城市一分为二近 30 年，波茨坦广场和巴黎广场在其阴影之下一直作为两片废土苟延残喘，即便是城市东部那些在战后幸存下来的建筑也因为维护不到位而退化成了亟待修复的案例，最典型的就是著名的博物馆岛（Museumsinsel）。

柏林人民开始迫不及待地开发终于失而复得的、未被分割的城市。每一台新的建筑起重机都在转动着，在重回欧洲大都会的喜讯中欢呼雀跃；1998 年，丹尼尔·巴伦博伊姆（Daniel Barenboim）甚至在波茨坦广场上指挥了一场“起重机芭蕾”。在这样的背景下，法兰克福德意志建筑博物馆举办了“柏林早晨：为大城市的心脏集思广益”的展览，不久后在柏林画廊再次展出。国际建筑界的明星们在纸上描绘着各自的设想，而这些设想的可行性也各有不同。意大利人马里奥·贝里尼（Mario Bellini）和乔治·格拉西（Giorgio Grassi）将理性主义的立方体置于城市的每个角落；奥地利蓝天组（Coop Himmelb(l)au）的沃尔夫·普瑞克斯（Wolf Prix）在市中心植入了一道解构主义的天际线；当时在建筑界冉冉升起的新星扎哈·哈迪德（Zaha Hadid）在城市上空铺设了一张弥散的"星网"；年轻的瑞士人雅克·赫尔佐格（Jacques Herzog）和皮埃尔·德梅隆（Pierre de Meuron）打算用一系列巨型体块包围蒂尔加滕。此外，一些德国建筑师也表达了自己的设想：汉斯·科尔霍夫设想在亚历山大广场和波茨坦广场建立高楼大厦，而翁格尔斯则希望将标志性的大体量铺满柏林的城市布局作为现代主义建筑史的"后现代引用"。

冯·格康没有参加这个展览，这并不令人意外。他的建筑态度不是长篇累牍的理论或是乌托邦式的愿景，而是务实的设计，就像在 1990 年的德累斯顿工作坊上一样，他的建筑态度与建造要求、地点和对象密切相关。然而，1990 年之后，柏林所面临的建筑挑战并不是空穴来风，而是极为具体的。尽管在很短的一段时间内看上去仿佛"一切皆有可能"，发展成为 400 万人口的大都市只需几年时间，但随着一些投资者"开拓东大荒"（Wild East）的心态而一夜爆发的繁荣，必须在城市规划方面加以引导和规范。在柏林，社会民主党员、市议会建设部主任汉斯·施蒂曼（Hans Stimmann，后文简称：施蒂曼）负责此事。

依照"石造柏林"批判性重建的理念——部分基于 20 世纪 80 年代柏林国际建筑展所呈现的发展趋势，施蒂曼为那几年的城市发展确定了框架。他奉为圭臬的是围合式的建筑街区、石质多孔外墙，以及对柏林传统的 22 米檐高的坚持。施蒂曼的理念引起国内外建筑界人士的不同凡响。例如 1991 年，雷姆·库哈斯（Rem Koolhaas）就不满地退出波茨坦广场建设评委会，因为他觉得评委会对城市图景的预设是极其"外行"的。

冯·格康在吕贝克的时候，因为音乐会议中心的项目结识了施蒂曼。彼时，二人在海利根哈芬的海滩上散步时，曾就城市规划问题交换过意见。冯·格康坦言："像施蒂曼这样的人被从吕贝克这样的小城调任到柏林，我觉得是非常让人吃惊的"。虽然他在城市问题上的立场与施蒂曼基本接近，但二人也有争论。"为了实现批判性重建的想法，他让房屋外观呈现出形式上的细碎分割。为此要把一栋房子切成四小片，就像菩提树下大街（Unter den Linden）的那些建筑一样。”冯·格康解释说。

在展示巴黎广场上的德累斯顿银行竞赛方案时，“石”蒂曼和现代主义者冯·格康之间的立场分歧变得一目了然。“格康非常自信地介绍了他的设计，然后说，在这里——在‘柏林这个舒服的客厅里’，建筑被迫穿上了一件石头外套。他服从了这一点，但只有在走进大楼、步入那座宽阔的圆形天光中庭时，才能看到他真正的态度。日光、透明、玻璃——这才是他的立场。”胥茨回忆说。冯·格康的风度给当时的这位年轻建筑师留下了深刻印象。

虽然gmp后来在柏林建造了很多项目，但冯·格康从未成为施蒂曼身边“被偏爱”的那个小圈子的一员，那个小圈子是为实现其“石造柏林”而笼络的。冯·格康从不盘桓于过往，更愿意着眼未来。当他在波茨坦广场上的戴姆勒中心（Daimler-Gelände）和索尼中心项目设计竞赛中颗粒无收时，他虽然深感失望，但还是让自己在柏林逐渐站稳了脚跟。

1995年，gmp放弃了在泰格尔机场的临时板房，当时在柏林的80多名员工在克罗伊茨贝格保罗-林克-堤岸（Paul-Lincke-Ufer）的一个后院里建造了一处新的办公地点；2006年，办公地点搬到恩斯特·罗伊特广场（Ernst-Reuter Platz）的哈登贝格大楼（Haus Hardenberg）。在那里，众多柏林和德国东部的大小项目出炉，最初中国的许多项目也在那里诞生。转回当年，柏林还有很多重要项目有待完成。

在两德统一的狂热氛围中，柏林市议会决定申办2000年奥运会，其竞争对手是北京和悉尼，“一切皆有可能”的爆棚自信心使德国认为赢得竞争只是走个形式的问题。在普伦茨劳贝格（Prenzlauer Berg）自行车和游泳场馆的建筑竞赛中，冯·格康取得了第二名，至少在关注度上获得了成功，而由法国建筑师多米尼克·佩罗（Dominique Perrault）设计的奥林匹克自行车及游泳场馆（Velodrom）于1997年完工。然而很快，施普雷河（Spree）就被阴郁的气氛所笼罩：奥运会的举办权并没有授予柏林，而是花落悉尼。

举办奥运会始终是柏林难以跨越的一个坎。例如2015年，在德国内部的申奥竞争中，德国的首都甚至没能赢过竞争对手汉堡。

1992年，冯·格康为施普雷弧地（Spreebogen）所做的规划设计无功而返，被阿克塞尔·舒尔特斯（Axel Schultes）和夏洛特·弗兰克（Charlotte Frank）的“联邦丝带”（Band des Bundes）方案击败。他们的设计概念随后构成了新政府中心的规划基础。通过一长串联邦建筑群，这两名建筑师将城市的东部和西部交织在一起，其中包括联邦总理府（Bundeskanzleramt）。他二人随后又在1994年的联邦总理府建筑竞赛中获胜，而冯 · 格康这次只获得了第四名。

在针对“历史重负”的话题进行漫长讨论之后，柏林共和政体的“心脏建筑”——国会大厦将再次改建的决议最终落定。该建筑由保罗 · 瓦洛特（Paul Wallot）设计，曾于20世纪60年代由保罗 · 鲍姆加腾（Paul Baumgarten）完成首次改建。保罗 · 鲍姆加腾的设计理念是，采用实际、朴素的建筑语言和谨慎的处理方式来对待已经所剩无几的建筑本体——该建筑于1933年遭受火灾，又在柏林战役中遭到进一步损毁。

在1993年的国会大厦改建设计竞赛中，三名国际建筑师获一等奖：英国的诺曼 · 福斯特、西班牙的圣地亚哥 · 卡拉特拉瓦（Santiago Calatrava）和荷兰的皮 · 德 · 布鲁因（Pi de Bruijn）。冯 · 格康获二等奖。他对国会大厦的构想是为德国联邦议会建造一个明亮的全会会议大会堂（Plenarsaal），并将其置于历史建筑的前方。“民主不应该躲在一座象征着帝国且被苏联人扫射过的建筑后面。新旧建筑之间的连接可以通过一条隧道来实现。”冯 · 格康这样解释他的设计，“新时代要站立在旧时代的前面，将自己置身于历史面前的建筑基地上，而不是爬进去！”

最终，诺曼 · 福斯特获得了国会大厦改建项目，尽管落成的建筑与其首次的获胜方案几无相似之处。他最初的计划是在旧楼上方拉开一个类似帐篷的结构，根本没有提到过在国会大厦上建造穹顶的说法；但是，经过漫长的修改和反复的争议，实现了最终的那个与初始概念背道而驰的结果——新的全会会议大会堂被安置在旧国会大厦的内部，为此不得不将后者完全掏空，而昔日保罗 · 鲍姆加腾所做的改造痕迹无一幸存。此外，国会大厦被赋予了一个新的玻璃穹顶，其双向弧面成为柏林共和政体的象征。冯 · 格康对诺曼 · 福斯特设计的国会大厦全会会议区持怀疑态度：“对我来说，那些未作修饰的墙壁和苏联人的涂鸦让国会大厦显得过于戏剧化，尤其是其所用材料的特性以及那些供参观者站立的过于纤细的看台，让我在这个空间里感到很不舒服。”

冯 · 格康在国会大厦改建设计竞赛中取得的成绩为他在多罗蒂恩街（Dorotheenstraße）附近的雅各布 · 凯泽大楼（Jakob-Kaiser-Haus）内建造

联邦议会办公室赢得了可能性，而这个项目是复兴柏林旧政府区（Berliner Regierungsviertel）的又一块“积木”。该区域是 19 世纪与国会大厦同时诞生的，位于柏林巴洛克风格的城市扩张区域边缘。冯 · 格康受联邦建筑部的委托，设计雅各布 · 凯泽大楼的东端。尽管有统一的名称和用途，但这个最初被称为“多罗蒂恩街区”的建筑群是由几座独立的建筑组成的。冯 · 格康与其建筑师朋友 + 航海伙伴彼得 · 保罗 · 施韦格一起，定期从汉堡前往柏林，与其他参与该项目的建筑师——皮 · 德 · 布鲁因、布斯曼、哈伯勒以及托马斯 · 范 · 登 · 瓦伦丁（Thomas van den Valentyn）会面。按照“多样统一性”设计手法，冯 · 格康回忆说：“在雅各布 · 凯泽大楼里要避免大而无当的单调性。我们一起确定了总体方案，但毫无疑问，议员协会所在的前国会议长府的改建将由科隆的托马斯 · 范 · 登 · 瓦伦丁设计。”

碰头会结束后，冯 · 格康和彼得 · 保罗 · 施韦格常会在莱布尼茨大街（Leibnizstraße）的马里奥餐厅（bei Mario）吃晚饭，然后再返回汉堡。几年后，冯 · 格康又遇到了这家餐厅的老板，不过不是在柏林，而是在其开在莫斯科的餐厅里——当时的冯 · 格康正在俄罗斯的首都为项目殚精竭虑，但最后仍旧是徒劳一场。

雅各布 · 凯泽大楼对冯 · 格康来说是一个很有吸引力的任务，因为他负责的部分不仅包含了多罗蒂恩街两侧由玻璃天桥连接的两道立面，还包括了沿威廉街（Wilhelmstraße）的立面。浅灰色的壳灰岩、高雅的雪松木和水平可折叠的遮阳构件，以及为员工设计的法式阳台，创造出一种内敛、严肃的氛围，突破了标准化办公建筑的传统形象。该建筑专门用作联邦议会成员办公，和谐地融入周边的城市景观中，满足了施蒂曼对柏林中心的规范要求。建筑以一座内院朝向施普雷河敞开，既有从外向内的景观，亦有从内向外的视野。

离雅各布 · 凯泽大楼几米之外，就是巴黎广场——大选帝侯（Große Kurfürst）[2] 在 17 世纪铺设的菩提树下大街的终点，不仅在建筑意义上，而且在象征意义上都是柏林的一个重要场所。在普鲁士古典复兴时期，卡尔 · 戈特哈德 · 朗汉斯（Carl Gotthard Langhans）在这里建造了勃兰登堡门，将古代雅典的山门（Propyläen）理念带到柏林。1806 年，拿破仑夺走了门顶部那辆由约翰 · 戈特弗里德 · 沙多（Johann Gottfried Schadow）设计的驷马战车，带往巴黎，直到 1814 年，战车才回归柏林。之后，艺术、文化和商业场所纷纷在这

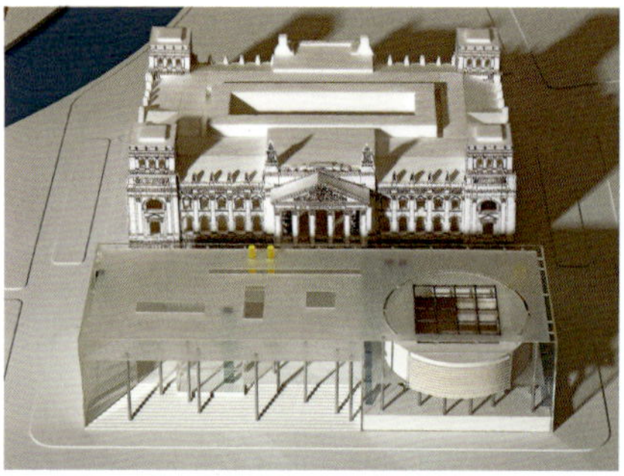

左上：对于柏林国会大厦，冯·格康在 1993 年的构想是将历史建筑与新扩建的全会会议大会堂清晰分开
左下：在柏林国会大厦设计竞赛中取得二等奖，为冯·格康赢得在雅各布·凯泽大楼内建造联邦议会办公室的机会
右：巴黎广场的德雷斯顿银行大楼

里安家落户：柏林艺术学院（Akademie der Künste）就坐落于此；洛伦茨·阿德隆在其隔壁开了一家著名的酒店，因此挤走了申克尔的雷德恩宫（Palais Redern）；马克斯·李卜曼（Max Liebermann）在勃兰登堡门的一侧拥有自己的工作室。随着第二次世界大战的摧残和德国的分裂，巴黎广场沉入瓦砾与灰烬之中，从 1961 年开始，彻底变成了柏林墙下的“死亡地带”，而勃兰登堡门也从此成为分裂的标志。直到 1989 年，在“打开大门！”的万众呼声当中，勃兰登堡门变身为德国统一的象征。由于该广场举足轻重的历史意义，激烈的辩论围绕其未来的规划设计展开。有那么一段时间，即便在这里也似乎“一切皆有可能”。毕竟，这里除了勃兰登堡门之外，几乎没有一块立得住的石头了，因此像巴黎凯旋门那样，让大门彻底孤立的方案也被考虑过。

1995 年赢得德累斯顿银行新大楼的设计竞赛，为冯·格康于 1996/1997 年在巴黎广场北侧进行建造提供了机会。这座建筑以浅色的砂岩立面、高贵的古铜窗框和顶层的绿色铜板为特色。在建筑平面图中，冯·格康援引了“圆形和矩形这一组合的建筑史链条。该链条的开端就是申克尔设计的旧博物馆（Altes Museum）”。大楼内有一个直径 31 米的、宽阔的圆形天光中庭，顶部是一个凸面玻璃屋顶，中庭同时兼作门厅以及举办重要活动之用，有意避免与广场上的其他建筑进行形式上的竞争。例如盖里设计的 DZ 银行（DZ Bank），有一颗解构主义的“内心”；克里斯蒂安·德·包赞巴克（Christian de Portzamparc）设计的法国大使馆（französische Botschaft），有一道精雕细琢的混凝土外墙。此外，还有金特·贝尼施那座极具争议的艺术学院玻璃大楼。与之相反，冯·格康的银行大楼向后退了一步，采取与相邻的巴黎广场宫（Palais am Pariser Platz）相同的姿态，后者是由其汉堡的同行好友伯恩哈德·温金（Bernhard Winking）——德累斯顿银行设计竞赛的第二名得主——设计的。

无论是盖里的形式语言，还是阿德隆酒店重建中的新历史主义求索，都不是冯·格康的选择。虽然的确采纳了建筑史中的形式和主题参照，但他总是会将之“移植”到自己的建筑语言中。同时，他从根本上拒绝历史主义和原样重建，这就是他坚决反对重建柏林皇宫的原因。早在 2000 年，他就发表了替代方案——亚努斯宫（Janus-Schloss），试图用这个方案解开过去和当下的死结：在柏林皇宫历史建筑的空间尺度中树立一个玻璃投影平面，并将原始建筑残片（Spolia）安置于平面之上。其概念是在双层玻璃立面上，用 30 厘米 ×30 厘米的“像素”

创造出这座巴洛克宫殿的三维视图。游客离立面越近，图像就越模糊，越是看不到“原貌”；远离一点，才能获得宫殿更清晰的样貌。

这个玻璃外壳后面的空间可以具有很多用途。冯·格康的创新设计让人既能感受到柏林皇宫历史建筑在城市空间中的存在，同时也能感受到它的“缺席”。观看过程中存在的模糊失真，就像意大利绘画中的渐隐法（Sfumato），赋予建筑多层次的象征意义。然而，不出所料，如此雄心勃勃的设计完全超出了柏林城市规划的可接受范围。不仅如此，德国联邦议会反而决定为洪堡论坛（Humboldt-Forum）重建该宫殿的三面外墙，甚至 2007 年，还决定利用宫殿广场（Schlossfreiheit）建造一座统一和自由的新纪念碑——建在宫殿的施吕特大门（Schlüterportal）[3] 对面前德皇威廉纪念碑（Kaiser-Wilhelm-Denkmal）的基座上。然而，第一届第一阶段的纪念碑设计竞赛就“全军覆灭”。“评委会的任务是要从 532 件参赛方案中筛选出 20 件设计进入第二轮，但他们一个方案都挑不出来。”冯·格康回忆道。2009 年举办了第二届设计竞赛，冯·格康受聘为评委，并当选为评委会主席。经历了第一轮的惨痛失败，评委们面临着极大的压力，必须要拿出一个结果，而且还得是个好结果。然而，来自艺术界、建筑界和政界的代表们又一次远未达成一致，时间在流逝，可评委会始终没能达成多数决议。竞赛的经典问题早就和方案的设计质量无关了，有关的是政治。

“在此期间，政府内部的操纵者已经在 15 人的评委会中给他的‘民主金秋千’拉到了不少票。”这里说的是建筑师约翰内斯·米拉（Johannes Milla）和舞蹈家萨莎·华尔兹（Sasha Waltz）设计的“运动中的公民”方案——设想了一个人可以走上去的、呈秋千板状两端翘起的巨型浅碗。该方案最初获得的支持票寥寥无几，“所以才要走后门。”冯·格康回忆评审过程时仍然充满了苦涩味道。“德国的竞赛规则规定了一个名次顺序，每个名次都可以由简单的少数服从多数原则投票决定。一等奖、二等奖、三等奖等，每个名次的奖金依次递减。如果无法达成这样的排名，规则也允许在与招标脱钩的前提下对方案进行排名和授奖，前提条件是整个评委会要达成一致意见。一个看似折中的方案提议成功地为‘金秋千’吸引到更多的支持票数。那个提议的内容是让另外两个得到其他评委好评的方案与秋千并列第一。这样一来，评委会就可以顺利达成一致，不必做出艰难取舍了；但是，我拒绝为此投出我的一票，这种伎俩我看得多了。”

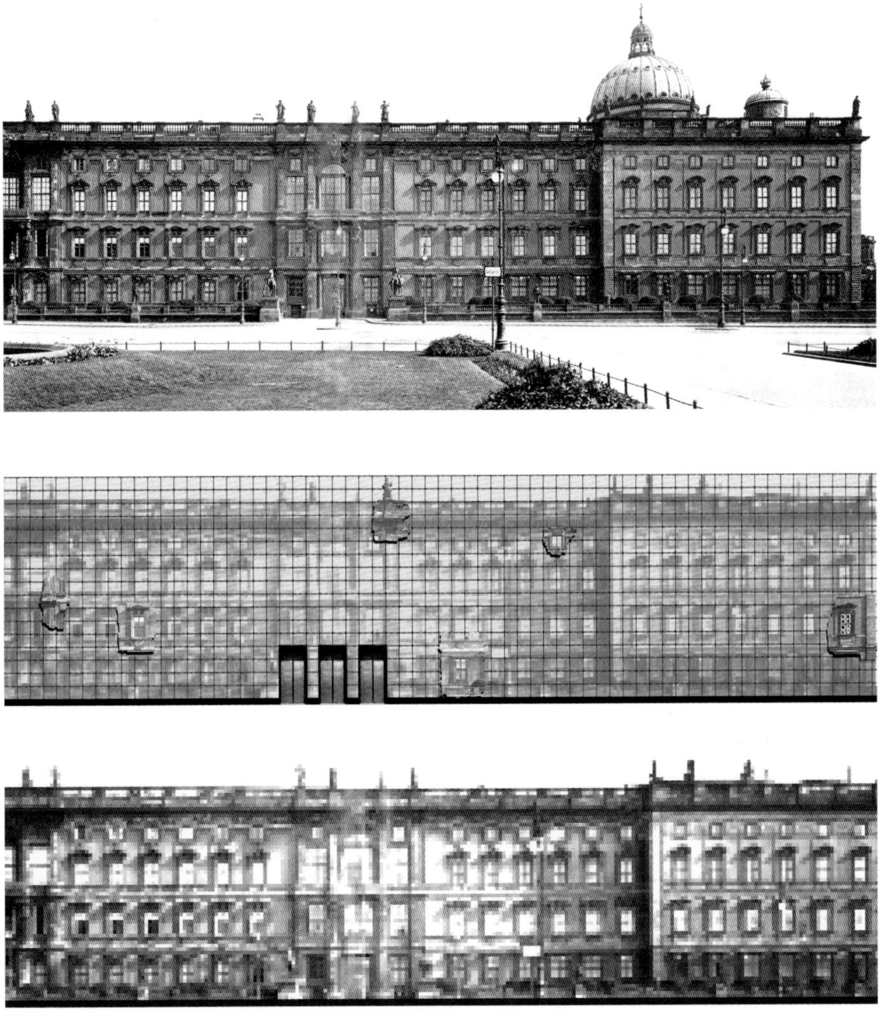

用“像素”创造，而非复制。冯·格康的设计为柏林皇宫重建提供了一个微妙的替代方案

在文化部长贝恩德·诺伊曼（Bernd Neumann）面前，冯·格康直截了当地表示："你的金秋千我就不上去了。"因为他觉得"所有那些以大局为重的折中建议"都只是在"粉饰太平"。于是，他敢做敢当，辞去了评委会主席的职务。冯·格康离开房间的时候，几乎流下了眼泪："我深感愤慨的是，其他 14 名评审都甘心落入那个圈套，而不去揭露那个虚伪的所谓民主决定。"剩下的事情就是走过场了。很快，评委会就任命了一名替补评审，选出了一名新的主席，并颁发了三个奖项，给了斯特凡·巴尔肯霍尔（Stephan Balkenhol）、安德烈亚斯·梅克（Andreas Meck），以及约翰内斯·米拉和萨莎·华尔兹。冯·格康认为，那个可以走上去的"秋千"是一个"窥视性的、民粹主义的玩具，放在任何一个节庆市集或者汉堡游乐场里都完全不违和"。他在接受《南德意志报》（*Süddeutsche Zeitung*）采访时说："这个设计的象征意义是如此肤浅和充满误导性——你一方面可以说：秋千倾向于多数人聚集的那一端，毕竟力学法则就是这样的；但另一方面，它也传达了这样一种印象，即人们做出的决定可以仅仅是为了从中取乐，而并不是为具体的实事考虑。这样的多数法则是何等的任性、武断。出于这个原因，我认为这个方案的影响是非常恶劣的，这是一个与它想表达的内容南辕北辙的典型。这个纪念碑既缺乏对历史事件的尊重，也没有传达出自由意志的力量。它只讲了一件事，即你只要尽可能频繁地来回走动，也就是说，尽可能地毫无目的，那你就可以获得十足的乐趣。"

1. 此处的 Kunsthaus 与今天汉堡同名的艺术馆不是同一个建筑，保罗·塞茨设计扩建的艺术之家于 1963 年建成，紧邻汉堡美术馆（Hamburger Kunsthalle），80 年代末被拆除。——译者注
2. 霍亨索伦王朝的勃兰登堡选帝侯——腓特烈·威廉的尊称。——译者注
3. 此门为原宫殿主入口。——译者注

循“轨”渐进：德国铁路公司项目

筑就运动

冯·格康和德国铁路公司之间的密切合作已经持续了10年之久，开始于1992年，并随着2006年柏林中央火车站的开通而结束。在这10年中，gmp继续稳步迈向国际，冯·格康辗转在柏林、北京、河内、莫斯科和里加的项目之间，而铁路的话题在2006年之后依然伴随着冯·格康——他在中国设计修建了两个大型火车站。与德国铁路公司的合作为他涉足全然各异的任务提供了独特的机会——从在柏林建造两个不同规模的火车站、构思城市规划远景，到设计整列火车的内饰与陈设。

另外，这项合作也是一场艰巨的“设计质量和标准之间的长期斗争”。面对他的社会客户一再表现出来的对建筑文化的无知，有时他就像在与风车战斗。这种情况在设计柏林中央火车站时尤为明显。一方面，紧邻柏林政府区的这座大型交叉式火车站（Kreuzungsbahnhof）代表了冯·格康在铁路建筑方面最宏伟的建树。另一方面，它也勾起了他心中的一丝不快：几乎所有乘客都能一眼看出的最明显的一点就是，德国铁路公司擅自把玻璃站台大厅缩短了。冯·格康和德国铁路公司打了一场颇为轰动的版权官司，起因是他设计的火车站地下层的拱形天花板被对方擅自改掉了。这个改动的原因既不关乎审美，也不关乎功能，仅仅是为了降低建造成本。于是，一场针对这个商业巨头的法律诉讼开始了。当时，冯·格康的几个同行，甚至他自己的律师都劝他不要打这场官司；但是，最后法院判决冯·格康胜诉。

在铁路项目中，冯·格康受益于gmp的广泛定位以及他在其他大型交通建筑中积累的经验——当仁不让的就是柏林、斯图加特和汉堡的大型机场。交通建筑的要求是极为复杂的，既有着特殊的技术和结构要求，也必须同时考虑到经济因素和恰当的细节设计。

就火车站而言，还存在着一个特别的因素：由于飞机噪声的缘故，机场通常远离人口稠密的城市中心区，而大型火车站却对城市中心起着决定性作用。建造一个火车站就意味着在城市中的进一步建设，需要深入处理基地的周边环境——冯·格康将此描述为"对话式的"。他"致力于从新与旧的双重性中发展出一种独立的美学品质"，他的这种设计态度不仅是对历史悠久的火车站而言，也反映了他对进一步建设活动的基本立场[1]。

与相对简单的建筑任务相比，例如大体上标准化的办公楼或住宅建筑，在交通建筑项目中，建筑师面临的挑战非常大——要在一大堆杂乱无章，甚至还有一部分是互相矛盾的要求中，引入一个看上去理所当然的秩序。除了主要功能之外，交通建筑还具有特殊的情感维度，而这在技术规划中并不会直接体现出来。

火车站是城市中充满憧憬的地方——从一地到另一地的中转处，在这里留下的印象不仅在视觉和声音上被浓缩，在情感上也被浓缩。有那么一会儿，人们在站台上等待，用目光打量着建筑，打量着匆匆而过的其他旅客，直到自己的火车缓缓进站；人们在这里迎接或告别挚友，其间受某个商店的诱惑而买下点什么，也许只是一份报纸，或一些旅行用品。

---

1. Dürr, Heinz: „Bahn frei für eine neue Stadt". In: Bund Deutscher Architekten /Deutsche Bahn AG (Hg.): Renaissance der Bahnhöfe. Die Stadt im 21. Jahrhundert. Berlin 1996, S. 53.

铁路之前的铁路

曾经有两项小任务是冯 · 格康对火车站主题深入接触的前奏。在它们身上，尚且看不到他后来为许多德国火车站设计的作为企业形象的标志性特征。

20 世纪 90 年代初，冯 · 格康设计了一个和比勒费尔德展演厅配套的地下城铁站。该建筑的中心主题是“光线的引导”。最终呈现的，如冯 · 格康所言，是一系列“线性的光空间”，一个明与暗的序列。

紧随而来的项目是斯图加特机场的铁路站点—— 一个圆形的分流空间，在地下接待层和出发层与火车站台相连接。站台上引人注目的是轴向排列的巨型混凝土中央支柱。在这里，光的主题再次出现——反光的不锈钢板依循着管状铁路隧道，给车站带来了高贵的气息和科技感。

在接下来的几年中，火车站主题开始在 gmp 具有了举足轻重的意义，从 1997 年落成的威廉港新中央火车站（Kopfbahnhof Wilhelmshaven）可见一斑。这个火车站是冯 · 格康与克劳斯 · 施塔拉茨克、福克玛 · 西弗斯共同设计的。威廉港是一个新兴城市。19 世纪，由于地处亚德湾（Jadebusen），普鲁士才将其作为普鲁士海军的港口，而小小的火车总站则位于市内的中心位置。20 世纪 90 年代初，只有几辆过时的内燃机车停在破旧的站台上，雨棚已年久失修，车站建筑也乏善可陈。此外，轨道设施在城市中占据了太多空间，在当代生活中已经不再有其必要性，而这些珍贵的市中心建筑用地应该以其他方式加以善用。

在这种情况下，冯 · 格康接到项目委托，与市政府协商起草一份专家意见。他的想法是打造一道连接火车站和购物中心的“北海商廊”，以加强这座拥有 8 万居民的城市的经济实力，与该地区历史上较为发达的中心城市奥尔登堡（Oldenburg）和不来梅相抗衡。铁路轨道固然限定了新建筑的空间范围，但驶经此处的火车班次很少，因此“车站”只是一个次要功能，这对于不是铁路公司而是私人投资者的项目甲方来说，不失为一个优势。

在"中央火车站"这个动听的名字下，建起了一个U形建筑综合体，其中包括购物设施、办公空间和住宅，外加一道铁路侧线。两座各自带有环形坡道的大型停车楼，从两侧合围铁轨；其外墙贴砖，类似形式的停车楼冯·格康在不来梅已经成功建成。方形的立面开口结构清晰可见，楼梯的对角线切口又进一步赋予了建筑节奏感。有着强烈雕塑感的建筑形象让人联想到路易斯·康古朴的建筑几何学。立面上宽大的玻璃窗口柔化了砖建筑的严肃气息。整个建筑群的终点是一条购物拱廊，其主轴线上有一组由彼此交错的玻璃金字塔构成的屋顶。火车站侧翼的屋顶上建有一系列住宅。

对于白天火车停靠班次稀少的威廉港来说，火车站、购物中心和市中心住宅的结合，为城市发展带来了新的动力。

从施潘道到米特

施瓦本（Schwaben）[1]人海因茨·杜尔（Heinz Dürr，后文简称：杜尔）比冯·格康大两岁，是20世纪末德国最重要的企业家之一。他有着一双警醒的眼睛和顽皮的笑容，是一名训练有素的钢钳工和科班出身的机械工程师，领悟力极强；他不仅因为自己的公司而声名鹊起，而且还是AEG公司[2]的革新者。1991年，杜尔成为德国联邦铁路公司（Deutsche Bundesbahn）的负责人，在其领导下，该公司于1994年改组为德国铁路股份公司（Deutsche Bahn AG）。他打破传统观念，带领一批全新的员工把铁路从长达几十年的沉睡中唤醒。1993年，他开始和冯·格康联手，后者将其铁路的转型过程物化为一种独特的形式语言。

20世纪80年代末，德国联邦铁路公司不仅是一家严重亏损的国有企业，而且前景一片惨淡。尽管在石油价格的冲击下，它颇有希望成为一种生态环保的大众运输工具，但也随时可能作为一种过时的交通技术模式而遭到淘汰。此外，在投资、创新等方面的陈腐与停滞不前像霉菌一样沉积在联邦德国低效的国有企业中，该公司就是一个见证。杜尔在1994年如此描述公司夸张的运营状况："自1960年以来，联邦德国的总运输量增长了一倍多，增长率达到109%，客运增长率甚至高达185%；但是，联邦铁路公司自己却未能加入这一增长势头，直到今天仍然停滞在1960年的水平。"[3]

如果铁路不想向公路及其不断增长的客货运输量认输，那公司就不得不进行脱胎换骨式的改革。杜尔态度明确，"这些改进一方面是建立高效的、面向市场的组织结构，另一方面也意味着更多的投资"[4]，即对基础设施、轨道和列车的投资。然而这还不够，他为之追求的是一个整体理念，用以摒除铁路公司糟糕的陈腐形象："如果想吸引人们来乘坐我们的火车，我们必须更多地关注与铁路旅行息息相关的环境条件。换句话说，就是车站、停车位，以及与旅行相结合的各种服务。"

杜尔找到了一个能理解他的经济考量，并能将其意愿物化为建筑形式的合作伙伴——冯·格康。这创造了一个双赢的局面，因为对冯·格康来说，来自铁路公司的委托不仅为 gmp 带来了进一步成长的空间，而且随之面临的巨大挑战也正对他的口味。铁路公司的建造项目，需要处理的不仅是设计一个巨大的交通建筑，还包括单个构件的系列化生产，例如站台顶棚和火车站的各种设施，而其根本诉求是要为德国战后涉及面最复杂的建筑任务之一带来结构秩序。

就此而言，威廉港新中央火车站是一个重要的前奏，这是冯·格康为未来的铁路项目所做的练习。对冯·格康和杜尔来说，“火车站及其商业区是组成城市及其公共空间的必要部分。英国和法国都拥有位于城市核心地带的新一代多功能火车站，经验表明：在今天，这些大型交通站不仅可与其 19 世纪全盛时的状态相媲美，甚至还促使周边的整个城市区域焕发新生”。与此同时，他们认为非常重要的是“车站不能再躲在购物和休闲中心的背后。我们希望能清晰地凸显出它的运输功能。只有当火车站作为一个高效的交通港、一个吸引公众的旅行中心被认可时，它才有能力吸纳商铺、办公楼和酒店，发挥其城市功能”[5]。

对待火车站，就像机场一样，冯·格康坚决反对开发商和投资者对于商铺和餐饮空间占主导地位的要求，因为这些与交通建筑的主要功能相抵触。他严词批评那种“强行引导乘客经过特价商品柜台、横穿大卖场的袜子和 T 恤衫区”[6]的做法。然而，考虑到零售领域日益增长的经济重要性，既然无法规避，他就努力在建筑中“驯化”——控制这些功能在美学和空间上的支配地位。

从 1993 年开始，gmp 的几个铁路项目陆续展开。冯·格康参加了位于柏林西北部的施潘道新火车站的设计竞赛。圣地亚哥·卡拉特拉瓦击败瑞士人法比奥·莱因哈特（Fabio Reinhart），拔得头筹，他此前曾以苏黎世施塔德霍芬（Stadelhofen）的车站方案赢得人们的关注，还在柏林的国会大厦竞赛中获得了一等奖。法比奥·莱因哈特的作品则让人联想到 20 世纪初意大利人安东尼奥·桑特利亚（Antonio Sant’Elia）的未来主义草图。在这次设计竞赛中，冯·格康名列第三，并且拿到了委托。他事后猜测，可能是因为他的方案看起来比前两个竞争对手的成本更低，更切实可行。

他设想在站台上方修建一系列拱形玻璃屋顶，乘客可以经由其下进入站台。这座 430 米长、轻盈通透的钢和玻璃的建筑是在与 sbp 施莱希工程设计咨询有限公司的密切合作下建造的。冯 · 格康借鉴了 19 世纪的火车站建筑，并将其转化为当代的形式语言——1998 年启用的施潘道火车站是一个身着高科技外衣的、光明敞亮的“晚辈”，与它并肩而立的玻璃大厅的“前辈”是由威廉 · 洛索（William Lossow）和马克斯 · 汉斯 · 屈内（Max Hans Kühne）设计的莱比锡中央火车站（Leipzig Hauptbahnhof），或是由海因里希 · 莱因哈特（Heinrich Reinhardt）和格奥尔格 · 聚森古特（Georg Süßengüth）设计的那座建成已近百年的大厅。

施潘道火车站的玻璃拱顶安放在钢制支柱上；这些支柱距离站台的中心轴线 18 米，其上横向伸出弧形梁；对角线上的钢缆稳定了整体结构，也在玻璃屋顶下组成菱形的图案。透明与轻盈成为这座火车站的标志性特征。

1992 年，经过一系列备受争议的讨论，联邦政府作出裁定，支持铁路公司在柏林推行所谓的“蘑菇概念”——设想在政府区建造一个新的交叉式火车站以及一条南北向的隧道。这个想法的起源可以追溯到 20 世纪初，直到两德统一后，才迎来了实施这个世纪工程的时机。新火车站将建在 1957 年被炸毁的莱尔特火车站（Lehrter Bahnhof）的废墟之上，而原本供城郊快轨（S-Bahn）使用的较小的车站将被拆除，为新站建设腾出地方。对柏林来说，这个决定标志着一个全新的铁路时代的开始。这座城市将首次拥有一个中央车站，取代 11 个旧“总站”（Kopfbahnhof）——在 1945 年之前，它们是进出德国首都的铁路交通枢纽。

1992 年年底，当冯 · 格康应邀参加中央火车站的建设研讨会时，已经有一家瑞士工程公司为新的交叉式车站拟出了一套设计规范。事实上，这样的车站对所有参与者来说都是一个巨大的挑战，而此时在由乌拉 · 路德（Ulla Luther）领导的柏林市议会建筑小组里，大家的目标也很明确，即建筑必须拥有一个吸引人的形式。火车站不仅关乎技术，也发挥着城市空间的功能和作用；它具有成为建筑地标的潜力，是柏林的形象代表。

在波茨坦广场和政府区举行的大型国际建筑设计竞赛中，有的项目甚至有几百人参与竞争；但是，中央火车站的情况大相径庭，尽管曾为此遭到公众批评——只有两名国际建筑展的老牌大师克莱休斯和冯 · 格康被邀请参与竞赛。整个项目的时间压力极大，一切都必须在 10 年内完成，以迎接 2006 年的世界杯足球赛。

火车站与商业区的连接——威廉港中央火车站的北海长廊

柏林施潘道火车站的玻璃大厅拉开了 gmp 为德国铁路公司设计的序幕

按照要求，冯·格康提交了几个中央火车站的设计方案。其中一个方案设想的是一组方形的建筑体块与一座圆形的大型中庭相结合，组成一个整体；体块的总体布局近似巴黎广场德累斯顿银行的设计。

克莱休斯的设计呈现了类似的想法，但有一个决定性的不同之处，即他的方案只设想了一个巨大的方形车站体块。从这个方形体块的中心展开一个圆形的、拥有玻璃屋顶的结构，让人联想到这座城市中的巨大储气罐。在面对城市的方向，克莱休斯放弃了火车站特有的形式语言，选择了多孔外墙。

冯·格康在另一个设计方案中，提出了一个完全不同的解决思路。正如在施潘道一样，他设想了拱形的玻璃车站大厅，沿着地面轨道路线展开——两座10层楼高的马鞍型建筑（Bügelbauten）在地面上呈现出南北隧道的地下路线走向。以这种方式，他鲜明地描绘出柏林中央火车站的特点——两条铁路线在此十字交叉，从而塑造出一个独一无二的建筑形象。

然而，柏林市议会的工作存在一个致命的缺点，这也是由于项目的时间压力所导致的，即他们只关注火车站本身，而没有考虑到车站周边环境的问题。直到20世纪90年代中期，柏林市议会才为中央火车站周边地区的城市规划举办了一次设计竞赛，最后决定按照两名理性主义者——翁格尔斯和他的学生、瑞士人马克斯·杜德勒的城市规划方案来建设该区域。因此，很多年里，火车站周围是一片不毛之地，冯·格康的玻璃宫格格不入地矗立其中。

杜尔回忆选中冯·格康设计方案时的情景：“在一个寒冷的冬夜，莱尔特火车站的模型提交给了当时的铁路公司老板，也就是我。建筑师们已经完成了预期的工作，让我们非常满意，现在就看运营者的意见了。当时供选择的一共有5件宏伟的模型。我端详了很久，然后说：‘在我看来，应该选这个。’而这个就是冯·格康教授的设计。时任国务秘书和城市建设主任的施蒂曼也选择了这个方案。”当时已是深夜，冯·格康正开车从柏林返回汉堡，他通过车载电话得知了这个好消息，由于太激动，以致错过了通往汉堡的高速公路出口，一路向罗斯托克（Rostock）方向开了过去。

话分两头，克莱休斯对此次火车站设计竞赛的落败耿耿于怀。1993年2月，在蒂尔加滕柏林馆举行的一次建筑讨论会上，他向公众介绍自己的莱尔特火车站设计时大为失态，当时引起了不小的风波。冯·格康回忆道：“克莱休斯对大家说，哪一个才是更好的设计，明眼人都看得出来。他的方案在建筑学上更经得起推敲，而如果冯 · 格康先生的设计被建成，那将是柏林的耻辱。我把我的设计送给柏林，冯 · 格康先生可以去实施它。”

施潘道火车站和柏林中央火车站这两个大型项目，标志着冯 · 格康与杜尔深度合作的开始。1993 年 11 月，杜尔按响了冯 · 格康自宅的门铃。萨宾娜接待客人，并给办公室打电话："这里有两名来自铁路公司的先生，他们与你有约。"然后，她把杜尔及其同行引到了附近的 gmp。坐在圆厅内俯瞰港口的会议室里，杜尔将他的"21 项目"和盘托出，这背后是将斯图加特、慕尼黑和法兰克福的各个总站改造成地下贯穿式车站的想法，就像在柏林一样。杜尔的设想将带来两个结果：一个是在高速铁路网中，连续贯通的行车路线将缩短列车的行驶时间；另一个是市中心原本被铁路设施占据的区域将被释放出来，作为城市的发展建设用地进行市场化销售，前景可观。冯 · 格康要做的是，在这个领域深入研究，为杜尔的设想描绘出具体的形象，以便他进行政治上的推广。

杜尔对建筑多有关注，与诺曼 · 福斯特、赫尔穆特 · 雅恩（Helmut Jahn），以及当时还不知名的英国建筑师大卫 · 奇普菲尔德（David Chipperfield）都有来往，而冯 · 格康是他一个很好的对话伙伴。"斯图加特 21"（1993 年）、"慕尼黑 21"（1995 年）和"法兰克福 21"（1996 年）的城市规划研究均得以开展，但其中只有"斯图加特 21"最终得到落实，并演变成了一个无穷无尽的故事。这是施瓦本人杜尔的夙愿，即使面对重重阻挠，他仍然坚持推行这个项目。他很快说服了当时的斯图加特市长曼弗雷德 · 隆梅尔（Manfred Rommel），尽管后者的第一反应是："那会很昂贵的。"果然，一语成谶。

冯 · 格康研究出"斯图加特 21"的雏形后，具体设计方案是由克里斯托弗 · 英根霍芬（Christoph Ingenhoven）完成，并提交 1997 年举办的建筑竞赛。在随后的几年里，造价高昂的斯图加特火车站改建项目陷入了重重争议的泥潭，并因其不断增加的成本而发展成了一个政治性丑闻。如今，"斯图加特 21"与汉堡的易北河爱乐厅以及由 gmp 设计的柏林新机场并列，成为德国难以完成大型建筑项目或无能完成的典型案例——至于是前者还是后者，取决于看待的角度。然而，在 1993 年万象更新的狂热中，没人能预料到未来发生这一切。相反，由 gmp 参与的一系列铁路项目成为了其事务所的项目招牌。

冯 · 格康与杜尔的同事马丁 · 莱佩尔（Martin Lepper）一起，代表德国铁路公司在全国，尤其是在德国东部，考察火车站，总结出了一份火车站清单，

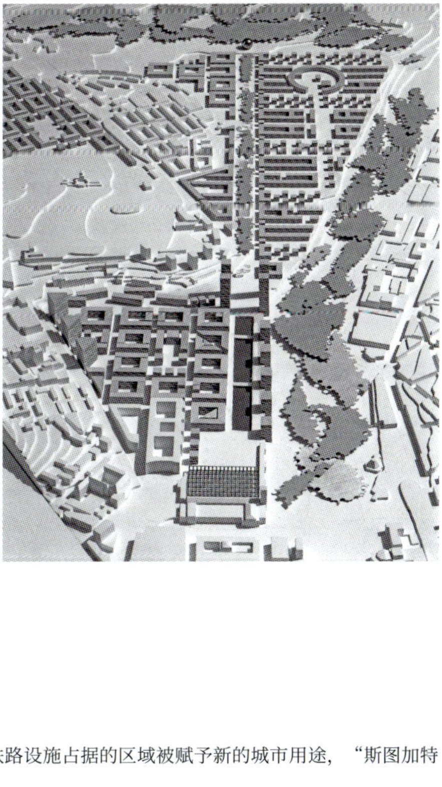

昂贵的设想。在德国铁路公司的“21 项目”中，原铁路设施占据的区域被赋予新的城市用途，“斯图加特 21”是其中之一

并由此于 1997 年制作了一本对火车站进行现代化改造的设计手册。从站前广场到门前雨棚，再到站台上的电梯和上层结构，这本手册为铁路公司提供了详细的建设指导方针，说明如何升级车站建筑，并为其赋予统一的企业形象。

“设计手册”是为了避免在建造过程中发生偏离主旨的错误，例如在中国上海临港和柏林新机场这样的大型项目中，冯 · 格康也会采用这一方式。其间，杜尔和冯 · 格康还诞生了一个想法：在德国发起一场有关火车站复兴的活动，向大众展示，以提高大众对火车站及其在城市中的重要性的认识。19 世纪下半叶，火车作为先进而豪华的交通工具，其各大主要停靠站点曾刺激了许多城市的发展；车站通常位于历史悠久的老城核心区域之外，与其一起建设起来的还有一条条崭新的林荫大道，昂贵的酒店和餐馆也因之鳞次栉比。然而，作为一种大众运输工具，火车逐渐受到来自汽车的竞争，从而导致车站风光不再，甚至被红灯区和毒品泛滥的街区所包围。现在该是扭转这一趋势的时刻了，火车站及其周边环境的品质都将获得大力提升。

在建设部和交通部的财政支持下，精心筹备的“火车站的复兴”大型巡回展览出炉了，并在 1996 年的威尼斯建筑双年展上首次亮相。冯 · 格康最初打算与布伦瑞克的几个学生一起完成这个展览，胥茨提出了异议：“这可不是几个学生就能搞定的。”但是最后，展览确实是由几个布伦瑞克的学生组织起来的（此时的 gmp 柏林团队正是他以前的学生）。其中包括：胥茨、多丽丝 · 舍夫勒、尼古拉斯 · 博兰克（Nicolas Pomränke，后文简称：博兰克）和朱塞佩娜 · 奥尔托（Giuseppina Orto）——作为一个意大利人，她为在意大利的展览提供了不可或缺的语言技能。德国建筑师协会也参与了展览筹备。gmp 团队以极大的热情，在档案馆、博物馆和建筑师办公室之间奔波，筛选物料，安排借展，策划展览概念和设计。他们设计出由轧制钢板和工业磁铁制成的展墙，用来安装展品，这使展陈看起来既典雅又有工业气息；但是，有一个小缺陷，即这些钢板有多美，它们就有多沉重。花费了相当大的代价，才用卡车穿越欧洲把钢板运到威尼斯，然后，在那里通过浮桥进行下一步的运输。

大家心里很清楚，位于绿城花园（Giardini）的德国双年展展馆的空间无法满足展览的需要。他们找到了另一个展览地点，那是曾经的威尼斯共和国（Republik Venedig）在朱代卡（Giudecca）的一个粮仓，紧挨着传奇的西普里亚尼酒店（Hotel Ciprianni）。第一次来视察粮仓时，胥茨几乎无法掩饰他对这个地方的激动之情，而冯·格康则很矜持，他对同事悄声说：“我们还得讲价呢。”

“火车站的复兴”展览取得了巨大的成功，在双年展之后，继续在德国各地巡回展出，同时还有一本内容丰富的画册，并重印了数版。为了1996年的开幕式，冯·格康连同gmp员工和杜尔一起前往威尼斯。来到这座潟湖城的除了双年展的策展人汉斯·霍莱茵之外，还有两名联邦政府的部长——建设部部长克劳斯·特普费尔（Klaus Töpfer）和交通部部长马蒂亚斯·维斯曼（Matthias Wissmann）。他们将在一个特殊的地方发表演讲，这个地方（威尼斯浮桥）代表了萨克森和威尼斯之间非同寻常的关联[7]。为了在视觉和功能上升级德国的火车站站台，冯·格康开发出了一种可串联的站台顶棚。这是一种纤巧的钢和玻璃的结构，三道拱犹如鸟儿伸展的翅膀一般轻盈。作为铁路公司企业形象设计的一个示范，在接下来的几年中，这款顶棚将出现在德意志联邦共和国的数百个站台上。材料和形式彼此融合，创造出兼具美观与实用的空间设施——可以按照需要改变顶棚结构的长度与宽度，从而适应具体地点的不同条件。在威尼斯，这款顶棚被安装在一座沿着大运河延伸的浮桥上。顶棚上印有萨克森州小城克里米特绍（Crimmitschau）的地名标牌，那是杜林钢结构公司（Stahlbaufirma Döring）的所在地，多年以来，这款顶棚一直是由该公司制造的。由于顶棚结构一目了然，以至于另一家公司公然仿造，还事后辩解说：“他们到底想要什么啊？那些站台顶棚看起来不就是这个样子吗？”然而，这款顶棚之所以“看起来是这个样子”，是因为有人把它们设计成了这个样子。冯·格康起诉了这家公司，并打赢了这场版权官司。

---

1. 指德国西南部历史地区。——译者注
2. 德国通用电气公司（Allgemeine Elektrizitäts-Gesellschaft），于1887年在德国柏林创立。1883年，AEG的创始人 埃米尔·拉特瑙（Emil Rathenau）将美国发明家托马斯·爱迪生的电灯专利带入欧洲。1907年，AEG聘请彼得·贝伦斯担任建筑和设计的顾问，开创了电器公司聘用工业设计师的先河。——译者注
3. Dürr, Heinz: Bahnreform. Chancen für mehr Schienenverkehr und Beispiel für die Modernisierung des Staates. Juristische Studiengesellschaft Karlsruhe, Schriftenreihe Band 209. Mainz 1994, S. 3.
4. 同上，S.9.
5. Dürr: „Bahn frei für eine neue Stadt“, S. 13–15.
6. 同上，S. 54 f.
7. 指由萨克森州生产的站台顶棚在威尼斯得以展出而产生的二者间的关联。——译者注

从“大都会号”到质感城际特快列车

随着这个经济上萎靡不振、技术上怠滞消沉的国有铁路企业向私营铁路股份公司改制的全面展开，几十年来一直被忽视的基础设施正在被整饬，一系列“21 项目”有望将铁路所拥有的地产变现。铁路公司正在为计划中的首次公开募股做准备；但是，最终没有成功。

对铁路公司而言，除了要清理自身体制内的官僚主义残余，建设一系列路网、桥梁、火车站和站台之外，还有一处需要脱胎换骨的地方——火车。1991 年 5 月 29 日，德国铁路公司迎来了新的篇章——第一条城际特快列车（Intercity Express，后文简称：ICE）开始投入使用。多年以后，冯 · 格康和杜尔一起坐在 ICE 的餐车里，对铁路公司的这款高端产品直言不讳：“ICE 的形象不够高贵，所有东西都是塑料做的，这很糟糕。”作为建筑师对室内设计的高度敏感性使冯 · 格康意识到完全不同的可能性，他设想中的车厢应该是能够激发旅行的艺术品，而不是平庸的塑料荒漠和可怕的色彩搭配：“给我一个委托，我就给你们做一个火车车厢内饰的设计。”

作为 ICE-3 的设计竞争者，冯 · 格康在最短的时间内与于尔根 · 希尔默合作设计了一款新的火车内饰模型。“我们设计的火车与西门子设计的在慕尼黑工厂同时‘上轨’——他们的行话，只不过我们的火车被隔离在一堵木墙后。西门子完全不喜欢我们的设计。”于尔根 · 希尔默回忆说，“座位是真皮，墙是木饰表面。铁路公司看了设计很生气，声称会有安全问题，根本行不通。最终，我们不得不和他们一起开了一整天的会，算出了我们设计的火车将产生的所谓‘额外成本’。”

火车设计对于“半路出家”的竞争者来说，确实阻力很大，因而最终选择了西门子的设计，gmp 方案落选。然而，火车仍然是个热门话题，如果不能用在 ICE 上，不如用一班独立的列车“自立门户”。基于 ICE 的概念，冯 · 格康设计出了“大都会号”特快列车——银色的火车，共有两列，在汉堡和科隆之间运行，中途停靠杜塞尔多夫和埃森（Essen）。这里的一切都截然不同。受到东方快车和火车旅行文化的启发，乘坐“大都会号”旅行将成为一种独特的体验。塑料被彻底摒弃。冯·格康设计营造出一个令人愉悦的氛围，由动态、水平性，以及最重要的——高品质材料——所定义，其设计的深度甚至细化到咖啡杯上的字体。“大都会号”有着不同寻常的高贵外观，以至于一些二等座的乘客以为自己不小心进了头等座车厢。火车旅行也能带来美妙的体验。

然而，从经济角度，这个设计并不成功。由于线路上的乘客量不足，德国铁路公司为运营“大都会号”而成立的子公司被解散，该列车被改装成了ICE。即使在今天，这两列列车仍然魅力十足——浅色的胶合木、墙壁上的不锈钢波纹板、天花板上的钢格，加上深色皮革座椅，提供了一个舒适的旅行氛围。这不是标准化的流水线产品。作为生态运输工具的铁路，其使用的应该是天然材料，而不是塑料的狂欢。

明亮通透是柏林中央火车站的特征。冯·格康在火车站内部也延续了这个特点

短顶棚和平顶棚

1996年，柏林中央火车站的建设工作全面展开。在这个超大型项目中，施普雷河将被改道——打入板桩墙，抽水挖泥，然后浇筑混凝土（直到1998年年初，在水被抽走之前，火车站的所在地仍然是梅尔基施的一处湖泊景观）；与之同步，附近新的总理府和联邦议院办公楼也正在建造中。随着统一后的新首都逐渐成形，如何管理建筑工地成为柏林建设方面的一个重大挑战。中央火车站正是在这样的背景下建成的。

热爱传统的柏林人还在为该站未来的名称争论不休，投票中，他们更赞成保留历史名称——“莱尔特火车站”。然而，就像有关德国国会大厦的“全会会议区”的荒谬讨论一样，妥协的结果是一个政治过度正确的、不伦不类的名字——“中央火车站（莱尔特站）”。最终，事实印证：由于其规模、功能和靠近市中心的地理位置，这座火车站的确是首都的“中央”火车站，即便其周边环境需要十年时间才能成形。

新车站的决定性特征是透明性，冯·格康在内部也延续了这一点。“主旨是让自然光能够到达底层。”他解释说，“只有把交通区域减少到最低限度，使阳光能够一直穿透下去，这才有可能。”与汉堡照明设计公司Conceptlicht的彼得·安德烈斯（Peter Andres）合作，把这个想法在模型上进行了测试，公司里拥有一个“人造天空”是何等的诗意！事实证明，这个想法的确可以实现。即使在地下15米处，也不必完全依赖人工照明，人们仍然可以捕捉阳光，仰视顶上各个楼层和列车。

长期以来，地上站台的玻璃顶棚一直饱受争议。有专家称，99%的乘客在其下都会感到不舒服——这仿佛是一个不容辩驳的论点；但是，冯·格康不顾铁路部门的反对，坚持实施了他的设计——一个通透的钢铁和玻璃的构筑物。屋顶上安装的光伏系统帮了他一把，正好可以作为遮阳板使用。

20 世纪 90 年代末，德国铁路公司和冯 · 格康之间的关系大大降温。1997 年中期，杜尔被调到监事会，约翰内斯 · 路德维希（Johannes Ludewig）成为德国铁路公司的新负责人。“与路德维希先生的初次会议只持续了半个小时。可以看出，气场不对，和杜尔简直是天差地别。”参与项目实施的于尔根 · 希尔默描述他在柏林与新客户的第一次会面时说。

在要求当时的交通部部长弗朗茨 · 明特费林（Franz Müntefering）取代约翰内斯 · 路德维希无果后，杜尔辞去了监事会主席的职务。然而很快，约翰内斯 · 路德维希在德国铁路公司的日子也就到头了——1999 年年底，他被梅多恩取代。面对发展停滞的局面，这位以革新著称的管理者继续对公司进行大刀阔斧的改革，他说（2007 年）：“刚来到这里时，很明显，如果我们不在铁路改革方面取得进展的话，德国铁路公司将无法实现自己设定的目标。”[1]

所以，这是冯 · 格康要面对的铁路公司的第三名客户。二人的第一次见面就不是很愉快。冯 · 格康和希尔默向梅多恩展示了一张数字化生成的未来车站效果图。冯 · 格康记得，梅多恩当时表现得很冷淡：“车站肯定不会是这个样子的。”梅多恩告诉他。很明显，冯 · 格康和梅多恩是两个实干家，他们都不擅长委婉的沟通方式。现在的问题不只是细节了，而是根本原则，要想用约尔格 · 施莱希设计的纤巧立柱取代洪堡港粗重的标准桥墩，要有“三寸不烂之舌”才行。

除此之外，还存在很多利害关系。“铁路公司老板梅多恩和他的控股公司迅速租下了位于波茨坦广场索尼中心的一座高层，并宣称莱尔特火车站的马鞍型建筑租不出去。从那时起，几家建筑工程事务所一直在以‘秘密小队’的方式工作，假装摈弃了马鞍型建筑，画一些漫画式的草图；但是实际上，我们从未放弃原先的方案。”2001 年，冯 · 格康在汉堡自由艺术学院（Freie Akademie der Künste Hamburg）这样描述当时的可怕情形。

降低成本成为设计的主旋律。尽管 gmp 已经为铁路公司提供了设计手册，但只要为了省钱，纸上写的是什么都无所谓。鉴于德国铁路公司将于 2009 年上市，建筑并不重要，资产负债表才是重点。对于车站的损害终究得以避免，建筑骨架被建造起来了。

2005 年，也就是车站竣工前一年，一个特殊的时刻到来了。在 7 月底和 8 月初的两个周末，单个重达 1250 吨的骨架钢结构以每小时 6 米的速度缓缓下放。

在冯·格康和公众的注视下，一个精密工程的杰作大功告成——骨架臂之间的距离只有区区 2 厘米。10 层高楼的建设工程开始了。

然而，2006 年的德国世界杯足球赛为这个火车站项目投下了阴影。在那个时间点，“夏日童话”的迹象还没有丝毫显现，相反，铁路公司和建筑师之间的关系却陷入了“冰河时代”。人们开始担心，站台上的玻璃顶棚将无法及时完工。“在最后决定如何进行顶棚建造之前，要再次听取每个责任方的意见。在索尼中心的会议室里聚集了大概 20 或是 25 人。梅多恩就坐在我对面。”冯·格康回忆这场对决，“他用尖锐的语气对大家说，如果因为顶棚的原因车站无法在世界杯之前完工的话，他不准备承担任何责任。” 随后就是他们二人情绪激烈的对话。“然后，梅多恩用拳头砸向了桌子，说他不会听命于一个建筑师，然后就离开了会议。”留下一片尴尬的沉默，“前巴伐利亚州内政部长奥托·维斯霍（Otto Wiesheu）告诉我，只有我道歉才能挽救这次会谈。”

冯·格康写了一封简短、语气柔和的道歉信，转交给了梅多恩。他说，他很抱歉事情发展到这种程度，请求继续会谈。“事实上，梅多恩随后回来了，但他坚持自己的观点，于是顶棚被缩短了。”冯·格康说。尽管当时站台顶棚的部件已经全部生产出来了，但决议仍然生效，多下来的部件至今还被封存在火车东站。

“对于顶棚，我们不能简单地去掉一截。” 于尔根·希尔默从设计师的角度解释了这个情况, 因为尺寸上的每一个变化都会对剩余顶棚的规划产生影响: 荷载和承重关系必须重新计算，细节必须随之调整。 “后来，我们实际上比最初想象的更快地完成了顶棚的建造, 比计划的期限提前了。”于尔根·希尔默说。考虑赢得的这一小段时间，他们提议将顶棚再延长一点，但铁路公司不同意。

铁路公司和冯·格康之间的最终决裂是由一个意外引发的。在前数字时代，晒图仍然是建筑事务所复制图纸的常见方式。当一家晒图公司将中央火车站地下层站台顶棚的平面图副本送到 gmp 办公室时，众人对看到的图纸备感诧异：为什么十字拱顶的天花板突然变成了平顶?

由于一心想要节省开支，铁路公司一方面委托柏林的一名建筑师同时进行设计，另一方面则继续安抚冯·格康，让他相信其拱顶天花板的设计即将得以实施。改动的内容败露，只因为修改后的图纸上还是 gmp 的名字，所以制图公司不小心将图纸送到了汉堡，而没有送到那名建筑师那里。

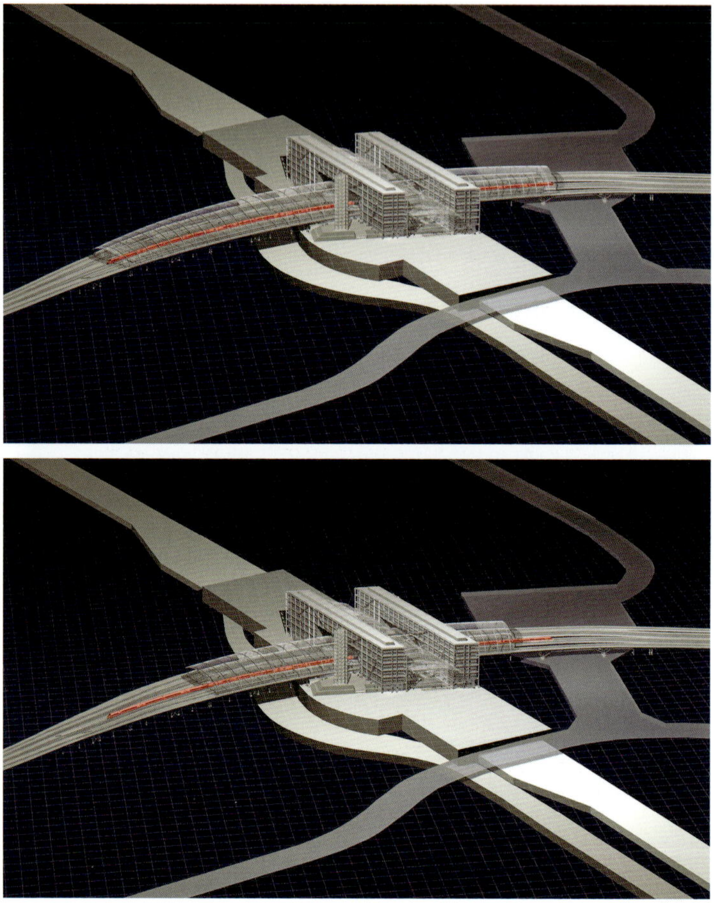

与原设计（上）背道而驰。柏林中央火车站上层平台大厅的玻璃屋顶在施工时被缩短了一大截（下）

冯·格康对铁路公司的行为极其愤怒，2005年秋，以侵犯版权对其提起诉讼。第二年，官司告赢，大量媒体报道了柏林地区法院的判决。该判决全面强调了建筑师的作用：“这是一件独一无二的作品。它的规划最初由被告（德国铁路股份公司）所委托，要求设计一件在各方面都力求出色、代表首都形象的艺术作品。火车站除了其实用目的之外，还需满足特定的审美要求，并作为形象代言为首都和被告本身服务……安装顶棚所造成的侵犯以特殊方式影响了原告的著作人格权，因为作品的原真性已永久丧失。此外，火车站以特殊的方式成为公共空间，每天都有大量人群进出。任何到访车站地下大厅，或是在横跨地下大厅的人行天桥上停留的乘客或路人，都能注意到这个有损形象的平顶。”

冯·格康在中央火车站的牡蛎餐厅庆祝诉讼胜利。该判决是对铁路公司的一记重击，为建筑师的著作权维护树立了标准。虽然该案于2006年胜诉，但天花板仍然迟迟未得以修正。

“梅多恩可能想上诉。我注意到，在铁路公司私有化的推进过程中，必须在证券市场披露有哪些负债，当然也包括尚未胜诉的官司，其诉讼标的额必须记入资产负债表。我们报出的诉讼标的额比铁路公司低得多，他们想用高价把我们这些建筑师吓跑。于是，双方在汉堡进行了非正式谈判，其目的是解决我们其他未结算的款项。谈判在勒卡纳餐厅进行。最后，在双方都不失面子的情况下，他们同意结清我们的一部分未结款项，但最重要的是，我们非营利的建筑文化学院将得到德国铁路公司的捐赠支持。”

在波茨坦广场德国铁路公司大楼举行的联合晚宴上，冯·格康和梅多恩达成“休战”和议：“梅多恩强调，不要以为他会说我是一个糟糕的建筑师。”纠纷平息，但多余的玻璃顶棚构件仍然躺在仓库里，本应是拱顶的天花板仍然是平的，剩下可看的就只有中央火车站本身了。

第一次进入车站玻璃大厅的人，宛如置身于皮拉内西（Piranesi）画中那般的重叠、交叉的路径和楼层中。在这幅人潮涌动的画面中，需要花点时间来确定自己的方向，让自己的目光四处游走。楼梯上上下下，每天有几十万旅客在这里搭乘长途、城郊和市内列车。这是欧洲最繁忙和最大的十字交叉火车站之一。

巨大的钢铁柱梁支撑着各个楼层；纤细的钢缆编织成网，加固着点状支撑的玻璃正立面；电梯是透明的，延续着柏林20世纪20年代早期现代主义玻璃

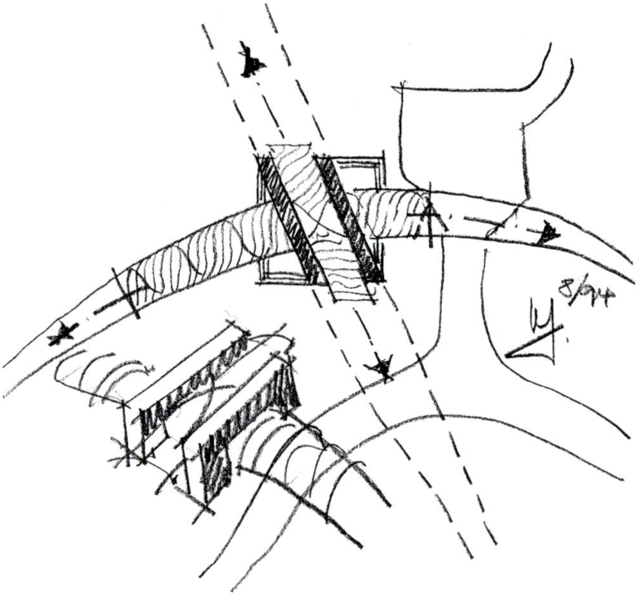

上：柏林中央火车站鸟瞰
下：冯 · 格康的设计草图

明亮通透是柏林中央火车站的特征。冯·格康在火车站内部也延续了这个特点

电梯的伟大传统，甚至连护栏都是透明的。“玻璃护栏的扶手问题困扰了我们很长时间。”冯·格康说，“它们必须够宽，以提供足够的支撑。同时，扶手必须是曲面的，这样，人们才不会在上面放置任何可能掉下去的东西。为了达到动人的材质效果，我们决定采用一种热带木材来做栏杆，并在其中加入高比例的合成树脂进行压缩，我们甚至想把这种材料用来做站台的地板。它有着比石材更好的触感，磕碰声更小，甚至比石材更便宜。我们把这种材料铺在动物园站的一个使用率很高的试验区，效果非常好；但是，铁路公司最终决定不予采用。”

2006 年 5 月 26 日，中央火车站主站在德国总理安格拉·默克尔（Angela Merkel）的见证下正式启用。梅多恩在接受柏林《每日镜报》（*Tagesspiegel*）的采访时，表现得非常自豪：“我们也为这座建筑感到骄傲。一方面，它是一个具有欧洲规模的流动枢纽。我们正在投入运营的，是世界上建筑风格最美、可能也是功能最强的火车站之一；另一方面，该站也是一个象征，是我们国家和铁路公司近年来积极变化的象征。”当时的冯·格康并没有在他的观礼座位上欣赏开幕式，而是躲到了顶层——从那里，他可以将自己的心血尽收眼底。

对冯·格康来说，在德国国内，火车站的主题就到此结束了；但在中国，随着天津西站（2012 年启用）和杭州南站（2014 年启用）的规划，这个主题于 2010 年才刚刚开始。这两个火车站是由冯·格康、胥茨以及 gmp 项目合伙人施特凡·瑞沃勒（Stephan Rewolle，后文简称：瑞沃勒）[2] 共同设计的。虽然天津西站的柱廊、拱顶候车大厅，以及杭州南站庄严雄伟的厅堂结构都是冯·格康特有的建筑语言的表达，而后者装饰性的垂直立面板在其玻璃正立面的统一性中赋予了多样性，但是中国和德国的火车站在功能流程上有很大的不同：在中国，车站内没有购物中心，对客流的引导更容易让人联想到机场；旅客候车不是在站台上而是在车站大厅内——要为所有乘客提供足够的空间，大厅必须具备一定的尺度。尤其是在高峰期，只有到站的乘客通过下层被引出车站后，出发的乘客才能从大厅下到站台层。

1. Mehdorn, Hartmut: Diplomat wollte ich nie werde. Ein Gespräch mit Hugo Müller-Vogg. Hamburg 2007, S. 110.
2. 现任 gmp 合伙人。——译者注

初征国际

涉外事务

异乡异俗，这是个常识，而对于建筑这样的所谓“全球化业务”，这个常识也同样适用。然而有时，某些习俗会让人非常不解，即使是在“他乡遇故知”的时候。20 世纪 90 年代中期，冯 · 格康在韩国就有一段这样的经历。他作为火车站建筑的专家受到邀请，在釜山，加入一个主要由韩国人组成的设计竞赛评委会。冯 · 格康受到十分热情的接待。

“我刚住进酒店，一个友好的先生就打来电话，邀请我去吃晚饭。他带来了两名鞋上有流苏的投资商。他们称赞了一番我的建筑，然后进入正题。他们听说我明天可能会被任命为评委会主席，而这是韩国最重要的建筑项目之一，作为建筑承包商，自然对评选进展非常感兴趣。大家推杯换盏，清酒和香槟源源不断。第二天早上举行了评委会议，除了我之外只有一个欧洲人，他是来自法国。这是一个所谓的‘匿名’竞赛，设计者会用半小时介绍作品。因为不同语言评委之间的讨论非常复杂，为了便于工作，主办方准备了一本列明分数和评分标准的目录。一切看起来都遵循着最严格的规范，非常正式。在共进午餐的时候，我们还被要求不要讨论作品——这当然是整个事件最荒谬的地方。

“随后，对评委会上交的评分进行了统计——严格按照科学的方式进行，大约花了一个小时。其间，没有一个人介绍流程，也没有进行任何相关讨论，这让我很惊讶。此类竞赛的真正目的难道不是为了权衡建筑和城市规划方面的各种考虑吗？我提出了异议，表示这样做不行，以及还有哪些地方需要注意，但都被他们一句话打消了——‘这些都已经能用计算机解决了！’很明显，在尽可能保证客观这个借口下，其目的是尽可能降低透明度。

“结果表明，一切都是表面文章，是绝对的暗箱操作。评委会成员只是被拿来充当傀儡，以打造一个‘民主’的样子。当然，那两名鞋上有流苏的先生再次出现了，他们正是竞赛赢家尼古拉斯 · 格里姆肖（Nicholas Grimshaw）的合作方。竞赛赢家，我确信，虽然我和尼克是朋友，是早就内定好的。因为两个小时之后，我们就在英国大使馆的一场丰盛的香槟酒会上见面了。”冯·格康说。

作为一名建筑师，不太愉快的经历之一就是在某些项目上尽管付出了最大的努力，却仍然没有机会将其付诸实施——与实施失之交臂既不是因为方案的质量，也不是因为参与者的投入，而是因为那些政客的个人偏好。对冯·格康来说，这样的体验格外痛苦，因为他不得不在莫斯科——其父的诞生地——经历这一切。

抵达莫斯科是在谢列梅捷沃机场（Flughafen Scheremetjewo），这可能是个坏兆头——多年前，冯·格康试图拿下该机场的设计委托未果。不管怎样，他想在莫斯科做项目的一切努力都失败了，无论是在城市外围还是在市中心。

其中一个项目是在莫斯科城市边缘规划一系列的购物中心。冯·格康设想了一个基本概念，即外墙的华夫格图案，由 4 米 × 4 米的预制混凝土构件组合而成；但是，这个概念没有实现。在莫斯科河畔的设计同样告吹——这个项目要求建造一组三个不同类型的高层建筑。此外，还有莫斯科市中心的项目——建造一个“中央综合体”，包括一个大型购物中心和一个直径 80 米的标志性球形建筑。2001—2003 年，该项目设计在经历了多次修改、讨论、反复前往莫斯科介绍方案之后，最终因为时任市长的卢日科夫（Luschkow）的反对和其落后的建筑理念而告吹。卢日科夫傲慢地说，这个设计对整个莫斯科省或有好处，但绝不适合首都。

现代性与传统

在越南，现代性与传统之间的关系逐渐成为冯·格康的核心思考主题，与他在俄罗斯的经历大致发生在同一时期，但对他而言，在越南的结果要好得多。

早在 1962 年，法国哲学家保罗·利科尔（Paul Ricœur）就发问：“如何才能在成为现代人的同时溯源？如何才能在唤醒沉睡的古老文化的同时投身普世文明之中？” 在现代建筑和文化身份之间找到一个平衡点，是当代建筑面临的最困难的要求之一。英国建筑历史学家肯尼斯·弗兰普顿在其教科书式的作品——《现代主义建筑》有关批判性地方主义的文章中探讨了这个问题，他开篇即引用了保罗·利科尔的这段话。

要在一座建筑中真正调和现代性和传统有多么困难，在欧洲已经有所体现。在这里，自 20 世纪 70 年代以来，来自提契诺（Tessin）阿尔卑斯地区的建筑师和来自福拉尔贝格（Vorarlberg）、南蒂罗尔（Südtirol）或格劳宾登（Graubünden）的追随者们，一直被认为是区域特异性建筑的先驱。他们知行合一的现代性作品基于（手工艺）传统，却没有滑向原样复制的俗套之中。

然而，当传统是由截然不同的、有时甚至是互相矛盾的来源滋养而成时，要将它剥离出来就更难了。冯·格康在中国遇到了建筑文化的原创性问题，北京的国家博物馆就是一例，而在越南——一个除了自己的千年文化之外，还有被 19 世纪以来的法国殖民势力深刻塑造的国家——也遇到了同样的问题。从歌剧院到宫殿，法国人把河内变成了一个“小巴黎”，包括红河上的“龙编桥”——一座由古斯塔夫·埃菲尔设计的钢结构桥。

1995 年，波茨坦的拉克纳公司（Lackner AG）询问 gmp 是否愿意共同参与越南国会大厦（Vietnamesische Nationalversammlung）的设计竞赛。项目地理位置非常突出——位于市中心的巴亭广场（Ba-Dinh-Platz），正对民族英雄胡志明的纪念堂；为了建造新楼，计划拆除苏联时代的旧议会大楼和邻近的殖民主义风格的外交部大楼。冯·格康和格茨随后多次前往越南，尽管由于建筑的双重用途导致空间划分极为复杂，他们仍然设计出了一个在尺度上与场地规模相符的建筑：国会代表会议大厅被设计成一个倒立的圆台，在入口大厅的围合下，视线被引向对面的胡志明纪念堂（Mausoleum Hồ Chí Minh）。该建筑清晰的立体几何特征不仅符合冯·格康的建筑语汇，也符合越南的传统——在这个国家，圆形象征着太阳和父亲，方形象征着大地和母亲。梳状扇形展开办公室隔间将从侧面连接两个中央的建筑体块。

20 世纪 80 年代中期，越南政府把工作重点放在“更新”概念下的经济改革，从而引领了随后延续 10 年的经济上升期，也刺激了河内的城市和建筑发展。越南不仅在气候上，而且在文化上都与德国有很大的不同，从这次设计竞赛中发生的一些“小事”就可以看出。在汉堡，参赛的木质模型被装入箱子后，没做过多考虑就想当然地用十字螺丝把箱子封上了。然而，在河内要打开这个箱子相当困难，人们花了整整一天的时间，才找到一把当地罕见的十字螺丝刀，而在闷热的城市中，要把沉重的木制模型从一个地方运到另一个地方也并非明智之举。

提交竞赛作品后，将近 10 年都没有任何动静，而此时冯·格康和他在中国的合作伙伴正建造着一座又一座的新建筑。2003 年，越南传来了消息，证明了他们并没有放弃，只是“休眠”了一阵。

gmp 被邀请参加越南国会大厦的第二次竞赛。时间突然间变得十分紧迫——亚太经济合作组织（APEC）峰会计划于 2006 年在河内的新会议中心举办。这是对越南及其国际声誉极为重要的事件。在与其他 24 名国际参赛者的竞争中，gmp 再次取得了胜利；但是，尽管拿到了奖项，施工并没有进行下去，因为在挖掘建筑基坑的过程中，发现了古越南皇城遗迹——现与河内旗台（Zitadelle）同为联合国教科文组织的世界文化遗产。在施工现场变成考古挖掘现场的同时，亚太经济合作组织峰会正在迫近。

然而，施工被迫叫停也提供了一个机会，让人们得以重新思考将越南国会大厦合并建在城市中心是否真的有意义，而遗址的发现也意味着建设可用区域只剩下了很小的一块，已经不能满足两座建筑的需要。因此，政府决定将两个项目分开，国会大厦将在原计划地点稍后建造，而河内老城区外新开发的中央商务区则被选为最为迫切的会议中心的建设新址。

冯 · 格康向他的客户提交了一份提案。由于 gmp 在之前的竞赛中获胜，他们将再为会议中心设计 4 个不同的变体，让客户从中选择。在 6 个星期内诞生的 4 个精心设计的方案，模型和图纸一应俱全。一个专家组在河内对这些方案进行了讨论。几个方案变体的重点是活动大厅的屋顶——从由圆形叶片组成的逐渐向上收缩的圆顶到盛放的花朵般的结构，各有不同。其中，最打动人心的方案是一个由相互交错的三角形组成的金色星形结构，与红色立面元素一起成为越南国旗的生动描绘。

冯 · 格康也参与了方案的决策。当越南客户问他最欣赏哪个设计时，答案再清楚不过了——他认可任何一个来自 gmp 的设计，但他最喜欢的当然还是自己做的那个。

选定会议中心设计方案的过程带有典型的“亚洲风格”。一方面，负责人努力遵守通常的国际程序；另一方面，他们采取了高度务实的操作方法，即委托一个事务所（gmp）同时设计 4 个不同的模型。最后，冯 · 格康最为青睐的设计被选中，并在 2006 年如期竣工。

会议中心坐落在一个宽敞的公园里，紧邻河内博物馆（Hanoi Museum），后者也是由冯 · 格康与格茨、克劳斯 · 伦茨共同设计的，是一个标志性和功能性并举的地标性建筑。悬挑的屋顶结构撒下一片阴凉，其波浪形的主题也是冯 · 格康多次使用过的——从巴特施泰本赌场（1999—2001 年）到德国铁路的火车站屋顶。这个设计主题可以追溯到冯 · 格康的学生时代，借鉴了伍重设计但未建成的苏黎世剧院的屋顶，以及哥本哈根巴斯维尔德教堂（Bagsværd Kirche）内的天花板结构。

大型活动厅上方陡然升起的天窗为室内提供了自然光照，同时也为建筑创造了一种美学上的意象，仿佛这个区域的“波浪”多涌现了一层，为该设计元素在其他区域呈现的统一性设置了一个对立面——多样性。

经过相邻中央商务区的新高层建筑工地，沿着两排红旗簇拥下的道路穿过宽阔的前院，再通过安全检查，才得以进入会议中心的内部。在那里，标志性、功能性与冯 · 格康式的细节设计水乳交融。向顶部逐渐变细的十字形钢柱再次出现，给延展的建筑带来节奏感；访客通过浅色天然石材面的楼梯进入各个活动楼层；建筑的使用功能从国际会议到日常高级别的婚礼，地下一层的大厅还为婚礼用途做了专门修饰。高科技与当地的建筑传统完美融汇于这座建筑中，

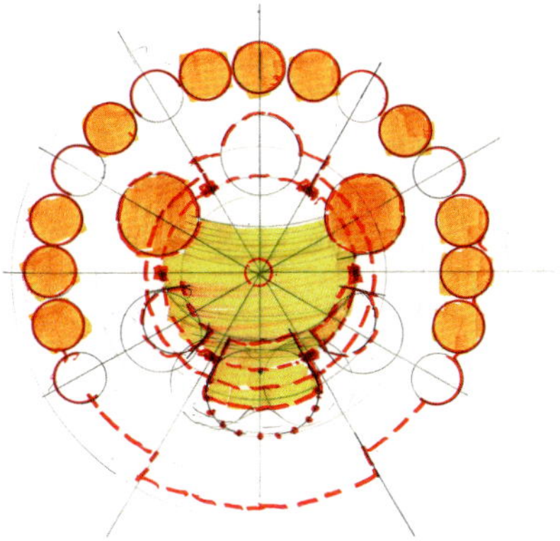

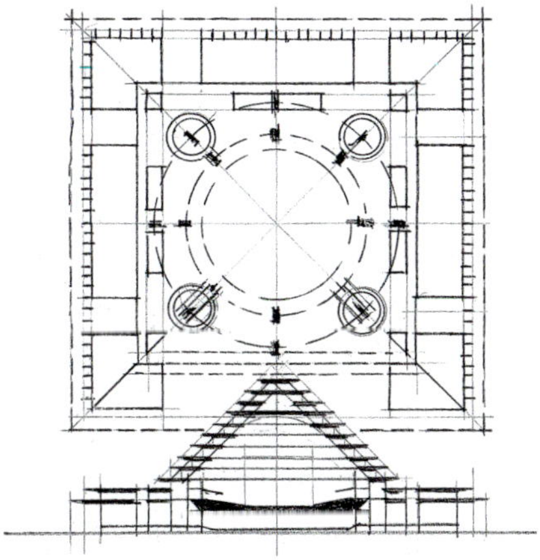

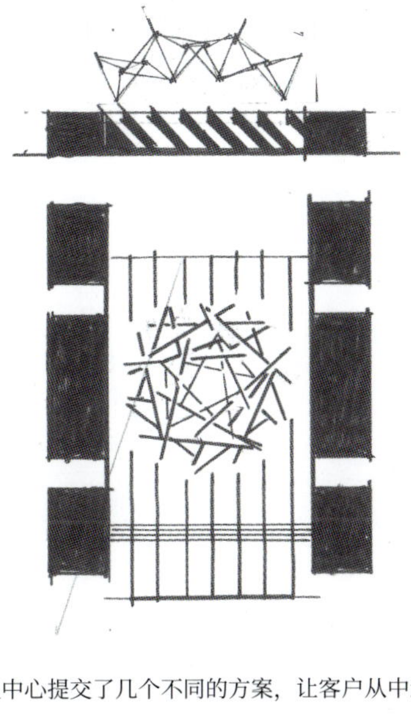

冯·格康为河内新会议中心提交了几个不同的方案，让客户从中选择他们的最爱

在朝向公园的小会议室中尤为清晰可见。宽大的挑檐和窗前的几何窗格是为了避免太阳光的直射，也是为了保护隐私。

2006 年 11 月 18—19 日，第十四届亚太经济合作组织峰会，美国总统乔治 · 沃克 · 布什和俄罗斯总统普京身着越南传统服饰在会议中心前合影，表情愉悦。4 年后，第十七届东盟首脑会议也将在那里举行。然而与此同时，会议中心的经营者正在为其“省钱”的做法付出代价：亚太经济合作组织峰会结束后，他们为节约能源关闭了空调，而河内炎热、潮湿的天气带来了可怕的后果——在很短的时间内，建筑内部出现霉斑，很大一部分必须完全更换。

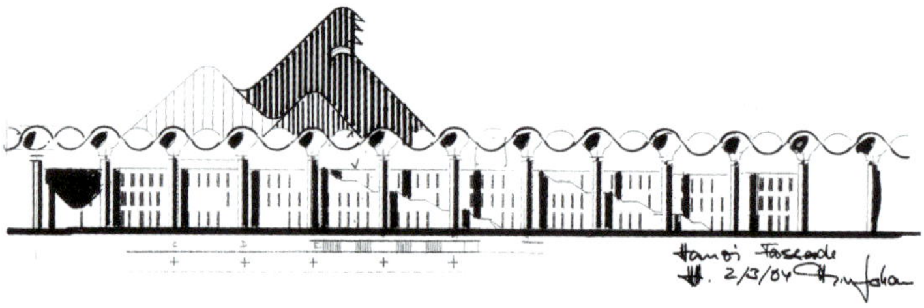

传统与现代的交织。2006 年，在河内，亚太经济合作组织峰会成员领导人在充满动感的国家会议中心前合影留念

阴影金字塔

恶劣的气候条件是河内博物馆设计的重要考量因素。站在博物馆的露台上，可以看到会议中心的美景。博物馆的设计主旨是创造一个可以“自我遮阴”的建筑，以保护展览空间内的艺术作品。为此，冯·格康选择了一个倒金字塔的形式—— 一个“自我遮阴”的独立体量。博物馆于 2010 年建成，坐落在一个由阶梯、水面和低矮灌木丛组成的台基上；首层大厅由玻璃幕墙围合，其上是三个悬挑楼层。建筑物的上端由一个同样悬挑而出的水平伞幕构成。博物馆的窗户前面是带有星形图案的金属屏风板，每五个一组。技术和传统因此而融合、统一。从四个方向都可以进入正方形平面的建筑中，其内部围合出一个圆形的通透空间，并以一个巨型车轮形的吊灯加以强调。一个螺旋形的坡道将博物馆的参观者引向上部楼层。

同是委托的公共项目，冯·格康和格茨还接手了越南内政部的一座办公大楼（2011 年落成开幕）。这座巨大的办公和行政综合体是与街道成直角的高层板块，两侧被两栋较低的板式建筑包围着。板式建筑的梳状结构使得办公空间可以自然采光。那时，在这座引人注目的建筑附近，有警示牌着重告知“严禁拍照”。尽管该建筑的外观极其吸引人的眼球，但在越南最好还是严格遵守这条规定。

越南是一个处在转型期的国家，正经历着现代化浪潮的冲击，在包括建筑的各个方面都努力寻找着自己的道路。

“成为现代，回归本源”

20 世纪 90 年代中期，当冯 · 格康和格茨第一次来到越南时，一眼望不到头的自行车队伍占据着河内的街道，而今，满载货物的轻便摩托车取代了自行车，这正是经济逐渐繁荣的证据。可以推测，若干年后，汽车将取代轻便摩托车在街道上占据主导地位。

当然，这种变化也有其弊端，从河内的交通堵塞到城市和农村地区的巨大经济差距都可见一斑。越南人，就像在过去几十年历史中经历的所有戏剧性曲折一样，始终以坚定的好奇心面对着一切变化。新婚夫妇穿着借来的西装和西式婚纱在摄影师面前摆出各种姿势，摄影背景借鉴欧洲样式，经常有一辆豪华的小汽车为其增添活力，虽然这时的大多数越南人是买不起汽车的。在离照片拍摄不远的地方，年轻的客人们坐在一家餐厅顶层的阳台上，俯视着成群结队的游客——主要是美国人，在越南战争结束后不久就来探索这座城市，而阳台护栏的缺失似乎并没有引起任何人的担心。几米之外，有人在人行道上投入地打着羽毛球。河内充满了令人愉悦的青春气息。

越南人的这种特殊心态反映在与建筑事务所的谈判中。尽管如此，失去个人面子在越南也是很糟糕的事情。因此，人们喜欢滔滔不绝、雄辩式地阐述不同立场，并在不同立场之间进行调解。

建筑师必须努力过滤蕴藏在大量文字中的意图，控制讨论进程，并在最后作出决定，以保证建造过程能够继续推进。在这方面，作为一家德国的建筑事务所颇有优势，它不仅代表德国能建造好建筑——越南和民主德国之间的友好关系，自 1989 年一直延续到统一后的德国，从而使各种项目谈判进展顺利。

越来越多的国际明星建筑师向越南进军。在伦佐 · 皮亚诺要为河内建造一座歌剧院、诺曼 · 福斯特要建成越南第一座巨型摩天大楼的多年之后，冯 · 格康和格茨终于设计建造起了新国会大厦。

然而，道路是坎坷的。越南建设部副部长根本不同意冯·格康的建筑观点，而这仅仅是因为他自己是学建筑出身的，想要在成功的外国同行面前彰显一下权威。他的反对意见建立在"现代主义中缺乏传统元素"的基础上，冯·格康对此提出了异议："拥有这么多楼层、这么多独立的办公室和会议室，外加一个可容纳 650 名议员的大型全体会议厅的大型建筑，在越南历史上根本找不到可类比的先例。"但是，副部长回答说，他对此不感兴趣，必须重新确定对越南传统文化的阐释，不允许简单地建造"现代"。[1] 他还拿起毛笔，在图纸上"涂画出不伦不类的立面"。

在紧张局势升级之前，恰好时任德国外交部部长的弗兰克·瓦尔特·施泰因迈尔前往越南，冯·格康也在经济代表团中随同前往。冯·格康请求外交部部长在与越南总理会面时允许他陪同，部长同意了。于是，在此次会面中，冯·格康陈述了自己的观点，并问总理道："在越南，是否有一栋建筑，实现了所谓的典型越南建筑与现代用途、现代建筑形式的共生？"[2] 答案显然是否定的。这正是冯·格康此行的目的——要来解决这个挑战。

冯·格康的设计态度总是面向建筑的现实性。他以越南国会大厦为例，在建筑文化学院探讨了传统与现代的关系问题。在 2008 年的一个工作坊上，他布置给参与者的任务是完成一个"具体的立面设计，既要满足现代化高要求，又要反映典型的越南特色"，而该建筑的立方体块是预先给定的。其中，两名中国学员的设计在工作坊中夺冠——通过将立面的百叶结构与风景主题拼贴，并结合典型的越南味十足的色彩，在建筑愿景的自由性和操作可行性之间寻求平衡[3]。

经过德越双方进一步的长时间讨论，国会大厦的方案确定并付诸实施。这是一个划分精细的建筑体块，其立面由纤细的壁柱构成；该建筑的平面是一个 104 米 ×104 米的正方形；6 层楼，外加顶楼附属楼层；突起的部分是国会大厅的圆厅顶部。

自冯·格康第一次踏上越南的土地，20 年过去了。越南内部关于拆除苏联时代旧国会建筑的讨论逐渐消失，增加的内容是新国会大厦后面的大型考古挖掘区，它将被纳入一个考古公园中。然而，面对胡志明纪念堂对面显眼的建筑工地，老问题仍然在耳边回响："如何才能在成为现代人的同时溯源？如何才能在唤醒沉睡的古老文化的同时投身普世文明之中？"

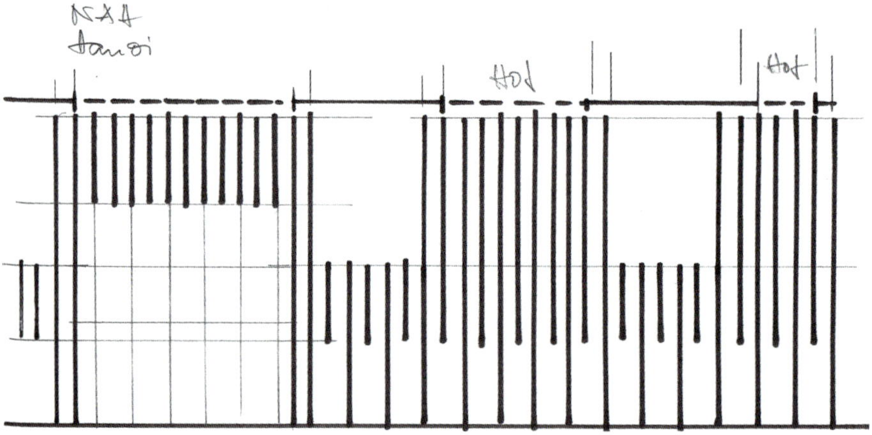

获奖的国会大厦。2015 年落成的越南国会大厦融合了当地和当代的建筑元素

1. Gerkan: Black Box BER, S. 123.
2. 同上，S.125
3. Vgl. Gerkan, Meinhard von (Hg.): aac Academy for Arcitectural Culture. Dokumentation 2008. München 2008, S. 40 f.

风萧萧，水淙淙

此章节由原作者于尔根·蒂茨在 2021 年进行了部分改写。——译者注

中国缘起

冯·格康与中国的第一次接触是冰冷的。1998 年 1 月 17 日，当他与一个德国建筑师考察团降落在中国首都的老机场时，冬日的寒风正从北方的戈壁滩吹向北京。诺曼·福斯特红黄二色的“龙形”新机场在当时仍是一个遥远的愿景，直到几年之后，2008 年奥运会即将举办之际才建成。

与冯·格康同行的，还有他在汉堡办事处的同事米夏埃尔·比韦尔（Michael Biwer）。此次行程是受联邦建筑和规划局的邀请，时任局长的是弗洛里安·毛斯巴赫（Florian Mausbach）。冯·格康此行的目的是前往中国首都，了解此地德国大使馆学校（Deutsche Botschaftsschule）新校舍的建设场地情况。考察团中还包括这个建筑邀请赛的其他参赛者和评委会的成员。与一般实地考察不同的是，几乎没有任何一个参赛者或是评委愿意错过此次旅行——可以了解中国，而且花费由联邦政府承担，实在太吸引人了。

在北京的日子里，建筑师们的日程被政治、建筑和观光的各类活动安排得满满的，其中包括乘车观光、参观紫禁城以及前往市郊的长城。冯·格康在北京买了一顶“正宗”狐皮帽子作为纪念品。事后，大家都拿这顶帽子开玩笑，说皮毛看起来更像是兔皮。

回想起来，当时北京给冯·格康留下印象最深的是“街道太宽，是一个少有人本意识的城市，路上骑车的人比现在多得多”。自从他第一次去过北京后，骑自行车的人与开车的人的比例一直在持续变化着，并最终发生了完全逆转。对于当时的中国建筑，冯·格康的立场非常明确——完全不能接受。

2000 年前后，后现代主义的余波牢牢攫住了北京。冯·格康回忆说：“每座新的摩天大楼顶上都有一个造型，看起来就像鸡尾酒上的樱桃。”他绝不是唯一一个对中国建筑有此评价的人。法国哲学家、汉学家弗朗索瓦·朱利安

冯·格康于 1998 年首次登上长城

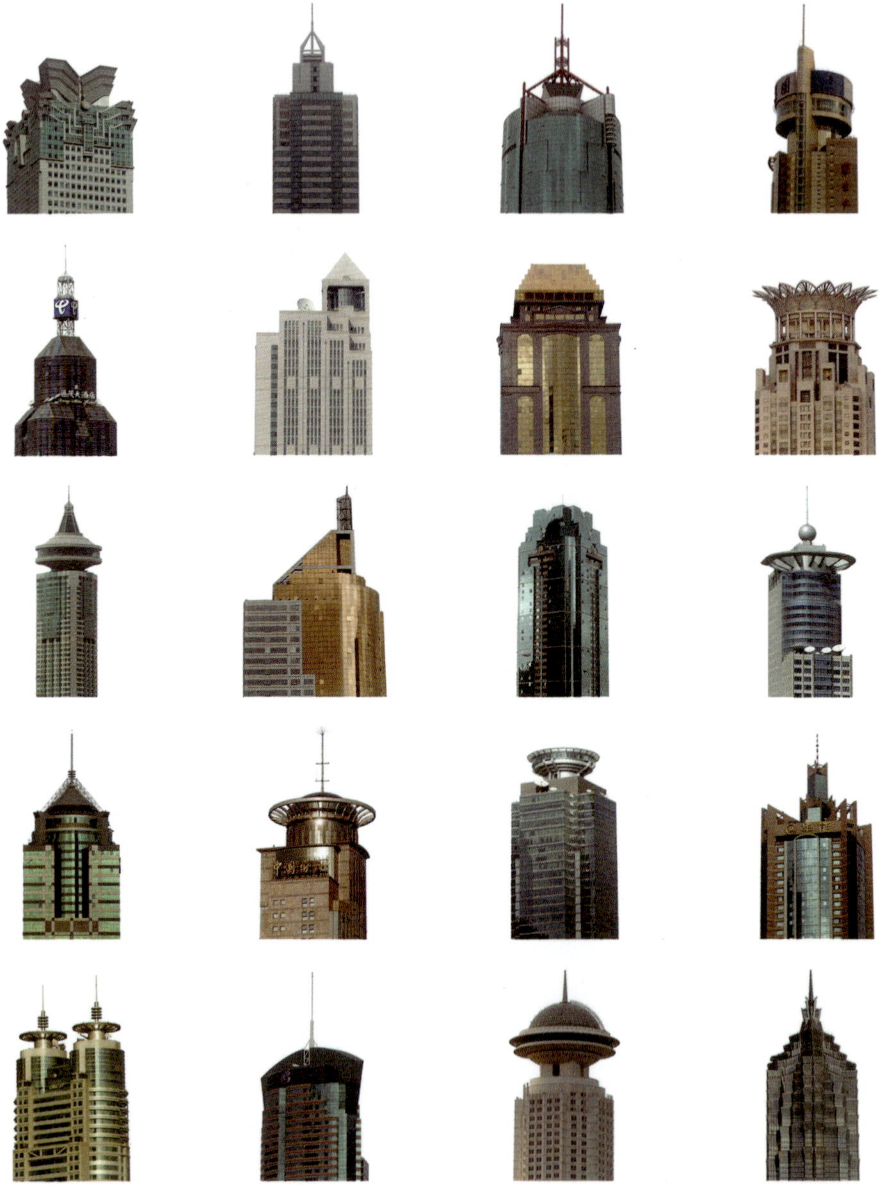

不同的尖顶。中国摩天大楼常见的顶部造型

（François Jullien）曾以西方的视角对中国做出十分深刻的观察，2002 年，他在其作品中写道：“在建筑方面大获成功的，是一种闪闪发亮的坏品位。”[1]

对于冯·格康和他的许多员工来说，中国不仅意味着要处理全新维度的项目以及最终取得国际突破，与中国的相遇，也为 gmp 开启了一系列在此之前难以想象的“形式光谱”（Formenspektrum）。

迄今为止，gmp 在北京、上海和深圳都开设了办公室，并在中国完成了 150 多个建筑项目，从住宅和办公大楼到购物中心、商业园区、大型体育场馆和超大规模的展览和会议中心。gmp 还在重庆、天津和青岛建成了多座歌剧院。这样的大型文化建筑与冯·格康的创作心性格外贴近。此外，他与胥茨合作，在北京设计建造了一座新教教堂。他在众多中国项目中达成的最高成就是上海的临港新城—— 一个可容纳近百万居民的近郊新城。

在 1998 年的冬天，这一切尚未显现出丝毫预兆，恰恰相反，“当时似乎非常明确的是，在这次旅行之后，我与中国的接触就到此为止了。首先我们之间没有任何进一步的联结点；其次，当时大家对于中国的展望并不乐观，听说了一些其他建筑师的遭遇，几乎没有什么成功的经历，多半都是遭受巨额损失的故事。”冯·格康已经被人警告过了。

自 20 世纪 70 年代以来，冯·格康一直在努力将 gmp 推向国际。尽管他在德黑兰的图书馆方案获得了一等奖，还在沙特阿拉伯建造了两个游牧民族定居点——泰马和苏莱伊尔，但都未产生持久的国际影响。随着世界距离的拉近和新市场的开拓，德国建筑师也越来越多地在世界各地进行建设，而冯·格康就是最早认识此前景和潜力的人之一。

1978 年起，邓小平在中国启动了经济（因此也包括文化）开放的进程，其结果是对现代化和经济变革的巨大推动。这种推动一直持续到了今天，中国因此一跃成为世界经济和政治大国，伴随这一切，各种积极的和消极的产物并生，在建筑和城市规划方面得到了最直接的体现。在中国发生巨变的过程中，这幅庞大“拼图”当中的“一小块”便是在北京建造的德国大使馆学校新校舍。有了其他联邦建筑项目的经验，一开始连冯·格康自己也不相信这所学校会很快完工。

在风雪交加的北京，他和其他参赛者一起，在一个充满了欢乐气氛的酒局里打赌，赌新校舍何时能够启用。赌注是：投注的日期与实际启用日期每相差一年，就要赔给赢家一瓶葡萄酒。酒至酣时，大家还纷纷在“投注单”上蘸红酒按下拇指印。弗洛里安·毛斯巴赫作为甲方代表，自然一心想要项目在 2000 年准时完工，但其他同行，就像冯·格康一样，对在中国的这场冒险持有相当怀疑的态度。来自福拉尔贝格鲍姆施拉格尔 - 埃贝勒建筑事务所（Baumschlager Eberle Architekten）的迪特马尔·埃贝勒（Dietmar Eberle）推测，项目会在 2002 年启用，格西内·魏因米勒（Gesine Weinmiller）打赌 2005 年完工，冯·格康则赌 2006 年。

事情的结果出乎所有人的预料，冯·格康对中国建造速度的判断大错特错——他赢下了这次设计竞赛，而且学校在 2000 年如期建成，并启用。弗洛里安·毛斯巴赫可以好好享受几瓶上等葡萄酒了。

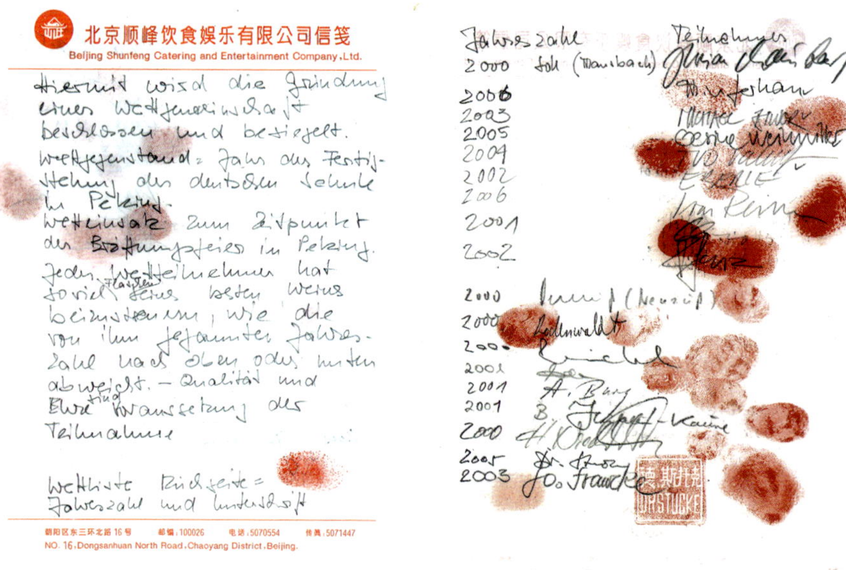
北京顺峰饮食娱乐有限公司信笺
Beijing Shunfeng Catering and Entertainment Company.Ltd.

Hiermit wird die Gründung einer Wettgemeinschaft beschlossen und besiegelt.
Wettgegenstand: Jahr der Fertigstellung der deutschen Schule in Peking.
Wetteinsatz zum Zeitpunkt der Eröffnungsfeier in Peking.
Jeder Wettteilnehmer hat soviel Flaschen bester Weins beizusteuern, wie die von ihm genannte Jahreszahl nach oben oder unten abweicht. – Qualität und Ehre Voraussetzung der Teilnahme

Wettliste Rückseite = Jahreszahl und Unterschrift

朝阳区东三环北路 16 号 邮编：100026 电话：5070554 传真：5071447
NO. 16,Dongsanhuan North Road,Chaoyang District,Beijing.

Jahreszahl | Teilnehmer
2000
2006
2003
2005
2004
2002
2006
2001
2002
2000
2000
2000
2001
2001
2001
2000
2005
2003

可预见的终点。1999 年，对北京德国大使馆学校何时建成的“投注单”

1. Jullien, François: Der Umweg über China. Ein Ortswechsel des Denkens. Berlin 2002, S. 144.

北京德国大使馆学校

实际上，这次大费周章的北京之行是多此一举，因为就这个建筑项目而言，对基地的仔细勘察并没有十足的必要。在这块基地上，寻找任何“场所精神”的想法都将是徒劳。

“用于建造整个学校建筑群的区域已经被清理一空。”冯·格康回忆说。这个地点原本是用来为民主德国建造新使馆的，但在 1989 年后就没有必要了[1]。学校环境与周边显得格格不入。从最初的设计到学校的建成，在短短的两年时间之内，冯·格康见证了建筑热潮对北京的深刻影响。这种热潮一直持续至今，按照西方的标准，其发展速度之快是难以想象的。

“即使其间只经历了相对较短的时间，第三使馆区内的环境也发生了很大的变化。尽管繁忙的亮马桥路与鹤立鸡群的高层建筑仍然是这个区域的标志，但那些原本占据大部分地区的居民大院在竞赛期间还分毫未动，此时却已经消失得无影无踪。高楼大厦继续像蘑菇一样地冒出来，似乎没有任何有迹可循的城市发展计划框架。”

德国大使馆学校的新校舍必须在千禧年来临之前尽快开工，因为从 2000 年中开始，学校之前的教室就已经不能再使用了。时任德国总理的格哈德·施罗德（Gerhard Schröder）主持了奠基仪式，建筑师却不在现场，因为他的航班延误了。

冯·格康设计的新校舍，其清晰的空间结构和建造质量即便出现在汉堡或是斯图加特也毫不违和。跨过学校前面的岗亭，你就进入了北京城中的德国使馆区，你可以听到操场上踢足球的孩子们用德语大喊“进球了”，以及他们母亲施瓦本语的聊天声。

学校所在的地块大致呈三角形，冯·格康在其上安置了两个不同的建筑体块：“一个水平方向延伸的教学楼和一个垂直竖立的住宅楼，二者形成了一个意图鲜明的组合，建筑的红黄二色从周边环境的灰色之中脱颖而出。”

教学楼是一座有三层楼教室的横条形建筑，面对学校中心区域，其中还设置有入口大厅、一个多功能厅和一个体育厅。在其一侧是为使馆工作人员建造的 10 层住宅楼。两座建筑之间的空地上有一个小型足球场和操场，后边紧邻栅栏处的空间刚够修建一条跑道。2007—2008 年，德国大使馆学校的建筑已经进行了一次扩建，由于仍然难以满足需求，正在考虑扩建一个新校区。

在设计之初，该地块周围的区域已经没有空地了，其所在的朝阳区是北京三环上发展最为迅猛的街区之一。环形道路就像洋葱皮一样环绕着北京的中心，北京正如典型的中国城市那样，是建立在一个网格状的布局上，拥有一个清晰的、南北走向的轴线系统。紫禁城连同其外围的皇城殿宇和毗邻的天安门广场构成了这座城市的“心脏”。包围着这颗“心脏”的二环曾经是北京城墙所在，直到 20 世纪 50 年代末才被拆除。今天，已经有六条环形公路围绕着这座拥有上千万人口的城市，而这座城市仍然在不断扩张。

只有少数的历史建筑仍然将历史的零星片段锚定在当代城市的汪洋中。尽管德国大使馆学校是新建筑，是外交官兼作家埃尔温·维克特（Erwin Wickert）倡议的结果，但它也是建筑的“历史之锚”之一，遥遥指向过去——1914 年开办的北京第一所德国学校。它应该不是中国的第一所，在上海（1895 年）、青岛（1899 年）、天津（1909 年）和汉口（1913 年）都曾建立德国学校。北京第一所德国学校的记忆在其校徽中得以延续，其上的图案是紫禁城附近的鼓楼。在鼓楼和钟楼之间的街区穿插着这座城市典型的胡同，胡同之间又合围着独具特色的四合院，这片老城区成为北京主要的历史景点之一。

由于项目的缘故，冯·格康必须每年数次前往中国。仅在 1999 年，他就从汉堡往中国飞了 15 次，而在接下来的几年里，这个频率几乎没有降低。

布罗克施泰特回忆说：“有时，格康刚刚与客户讨论完某个项目，就坐在从中国回程的飞机头等舱里画设计稿了，而此时他身边的其他乘客都在睡觉。飞抵汉堡之后，他随即将设计方案交给同事做进一步处理。”

德国大使馆学校新校舍让冯·格康在北京建筑界迈出了第一步，新的项目接踵而至。不过，其中有一个并非始于中国，而是他在汉堡、在俯瞰易北河的风光中收获的，而且相当偶然。冯·格康曾多次为建筑商汉斯·格罗特（Hans Grothe）设计房屋。1999 年，二人又在讨论一个新的联合项目，在易北大道

gmp 的圆厅里，双方就此组织了一个会议。汉斯 · 格罗特不仅是一名老练的建筑承包商，还是一名精明的艺术收藏家。在会议结束时，一个曾就读于汉堡美术学院、在 gmp 有熟人的年轻中国姑娘，找到机会想要向这名收藏家展示一下自己的作品。

然而，他并不怎么感兴趣。“格罗特表现得相当无礼。”冯 · 格康回忆说，“他拒绝了那个女孩。她倒没有哭，但是我有些同情她，于是陪她走到了门口。我们边走边聊了起来，她告诉我，她已故的父亲黄胄在中国是一名成功的画家，其作品会在北京的炎黄艺术馆展出。她问我，作为一家德国建筑设计公司，愿不愿意在这个博物馆里展出我们的作品。该博物馆目前是由她的母亲郑闻慧在管理。”

事情很快就水到渠成了。双方达成协议，而在中国展示其作品的这个时间点，对 gmp 来说，可谓是“天时地利”，因为吸引中国公众和政治关注的并不仅仅是学校建设项目。此外，第 20 届国际建筑师联盟（International Union of Architccts, 缩写: UIA）大会于 1999 年夏天在北京召开, 主题是“21 世纪的建筑”。在冯 · 格康看来，有世界各地建筑师同行在场将打造出一个理想的论坛，而他将以“为公众建造”为题，面向国际公众介绍 gmp。随展览印制的宣传手册将未来柏林勃兰登堡机场的人行天桥图片作为封面；此外，手册中还呈现了 gmp 具有代表性的工作业绩，其中包括为“斯图加特 21”项目所作的研究。

炎黄艺术馆的展览是在极其紧张的时间压力下完成的。有一些被选中展出的建筑模型还在客户那里，需要一个个取回来，再统一空运到北京。展出的建筑设计平面图和立面图等，在当时多半是由手工绘制而成的，也都必须要及时运往北京。为了降低运输成本，这些已经在汉堡装裱好的作品被从画框里拆下来，然后装入文件夹寄往北京，重新装裱——费用只是德国价格的一个零头。

由于展品太多，冯 · 格康在现场进行了筛选，将很大一部分从展室里撤走。与此同时，施蒂曼也在该博物馆举办展览，展出的是他以石构建筑对柏林进行重建的设想。然而，冯 · 格康觉察出他对 gmp 的展览似乎非常恼火，可能是担心被抢走风头吧。

这次展览使冯 · 格康受到了中国中央电视台的关注，还对他进行了采访，节目曾多次播出。后来，冯 · 格康的名字和作品在中国投资者和开发商当中广为人知，这个节目无疑作出了决定性的贡献。gmp 被邀请参加中国的一系列建

红黄二色。水平方向延伸的教学楼和垂直竖立的公寓楼，形成意图鲜明的颜色组合，从周边灰色的环境中脱颖而出

筑竞赛，包括深圳的会展中心（2001 年）、宁波的一座高层酒店（2004 年），以及杭州的两座高层建筑，附带一个以柱廊合围的公共口袋公园（2002 年）和一座包含购物中心的高层建筑（2007 年）——冯 · 格康在中国处理时间最长的项目。当作为展览宣传手册封面的柏林机场人行天桥仍是泡影，大家还在为“斯图加特 21”争论不休时，gmp 早已在中国建成了很多大型项目。

在北京举办的展览反响热烈还有一个原因——gmp 在南宁国际会展中心的设计竞赛中获胜。在筹备展览的同时，这个极具说服力的建筑也为冯 · 格康在中国的进一步工作带来了突破性的进展。尽管每个建筑项目都有着各自特殊的环境条件，在南宁这个中国南部拥有 600 多万常住居民[2] 的城市进行建设是一个全新的挑战，但对于拥有丰富会展类建筑设计经验的 gmp 来说，仍然是驾轻就熟。1995 年，由玛格设计的新会展中心在莱比锡开幕，随后又在汉诺威（1996 年启用，1999 年扩建）和里米尼（2001 年启用）建造了会展中心。由于 gmp 的大部分会展中心设计都源自玛格，因此，南宁的竞赛文件最初也顺理成章地放在了他的办公桌上。看到玛格正忙于设计其他项目，冯 · 格康立刻接手了这项任务。他与格茨共同完成的南宁国际会展中心设计在国际一流水平的竞标比拼中——其中包括为北京奥运会设计水上运动中心的澳大利亚佩德尔 - 索普 - 沃克建筑事务所（PTW）和设计上海歌剧院的建筑师夏邦杰——胜出。

1999—2003 年，南宁国际会展中心主体完成建设；2005 年，会展中心综合体进入第二阶段扩建。该中心的设计特点是清晰、透明以及对高科技感材料的运用。主要展陈部分是一个长条形的体量，部分展厅为双层；拱门形成空间节律上韵律感；两道拱门间穿插进一个加宽的拱门，由此形成的大门结构为大型运输车辆的进出提供了便利。

会展中心的亮点是圆柱形体量的大厅，其顶部半透明的白色折叠结构宛如一朵朱槿花——它是柏林滕普杜音乐厅厚重混凝土屋顶的“轻盈版”。

正如诺曼 · 福斯特为柏林国会大厦（Berliner Reichstag）改建所做的那样，冯 · 格康也为南宁国际会展中心的屋顶提出多种不同的设计方案。最后，客户选择了他实际是为柏林新娱乐中心设计的样式。在南宁工作期间，冯 · 格康认为柏林新娱乐中心建成的可能性微乎其微，因为该项目不但处于资金困境中，而且还牵连着一桩昭然若揭的政治丑闻。不过，后来一切峰回路转，这一对性格各异的“姐妹”建筑竟然几乎同时建成。

尽管形式语言相近，但这两个建筑屋顶在效果和材料的使用上各不相同：在柏林使用的是混凝土，原因是要隔绝噪声；在南宁使用的是膜材料，为了夜晚的熠熠生辉。

这是冯·格康的第一个“纯中国”项目。他从中体会到，在建筑业，中国与德国的深刻差异不仅体现在建造中。南宁国际会展中心被规划定址于一个坡地上，是数百万人口大城南宁的地标性建筑，这些都使得它格外具有吸引力。然而，对于这座拥有 9 万平方米会展空间以及由此带来的极大交通运输量的建筑来说，基地选址带来了特殊的挑战。施工现场必须提前清理，并按照设计铲平部分坡面。“数以千计的卡车把沙土运离现场，但只能在晚上操作，因为白天会造成大规模的交通堵塞。”冯·格康描述了工程的艰辛。

当时用来安放混凝土桩基的孔深约 20 米，不是用重型设备钻出来的，而是工人们用铁锹一点点挖出来的[3]。挖出来的沙土装在桶里，用绞车提上去，再用手推车运到待命的卡车上。在用照片记录的现场工作场景中，工人们结伴工作：一个人在洞里挖土，另一个人在洞口边运输，同时照看着以防事故发生。午休时，下面作业的工人时常会就地留在下面吃饭。工人们在建筑工地旁的集装箱简易房或是帐篷营地里过夜。

由厚重混凝土构成的柏林新娱乐中心

拥有半透明折叠结构的南宁国际会展中心

1. 1989 年东德解体，1990 年东、西两德正式统一，所以才有此说。——译者注
2. 据统计，2020 年南宁常住人口已达 800 多万。——译者注
3. 向该项目施工的结构负责人（现任华蓝结构总工程师）庞少华了解，会展中心一期的基础采用的是人工挖孔桩。20 世纪八九十年代，人工挖孔桩在广西的应用比较普遍，而当时采用挖孔桩的主要原因是场地与旁边竹溪大道高差较大，坡地上应用人工挖孔桩有优势，而且以基地的表面土层条件较容易挖到有承载力的风化岩。——译者注

变化与价值

今天到南宁参观博览会的人已经很难想象那段历史。一方面是高科技下的现代性，另一方面是局部依然古旧的生活现实，正是二者之间的严酷冲突呈现了在邓小平带领下中国改革所经历的艰难转型过程，很多大城市也不例外。

中国的经济增长带来了众多的建设项目，在基本上已经“建无可建”的欧洲国家，几乎不存在如此规模的项目。这给冯·格康的事业带来了很好的机遇。

自 2008/2009 年经济危机以来，中国的经济增长放缓；但与欧洲相比，其经济活力和潜力仍然极为可观。尽管人们偶尔会担心房地产市场形成泡沫，但中国延续过去几十年的建筑热潮应该还远未结束。

在德国和其他欧盟国家已经根深蒂固的那一套冗长的审批程序在中国并不存在。“一旦做出建设某个项目的决定，就会由建筑商贯彻执行。”冯·格康这样描述中国与德国建设的主要区别。过去的二十年里，在德国，真正的业主，即对建筑项目亲自负责并做出决定的人，已经变得越来越少。想到在柏林勃兰登堡机场项目中的经历，冯·格康抱怨道：“取而代之的是，决策权被转移到了委员会，在公共建筑中更是如此。”德国建筑师被困在各种规则、条例和审批程序的紧箍咒当中。建筑，尤其是大型建筑项目，越来越少地由其美学、功能或社会品质来决定，而是由建筑作品的法律保障性来决定。如今，德国超大型的建筑项目最终都会被送上法庭，这几乎已经成为惯例，甚至一些不是超大型的项目也会有同样的遭遇。这对德国的建筑文化来说是否是一个好的发展趋势，需要打上一个问号；但不可否认，欧洲的建筑，特别是德国的建筑，仍然具有高质量和高水平的安全标准。

如果想在中国取得商业成功，必须要对中德深刻的文化差异有所觉悟。这是数千年文化发展过程中产生的不同，也表现在对城市和建筑的不同看法上。最明显是空间尺度和人口密度：德国仅有 4 个居民人口超过 100 万人的城市，而中国有 50 多个。上海（2400 万人口）和北京（2100 万人口）这两个大都市的人口总和，就已经超过了整个德意志联邦共和国人口的一半。这种巨大的城市聚落对人们的生活方式、环境、文化，当然还有建筑环境的设计都有着直接影响。

欧洲人对中国的迷恋和陌生感反映在巴洛克时期的“中国风”艺术中，也反映在 20 世纪现代主义设计对亚洲简约风格的承借中。然而，只有设身处地在中国，才能真正充分地感受到不同文化的冲击。华裔设计师刘扬在她那本诙谐的小书《东西相遇》（*Ost trifft West*，2007）中以图像的方式简洁明了地比较了中德两国在文化、生活上的种种差异。这是西方相对“直截了当”的思维方式比对中国相对“错综复杂”的思维方式，这种差异也反映在关系网络的发展上。在亚洲地区，对“我们”的重视程度远远高于在西方占主导地位的“我”，而在美国心理学家理查德 · E. 尼斯贝特（Richard E. Nisbett）看来，“中国人以复杂、交织的方式维护关系的态度尤其体现在风水中”[1]，即指萧萧吹过的风和淙淙流过的水。

“当要建造一座房屋时，必须先找风水师。他会考虑各种各样的因素，例如海拔高度、主导风向、罗盘方向、与各种水体的相对位置，然后对恰当的建筑结构提出建议。”[2] 根据奥利 · 布龙（Ole Bruun）在其《风水简介》（*Introduction to Feng Shui*）中的说法，这个学说的应用很可能受到了不同地区的多种影响。

冯 · 格康说，就他在中国的经历而言，风水在现代建设的日常业务中似乎只是潜在的作用，在诸如住宅楼的南北朝向问题上，还能看到一些踪迹。因此，他的街区围合式（Blöcke）住宅建筑就很难在中国推行，而且在欧洲现代主义中常见的东西向住宅布局也无法在这里实施[3]。神秘主义的数字学似乎很盛行，例如数字“8”被认为是一个幸运数字，因为它与“发”的发音相似，这种讲究常见于建筑和对汽车牌号的选择中。

冯 · 格康将这种对数字“8”的偏爱融入中国信息和通信技术巨头华为技术有限公司深圳园区的规划设计中。冯 · 格康与胥茨在北京、上海、成都和深圳为该公司建造了 4 个研发中心，深圳园区是其中之一。园区内的建筑均基于 90 米 ×90 米的单元模块，每个模块都带有一个景观内院，模块端头两两相交——从鸟瞰的角度形成“8”字形。对于中国的甲方来说，鸟瞰效果是必不可少的。掩映在公园式的风景中，交错相对的办公楼群营造出充满张力的城市景观，让人联想到大学校园。此外，这组为高科技公司而设计的建筑群也具有结构上的创新——所使用的混凝土加固结构是玻璃纤维，而不是钢筋。

除“8”外，符号和神话进入建筑的另一个主题是传说中的“龙”与“凤”。“龙”被认为是强大而活跃的，自古以来，一直被视为与象征幸运的鸟——凤凰——相匹配的角色。这种雌雄互补的概念反映在“阴阳”理论之中，在中国君主制时期就有所体现，即皇帝的龙座和皇后的凤冠，象征着“龙凤呈祥”。

当代建筑通常采用横平竖直的结构形式，因而“龙”“凤”主题很少在建筑形态上化用，更多出现在设计或销售策略的演绎说明中。

对数字“8”的偏爱。位于深圳的华为研发中心由正方形的基本模块组成，每个模块都带有一个景观内院，模块端头两两相交

1. Nisbett, Richard E.: The Geography of Thought. How Asians and Westerners Think Differently ... and Why? New York u. a. 2003, S. 23.
2. Bruun, Ole: An Introduction to Feng Shui. Cambridge 2008, S. 59 ff.
3. 住宅建筑朝向的确定在中国本土更多是基于对当地常年风向和最佳自然通风效果的考量。——译者注

中国的差异

“中国客户希望欧洲建筑师能够创造出具有象征意义的‘图画式’建筑，同时仍要具备完善的功能。”冯·格康如此概述中国建筑的普适原则。

他为南宁国际会展中心设计的“花冠”大厅就遵循了这个原则。比这些美学上的设计要求更难处理的，是西方建筑师们在中国遇到的其他一些先决条件，而且对他们来说，这些条件几乎是难以动摇的。

例如在德国，根据建筑师和工程师的取费标准（Honorarordnung für Architekten und Ingenieure，缩写：HOAI），建筑工程被清晰明确地划分为 9 个服务阶段；但在中国，与外国建筑师签订的设计合同只包括第一至第三阶段——基础资料了解（Grundlagenermittlung）、方案设计（Vorentwurfsplanung）和初步设计（Entwurfsplanung）。此外，外国建筑事务所要与中国当地的建筑事务所合作，而建筑项目的实施权掌握在后者手中，其中包括报批图纸和施工图纸。招投标及项目的监督和维护都由客户或其代表接管。事实证明，这种划分是合理的——至少在一定程度上是合理的，特别是在图纸报批方面。许多外国建筑师可能会在这方面受挫，那是因为他们对中国法规缺乏了解，再加上这些法规本身也在不断变化。另外，这种划分使得负责设计的建筑事务所必须在合同中明确自己的艺术监督职权，以便在后续建筑项目的实施过程中保持影响力。毕竟，建筑的质量并不仅仅取决于设计或是建筑体量的空间分布，建筑的生命也仰赖建造细节的工艺水平。

为此，冯·格康在中国不仅让他的合伙人与员工在现场进行施工工艺指导，而且还会在设计方案中加入“控制性节点”，利用这些节点图塑造出建筑物的具体外观。“一开始，客户非常惊讶，为什么我们要继续留在建筑工地上关照这些房子，他们说我们的任务已经完成了。他们不了解我们这种做法；但与此同时，他们非常欣赏我们对建筑的这种承诺。”冯·格康说。

为了确保自己的设计得到正确执行，与合作事务所的密切交流是必不可少的。由于拥有丰富的建造经验和建成项目，gmp 这个名字在中国享有很高的权威性，这对于他们与中国事务所开展对话大有裨益。鉴于中国的建筑质量标准参差不齐，对项目保持密切监督显得很重要。德国新建筑项目实施质量的波动问题会被提上讨论日程；但中国尚且达不到德国或要求更为严苛的瑞士的水平。例如那些看起来非常粗糙的钢结构或是不平整的木质镶板，往往会不知所云地突然留下一大截。然而，外国建筑师无权管理项目施工并不是造成这种现象的唯一原因，此外还有项目所面对的巨大的时间压力和成本压力，以及农民工缺乏相应的技术培训。在中国，目前缺乏完整的对建筑工人传统职业教育的培训体系（Ausbildungssystem）[1]。

建筑师在中德两国的社会和经济地位也有差异。直至 20 世纪末，中国建筑几乎完全掌握在大型国有企业手中。之后，私人建筑师才慢慢地建立起自己的地位。从社会主义计划经济到私人经营组织，中国共产党领导下的经济体制改革也反映在建筑业当中。这种非同时性的同时性，即资本主义和社会主义的同时性，在西方人看来，是中国众多矛盾中最大的一个。在建筑实践中，它意味着一个持续的、快速进步的学习过程。在这个过程中，中国本身已经拥有了国际知名的建筑师，其中普利兹克奖得主王澍只是其中之一。

通过聘请西方明星建筑师，中国客户可以有把握地获得国际共鸣。这在围绕 2008 年奥运会建筑的建设热潮中表现明显，例如由瑞士建筑师雅克 · 赫尔佐格和皮埃尔 · 德梅隆设计的被称为“鸟巢”的北京国家体育场，上海世界博览会中的轰动性建筑也是如此。

这不仅是因为西方建筑师的创造力，更是因为他们在建筑和工程方面的丰富经验和知识。冯·格康说得很明确：“中国客户在德国建筑师身上体验到了德国汽车在世界市场上如此成功的原因。作为品牌，它们拥有很高的声誉，它们代表着技术上的创新、安全、美观和独特，而且最重要的——它们的功能完美无缺。”

然而，即便是作为地位象征的汽车，在中国也总是从大规模的生产流水线中制造出来的，而建筑则不可如此。冯 · 格康说：“我总是听到这样的问题，尤其是在竞赛评审会议上：这不是已经有人做过了吗？我们不是已经见过了吗？中国客户总是希望得到一个独一无二的设计，最好在任何其他地方都没有出现过。”

只做“原创性”的设计，只靠独特性来相互竞争，自然会导致建筑和城市在合理性上产生局限，特别是在办公室或住宅的建设中。德国现代主义大师、包豪斯的最后一任院长路德维希·密斯·凡德罗发现，人们不可能每周都发明出一个新建筑。以西方人的眼光来看，中国对“孤品”建筑的渴望似乎尤其显得滑稽，因为与此同时，你偶然步入某一家百货商场，会发现里面的小隔间里摆放着各种欧美名牌的所谓“正品”。价格都是可以谈的，谁先点头谁就输了。

对这种无视知识版权的做法，冯·格康有着亲身体验。在北京二环路上的北京财富中心（Beijing Fortune Financial Center）建设施工期间中，他们与来自香港的客户发生了纠纷。由于成本原因，后者拒绝委托 gmp 进行后续设计；但是，他仍旧继续打着冯·格康的名号推销该项目。冯·格康对此提出了强烈抗议，但无济于事。

“那我应该怎么办呢？”冯·格康回忆当时的情况，“对开发商提起诉讼？在这种情况下，德国前驻华大使汉斯 - 克里斯蒂安·于贝舍尔（Hans-Christian Ueberschaer）建议我‘不要打官司，把这事忍过去，下一个项目处理好就是。打官司的话，可能会赢，但将失去这项委托，而且将来在中国就拿不到更多项目了’。我照他的建议做了。”

对于坚信权益的西方人来说，这种情况听起来可不怎么吸引人；但话说回来，即使在西方，同样存在“有理也搞不定”的情况。与其上法庭，中国人或许更倾向于找调解人。根据理查德·尼斯比特（Richard Nisbett）的说法，调解人的目标“不是公正，而是通过在对立双方的主张之间找到一个中间点来消减敌意”。[2] 他认为，亚洲人并不热衷于通过普适的公义原则推导出一个针对某个特定法律冲突的解决方案。相反，他们普遍认为，司法解释的那些抽象的文字游戏是死板和无情的。

对法律的不同理解，不仅是冯·格康作为欧洲建筑师必须经历的，而且也将东、西方在文化上的差异推向了极致。因此，中国的异质性在其中变得触手可及。弗朗索瓦·朱利安曾这样描述：“对于‘我们'欧洲人而言，没有什么比合同的白纸黑字更有约束力的。一旦你确认了合同，一旦你在上面签了字，那么事情就都‘安排好了’，接下来只需要照章执行，大家各自开始工作了。然而，在中国，情况大不一样……合同是不断在变化的，就像其他事物一样，它是不断发展的。那么，如果合同中的白纸黑字都有着不确定性的话，还有什么能逃脱这个过程的发展逻辑呢？”[3]

与中国客户谈判也是欧洲人同样需要适应的一件事。“大家围坐在一起进行谈判。吃饭的时间是非常重要的，一般在中午 12 点和晚上 6 点吃饭。我很快了解到，吃饭是谈判过程中的一个重要环节，即使在此期间根本不谈生意。一旦到了饭点，谈判会议就会停止。一开始，我总是习惯性地想做一个会议小结，就像在德国那样；但在这儿，根本没有这回事。尽管我对此提出了异议，告诉大家我们应该把目前达成的进展记录下来，这样，之后就不用从头来过了，但是没人这样做。第二天，客户团队中有人提出了一个建议，这个人之前没有说过一句话，而且多半也不是实际的决策者。他提议说，不妨这样做或那样做，最后终于达成了一个双方都能接受的折中方案。最重要的是，各方都保住了面子，这在中国是最要紧的事情。这就是为什么要由一个之前一言不发的人提出这个妥协方案，因为他不必收回任何一句话。”冯 · 格康解释说。

仪式感不仅体现在合同谈判的过程中，也体现在与客户的非正式接触中，特别是商务宴会上的喝酒环节，冯 · 格康将其描述得相当紧张：请客的一方端着自己的酒杯站了起来——还好杯子里酒不多，他走到客人面前，于是客人也站了起来；他们互相敬酒并“干杯”，即“一饮而尽”；为了让对方相信自己是真的“干了”，要用手腕把杯子翻转一下给对方看；当然，敬酒之后必须要有“回敬”。于是，所谓的“正常商务宴会”很快就演变成一场饮酒狂欢。

1. 以师傅带学徒为方式进行的职业教育体制，常见于以手工艺和劳动技术为主的行业。——译者注
2. Nisbett: The Geography of Thought, S. 75.
3. Jullien: Der Umweg über China, S. 135.

立足中国

冯·格康很快意识到，在中国设立 gmp 自己的办事处是获得长远成功的必要条件。乘坐德国 - 中国的往返航班不仅费用昂贵，而且过于耗费精力和时间，尤其是冯·格康经常要为了一些讨论细节的简短会议专门飞到中国，因为客户坚持要求“老板”在场。然而，经常发生的情况是，千里迢迢的旅程换来只是一场空，寄予希望的项目合同到最后只不过是个幻觉。于是，2000 年，他决定在北京开设办事处——从最初暂借德国大使馆学校建筑工地的办公室到落足亮马河大厦，确立了新的工作方式。2001 年，吴蔚[1]成为驻扎北京的首席代表；2002 年，胥茨、多丽丝·舍夫勒与其他三名德国建筑师一起来到北京，入驻亮马河大厦——gmp 北京办事处羽翼渐丰[2]。

对于冯·格康来说，北京办事处既是一种解脱，也是进一步开展项目的动力。第一个正式的办公地点亮马河大厦距离德国大使馆学校不远，那里已经形成了一个小小的“德国区”。由于周围有很多其他的德国公司，交流变得十分顺畅，而中国员工的重要性也很快显现出来——他们不仅熟练掌握外语，而且对本国的文化环境也很熟悉。尽管有学习中文的良好意愿，但要在日常工作之余掌握一门外语的高难度仍然击败了大多数来自德国的 gmp 员工。自 2009 年起，吴蔚成为 gmp 的中国合伙人，作为首席代表，他一直负责中国客户和德国建筑事务所之间的联系。这名来自中国西北城市兰州的土生土长的中国人，对中德两国的文化思想都很熟悉。他曾在苏黎世瑞士联邦理工学院（Eidgenössische Technische Hochschule Zürich，ETH）学习，这是欧洲最著名的建筑学校之一。

据说，吴蔚当初来到亮马河大厦办公室，看到里面的陈设时，经历了一次“文化冲击”——从宜家购置的书架很快被处理掉，取而代之的是传说中的瑞士 USM-Haller 系统柜架，其上标注着“gmp 办公家具标准”。

尽管之前冯·格康打赌德国大使馆学校的竣工日期——2006年——赌输了，但这一年对gmp来说仍然是一个重要的年份。他们为当时名列中国第二大旅游公司的中国青年旅行社（China Youth Travel Service，缩写：CYTS）设计的高层办公楼建成并投入使用。

转回2005年，冯·格康在珠江三角洲设计的广州发展中心大厦（Guangzhou Development Central Building）开业。这是一座37层的行政大楼，建筑体量的三分式构成凸显其垂直感；稍高的中央部分略为凹进，两侧翼部合围，侧翼每两层为一个立面网格图案的构成单元；由可旋转穿孔板制成的遮阳板又形成了另一个垂直方向上的次级结构，它们既可以按照太阳方位通过中央控制统一调节，也可以根据需要单独关闭或打开，从而在中国南方亚热带的气候条件下，避免了室内的阳光直射，并将制冷的能源消耗降低约60%。

从形式上看，广州发展中心大厦是北京中青旅大厦（CYTS Plaza）的前身，也是其他一些采用网格式立面的办公楼的前身；但是，恰恰是这种形式上的亲近导致了gmp与中国客户间出现的尴尬情况。“在一次会议上，客户的一名员工表示对我们的设计非常失望，认为我们卖给他们的是一份设计复制品，并把广州发展中心大厦的图纸放在了桌子上。”冯·格康描述当时的“危机”，“我们花了好些时间向客户解释这两座建筑现有的结构和它们在实施上的明显差异。”无论如何，中青旅大厦的设计对德国建筑师来说具有很强的教育意义，正如胥茨所说：“这种情况在中国屡见不鲜。在竞赛中获胜之后，客户说，项目合同可以给我们，但不能用这个获胜的设计。最重要的是，他们会说：‘我们必须见一见你们的德国老板。’”没问题，冯·格康说来就来，但这绝不意味着合同已收入囊中。胥茨说：“在新一轮讨论中，有人要求我们提交不同的设计，同时接受较低的费用，而且冯·格康先生必须在北京随时待命。简而言之，都是些几乎无法接受的条件。”时间不多了，冯·格康只剩下一个小时，然后，他就要飞回汉堡了，而能否拿到项目委托仍然是个未知数。

“如果下一个方案还是不满意，怎么办？”客户蒋建宁问道，这让冯·格康忍无可忍。“他以前从未经历过这种情况，怒不可遏地说：‘这简直太过分了。’”胥茨描述着当时逐渐白热化的局面，“但客户面不改色。其实冯·格康先生根本没必要那么生气，他们只是想看看他在压力下的表现如何。”冯·格康跌坐在椅子上，几乎要笑出声来，解释说他以前真的没有经历过这种状况。

网格式幕墙办公楼——广州发展中心大厦

合同以口头方式完成了确认，冯·格康及时赶上了他的回程航班。

在中国，合同伙伴之间的个人关系所起的作用要比在德国重要得多。一旦打破僵局，双方通常会处在一个良好的共同交流层面，与蒋建宁的关系也是如此。他去汉堡拜访了冯·格康，还在德国参观了一圈儿。

gmp 在中国的成功经历中，中青旅大厦有着核心意义。这座高层建筑以其美学设计、功能性，以及就中国标准而言惊人的施工质量而令人印象深刻。除了清晰的立面网格，冯·格康还进一步利用“H”形的平面布局创造出两个与建筑体量等高的中庭。钢和玻璃的外墙无疑让人想到路德维希·密斯·凡德罗的“皮包骨建筑”。借由一片广场前院，静穆、平和的外立面与车水马龙的二环路拉开了一段距离，其深邃的凹凸网格呈现出一种优雅的姿态。如果离近一些看，就会注意到在钢结构网格的交叉点上有一些小小的十字节点，在冯·格康的家具设计中同样有——不妨将这座 20 层的建筑看作一个大尺度的货架，一个个办公室被收放其中。外立面高大的矩形玻璃面让内外两侧都一览无余，而狭长的通风窗扇及水平百叶遮阳板则确保了室内的自然通风和隔绝热空气。

gmp 所在的办公楼层以“工坊”气质为特征。所有的线路管道都没有藏在天花板内，而是涂成白色，在混凝土楼板下蜿蜒。办公桌、电脑、建筑模型和玻璃隔墙共同营造出既通透又富于创意的工作室氛围。工作人员之间用英语交流，因为既不是所有的德国人都会讲中文，也不是所有的中国人都会讲德语。顺畅的沟通非常重要，冯·格康极为重视各地办公室内部的相互交流。gmp 在全球各地约有 600 名员工，如何在各个设计方案和建筑中始终保持 gmp 与众不同的建筑态度和原则，无疑是其面临的挑战。每个项目都由单独的团队来完成，团队大小依任务的规模而定，而任务又取决于业主。在中国的房地产市场，占主导地位的业主多为国有企业。

除了国有和半国有的公司外，冯·格康逐渐拥有了越来越多的私企客户，例如华为技术有限公司，或是成立于 1995 年的 SOHO 中国有限公司——与国际知名建筑师，如隈研吾、扎哈·哈迪德或冯·格康的合作正是该公司营销战略的一个组成部分。自 2007 年始，gmp 为其设计建造了北京光华路 SOHO 二期（Guanghualu SOHO Ⅱ）等项目。

除了办公楼、住宅楼、会展中心和购物中心外，冯·格康和胥茨还在中国参与了很多特别的项目。就像德国柏林 - 勃兰登堡机场和柏林中央车站一样，

有不同表现形式的北京高层建筑。中青旅大厦（左）和中关村文化中心（右）对冯·格康在中国的成功具有特殊意义

他们在中国也完成了一系列重要的交通建筑。例如天津西站（2011 年建成），其大跨度、分段式拱形屋顶，无论在建筑上还是在工程上都给人留下了深刻印象；杭州南站（冯·格康与胥茨、瑞沃勒合作设计，2018 年建成）也是紧随其后的一系列车站建筑之一，它是这座长江三角洲大都市的第三大火车站。对于幅员辽阔的中国来说，扩大有利于生态的高速铁路网是一项紧迫的任务。杭州南站距离上海 180 多千米，距离昆明 1800 多千米[3]，是连接这两座城市的高速铁路线的重要环节。它由一个厚重坚实的底座和一个宽大的屋顶组成，如同一个明亮的框架，框住其下巨大的深色百叶门，为宽阔的大厅遮挡阳光；这是一座体量庞大的建筑，包含 21 个站台。

迄今为止，冯·格康和胥茨在中国建成的、令人印象最深刻的建筑之一是北京的基督教堂。这座自由平面的美丽建筑落成于 2007 年，是彻头彻尾的一座“中国式”建筑，位于距离北京市中心约 30 分钟车程的繁华的海淀区中心。在这个区域中，高科技公司所在的摩登商厦、多所大学校园以及拥有众多店面的“图书城”比肩而立，教堂从中的脱颖而出不仅因为其作为宗教建筑的特殊性，也因为它的独特设计：丰富的结构形式被一系列与建筑等高的白色混凝土条栅所包裹，钟楼从中挺拔而出，成为视线的焦点；一个巨大的十字架树立在开放式阶梯的中心位置，从街面即可直接向上步入圣堂。教堂底层有一家咖啡店——教堂和消费是格格不入的吗？至少在中国不是。

一棵顶戴星冠的人造圣诞树矗立在教堂前广场，旁边就是五星红旗。这个美丽的广场本来应该为城市环境的整体效果增光添彩；但是，就像在中国屡见不鲜的那样，它被路障围住，里边停满了汽车。因此，这个广场无法履行其作为一个公共空间的实际功用。

白天，访客可从后面的一扇侧门进入教堂。冯·格康曾与笔者一同到访，当时正值圣灵降临节（Pentecost），煮卷心菜的味道飘荡在宽敞的教堂大厅里。大厅的柱子上装有大型平板显示器，由于礼拜时的人数众多，不是每名信众都方便看到祭坛区域正在进行的活动——在那里，一个红色的 LED 十字架闪闪发光，旁边立着一棵人造圣诞树。两名妇女羞涩而友好地带领我们参观教堂，并递上写有礼拜时间的中英文纸条。一切情形给人的感觉是：信众们已经把这个地方充分地利用了起来，虽然好像有点儿过头。

上：天津西站
下：北京“图书城”的基督教堂

建设新教堂的想法是冯·格康在北京规划管理部门的一次谈话中产生的。冯·格康说：“原来的那座教堂是新中国成立之前建造的，对现有信众数量来说已经太小了。另外，正好有一个私人投资者想在教堂前广场的‘图书城’里建一个文化中心。由于在他的计划中，建筑距离教堂太近，所以必须要缩小规模，以避免对教堂的压迫感。谈判的结果是干脆拆除原教堂，毕竟已经太小了，重建一个更大的，并且把位置稍微挪动一下。所有费用都由这个投资者承担。不过这样一来，他想用新教堂的底层来做自己的文化中心。”

---

1. 现任 gmp 合伙人兼执行总裁。——译者注
2. 2000 年，由工地派出代表克拉默（Kramer）女士临时担任 gmp 北京办事处的首席代表，工地翻译葛菲菲兼任办事处秘书。2001 年，吴蔚接替克拉默担任办事处首席代表，时有两名中国同事王宓、郭林加入，葛菲菲离职。2002 年，五名德国柏林建筑师加入，成为办事处的设计中坚力量。——译者注
3. 该数字应该指的是杭州到昆明的直线飞行距离。——译者注

运行之中

以吸引人和功能完善的设计方案赢得建筑竞赛是一回事，将这个设计从电脑屏幕上的影像转化为成品建筑则是另外一回事。对此，建筑师要有一个信念——即便设计和施工可用的时间极短，项目也一定要专业地如期完成。上海东方体育中心的情况就是如此，只有受委托的建筑事务所拥有足够强的专业能力、高素质的员工和处理大型项目的丰富经验，才可能完成这样的项目。在计划的工期之内，成本预算要得到保证，并且必须在设计和施工中达到设计所要求的质量标准。

冯·格康在阐释 gmp 在中国获得的成功时说："正是这些能力得到了中国客户的赞赏，使我们自 2000 年以来得以在中国实现如此多的建筑项目。"这一点在体育设施的建设中尤为明显。早在冯·格康入行初期的项目中就不乏体育建筑，例如巴德奥尔德斯罗厄的施托曼大厅、迪基尔希（Diekirch）的活动大厅，以及 1972 年奥运会场馆建筑竞赛。此外，玛格的体育场馆设计使 gmp 成为该领域被世界公认的领跑者，2010 年南非世界杯足球赛场馆以及 2012 年乌克兰和波兰的欧洲锦标赛场馆即是明证。为巴西世界杯足球赛建造的巴西利亚国家体育场（Nationalstadion Brasilia）和马瑙斯亚马逊竞技场（Arena da Amazônia）同样是出自 gmp 的设计，此外还有贝洛奥里藏特（Belo Horizonte）的米内罗体育场（Estádio Mineirão）现代化改造项目。

主办 2011 年世界游泳锦标赛的上海东方体育中心是按照冯·格康、格茨和玛德琳·唯斯的设计方案建造的。大型游泳馆、多功能厅、带看台的室外游泳池以及体型较小的媒体中心松散地组合在黄浦江畔的一片前工业荒地上，成为一个有机整体；优雅、大气的体育建筑穿插在一片围绕人工湖的公园绿化之中，毗邻 2010 年的世界博览会场馆；在这里，透过雾霭，可以看到上海浦东新区的天际线。

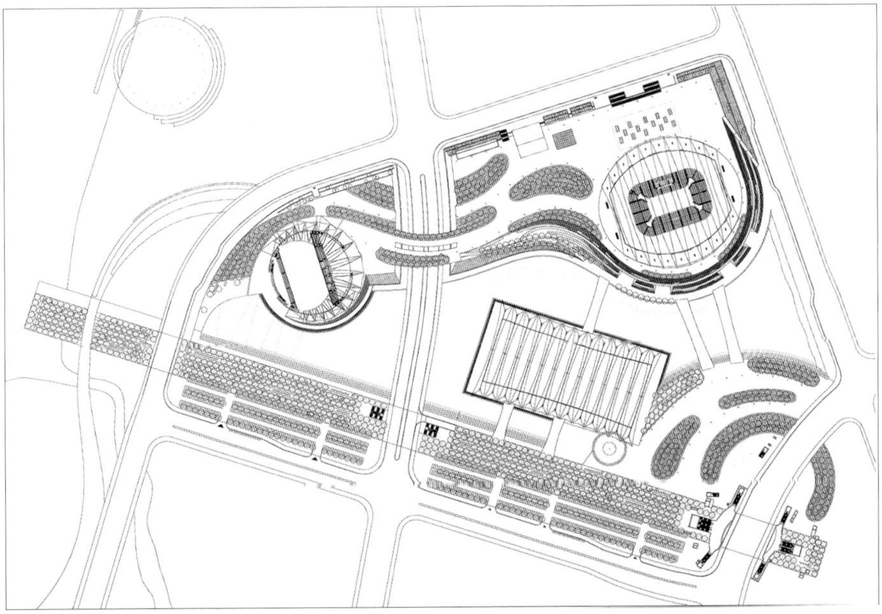

上海东方体育中心总平面图

每一片金属板都是独一无二的。上海东方体育中心是 2011 年世界游泳锦标赛的比赛场馆

上海东方体育中心以其不同寻常的、富有表现力的建筑而获赞。在白色金属板的包裹下，柱表面向顶部扩大，并在柱间形成尖拱形。最初设想纺织材料的立面表皮会有更大的成本效益，但由于技术原因——无法消除难看的褶皱——而无法实现。因此，冯 · 格康选择了在中国进行高精度生产的白色金属板。虽然这种材料要贵得多，但这个想法还是得到了客户的支持。金属板的生产过程有多复杂，只要多看几眼实物就会明白：每一张都是独特的尺寸——弯曲的基本形状来自球体，只有通过计算机，才有可能如此精确地计算各个板材，并通过机器生产出来，以使它们以正确的连接宽度对接在一起，形成一个和谐的整体外观。这样的工作用手工是很难做到的，当然更不可能在这么短的时间内完成。毕竟，从建筑设计到开业只用了 3 年时间。

在这个项目案例中，德国工程师也见识了中国建筑法规的特殊性：在以结构单元为基础的大型建筑中，在没有空间体系作用下，每个单元也要单独悬挑成立。然而在德国，可以采用空间受力体系来实现整体的悬挑。中国这种形式的结构解决方案需要相当高的材料投入，因此成本也高得多，这违背了曾与冯 · 格康多次合作的结构设计公司 sbp 施莱希工程设计咨询有限公司的职业信仰。他们拒绝遵守被他们认为是“毫无意义”的规定；但这根本没有影响，德国结构设计公司失去了项目合同，被来自上海的工程师毫不客气地取代了。

对国际赛事体育设施而言，一个棘手的问题就是其后续的使用；但这个问题对于东方的体育中心似乎并不存在。例如在亚洲格外受到青睐的短道速滑比赛就是在体育中心多功能厅里的冰道上开展的；如今，上海的孩子们正在 2011 年孙杨、瑞安 · 洛赫特（Ryan Lochte）和马克 · 菲尔普斯（Mark Phelps）等游泳明星摘金夺银的地方学习游泳。

冯 · 格康与胥茨、博兰克共同为 2011 年在深圳举办的第 26 届世界大学生夏季运动会而设计的综合体育场馆建筑群，也格外富于表现力。

深圳令人惊叹的发展体现了“中国式增长”及其创造的经济奇迹的最纯粹形式。1979 年，中国第一个经济特区在这里成立，与当时仍在英国管理下的香港竞争，通过减税和降低行政成本，成功地吸引了外国投资者。在几年内，深圳几乎是“爆炸式”地发展。1979 年，深圳市中心人口数约 3 万，而 30 年后，深圳成为千万人的家[1]。邓小平“发展才是硬道理”的战略思想在这里得到了坚决落实。

经济特区模式的巨大成功导致了该地区的急速扩张。如今，深圳和广州成为珠江三角洲最大的两个城市，二者之间存在着一定的竞争关系。然而，就其知名度而言，在中国以外的地区，它们似乎仍然被其著名的邻居香港所掩盖。

2011 年的世界大学生夏季运动会提供了一个合适的契机，以提高深圳这座拥有千万居民的城市在经济成就之外的国际形象，毕竟这是被认为仅次于奥运会的世界第二大综合体育赛事。为了迎接这个来自 152 个国家约 12 000 名顶尖学生运动员[2]竞技的体育盛会，冯·格康设计了一系列具有强烈视觉冲击力的景观与建筑。像在上海一样，各个体育场馆被嵌入一个开阔的、吸纳了中国古典园林风格的公园中，如同闪闪发光的晶体散布其间，包括一个可容纳 6 万名观众的大型田径场、一座游泳馆和一座多功能场馆。曲线流畅的景观设计与棱角分明的体育场馆形成了对比。夜间，变速发光的多色 LED 灯进一步凸显了体育场馆晶体般的形态。空间感强烈的玻璃幕墙以三角形模块为结构的几何构成基础——自泰格尔机场以来，这个设计主题始终伴随着冯·格康。

冯·格康认为："三角形具有的刚性和稳定性是其他任何一种几何形状无可比拟的。"尽管有着相似的基本结构设计主题，这两座建筑仍然存在着本质区别，不仅仅体现在外观上：泰格尔机场的基本模块是一个边长 10 米的等腰三角形，而深圳体育场馆的三角模块边长不同，从而可适应建筑的整体外形设计。建筑立面悬挂在一个钢管系统上，内侧由一层薄膜包覆，其空间间隔形成了热缓冲层。在自然压力下，空气可从顶部结构的开放点排出，从而确保了外部暖空气无法进入体育场馆内。冯·格康对其中原理的解释是："这个结构就像一层具有排汗功能的皮肤，从而起到降温的作用。即使在非常热的日子里，室内温度也不会比室外高，此外还有冷空气被送入大厅内。"

三角形模块连接在一起形成所谓的"二十面体状晶体"，围合成环形的、意象鲜明的体育建筑综合体，既反映了"水晶"在中国文化中的意义，也致敬了德国现代主义的玻璃建筑传统。20 世纪初，表现主义艺术家，如诗人保罗·谢尔巴特(Paul Scheerbart)，建筑师布鲁诺·陶特、马克斯·陶特和汉斯·夏隆等人，他们将玻璃材料理解为"建筑的解放"，通过绘制乌托邦式的玻璃宫殿，在第一次世界大战的那个时代创造出新的建筑和社会秩序愿景。冯·格康早在柏林工业大学执教时，就耳濡目染。在深圳，他将那些愿景变成了现实。在体育场

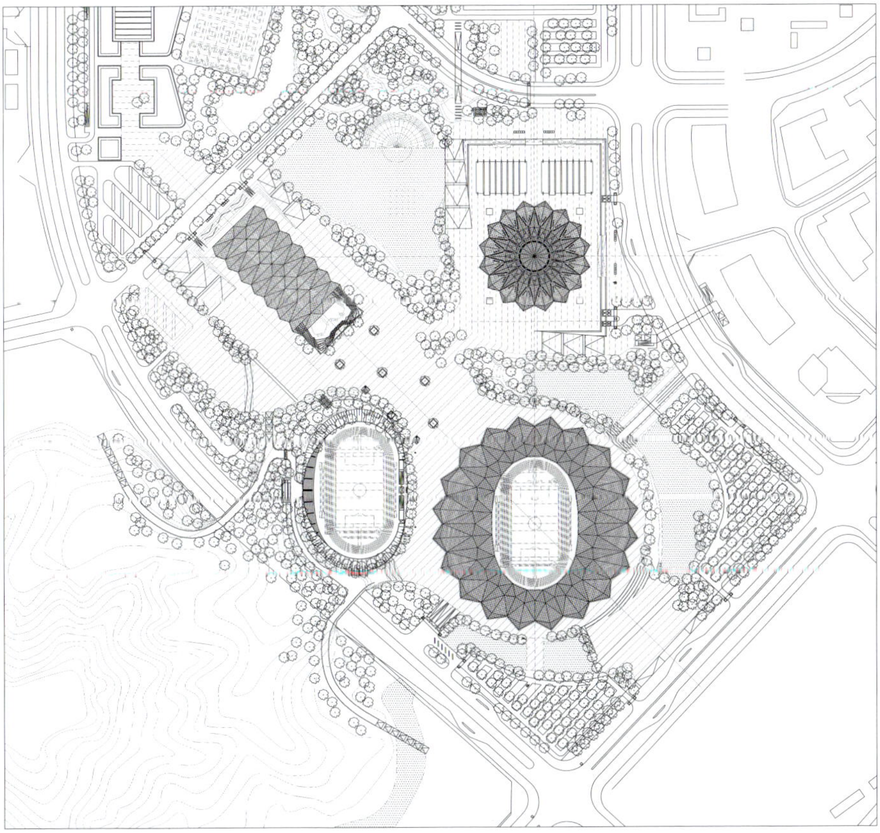

上：闪闪发光的晶体。在深圳，第 26 届世界大学生运动会的各个体育场馆被嵌入一个公园中
下：深圳大运中心总平面图

馆的内部，建筑体那明亮的轻盈感通过 PTFE 膜材料屋顶得以延续，透过这种材料，其背后钢结构的几何阵列清晰可见。艺术与技术在建筑中交融。

那届深圳世界大学生夏季运动会场馆项目还包括宝安区的体育馆改建。该体育馆被绿色的柱子环绕，使人不由联想到中国南方茂密的竹林，使建筑自信地融入周边满布高层住宅楼的区域环境。斜向矗立的钢制“竹竿”不仅营造出一个抽象的森林效果，而且以其恰当的间距保证了人们洞穿体育场的视野，并有助于场馆的自然通风。

苏州是著名的园林之城，2019 年在这里投入使用的奥林匹克体育中心（Suzhou Olympic Sports Center）[3] 也被顺理成章地置入一片优美的景观之中。在这个拥有超 1000 万常住人口的大都市之中，有 9 座历史悠久的园林被联合国教科文组织列入《世界遗产名录》。考虑到这一背景，冯 · 格康、格茨与玛德琳 · 唯斯共同设计的奥林匹克体育中心也参照了中国古典园林的范例。郁郁葱葱的绿地和斜塘河畔的湖景围绕着拥有 45 000 个座位的体育场、游泳馆、体育馆及其毗邻的购物中心，景观公园和轻盈的运动场馆有机地结合在一起。足球、网球和其他球类运动场地可供出租，这将使这个功能广泛的综合体成为极受欢迎的市区活动中心，也将成为中国未来体育设施的示范性案例。奥林匹克体育中心游泳馆的强大 V 形钢结构支架支撑着大胆的弧形屋面——在中国大型体育建筑中首次采用的马鞍形平面索网结构。

---

1. 据统计，1979 年，深圳（包括市中心在内）常住人口 31 万多；2009 年，常住人口近 1000 万；2010 年，常住人口超 1000 万。——译者注
2. 本届运动会实际参赛的运动员近 8000 人。——译者注
3. 苏州奥林匹克体育中心于 2013 年开工建设；2018 年，部分场馆投入使用。——译者注

嘹亮三姐妹

许多世界著名乐团及其明星指挥家、演奏家都曾汇聚2005年正式运营的上海东方艺术中心（Shanghai Oriental Art Center）进行演出。然而，法国建筑师保罗·安德鲁（Paul Andreu）这个由圆圈组成的蝴蝶形音乐厅的设计方案，在当初这座上海浦东新建筑的设计竞赛中只获得了二等奖，竞赛的第一名是冯·格康。对建筑师来说，第一名的赢家并不总是能够得到项目合同，这是令人痛苦的事情。冯·格康确信，是法国密集的政治干预使得该项目的天平倾向了保罗·安德鲁。

2009年，重庆大剧院开业，这是冯·格康、格茨、克劳斯·伦茨和福克玛·西弗斯一起在中国完成的第一个大型剧院建筑，而当时的重庆—— 一座上空几乎总是被一层浓雾笼罩的城市，没有多少欧洲人知晓。

冯·格康参加设计竞赛时对这里也是一无所知。重庆，一个位于长江边的城市，曾经在短时间内作为中国的战时首都[1]，因其位于河流转弯处的地理位置和天际线而被人比作曼哈顿。2009年，重庆拥有超3000万户籍人口，被认为是世界上最大的城市之一。对于众多游客来说，重庆是乘船游览长江、参观三峡大坝的起点。

在大剧院的建筑竞赛中，冯·格康以“停泊于重庆的航船”为设计主题。新歌剧院的建造工地本身就蔚为壮观，它位于江对岸，在正对重庆天际线的一处高地上。夜晚，巨轮般的歌剧院从内部闪耀出令人心醉的玉绿色。

通过重庆大剧院，冯·格康再次强调了“图画感”设计在中国的重要性，而材料的选择和整体的氛围效果也与之相得益彰。他最核心的经验之一是，在中国，建筑往往作用于情感层面；这与德国截然不同——在那里，技术上的考量通常占据主导地位。重庆大剧院的外观灵动如画，其内部秩序保持着一贯的功能性。两座大厅一前一后，“船头”和“船尾”作为出入口，舞台塔楼像烟

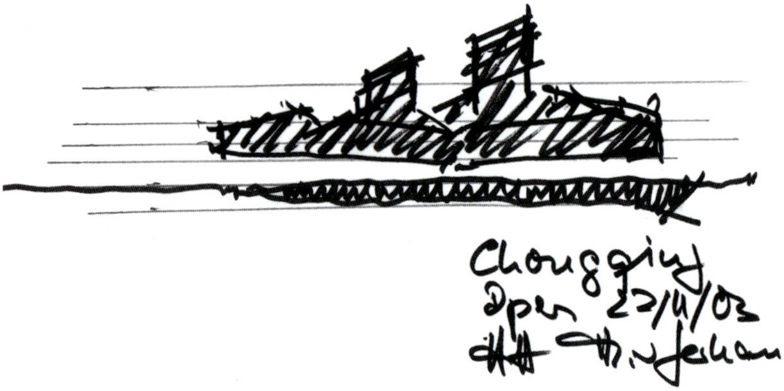

富有“图画感”的剧院。以高层建筑为背景，重庆大剧院强调了中国建筑的情感层面

囱一样耸立在建筑主体之上。除了外形，其特别之处还在于采用了边长 6.25 米的立面板材。这些板材是由回收玻璃制成的，在它们的纹理当中还能看到融化的瓶子的条纹和碎片。

这种材料让冯·格康非常着迷，在其他项目中也多次应用。他联系了萨克森-安哈尔特州（Sachsen-Anhalt）的生产商，但该厂家无法生产出中国所需的玻璃数量。最后，大部分材料不得不通过技术转让的方式在中国生产。

墨绿色半透明材料的特色在夜间通过 LED 背光的照射得到加强。最初被认为过于昂贵的二极管价格在项目规划期间的急剧下降，使大面积 LED 的使用成为可能。

一系列错落有致的建筑“片段”彼此层叠、交错，共同组成大剧院整体。这种形态设计曾以不同的变体多次出现在冯·格康的建筑中，成为其一个重要的设计手法——开启了一种可能性，即一方面将大型结构细分为较小部分，同时又赋予其造型上的统一性。例如巴特施泰本赌场的“好运波浪”、河内国家会议中心以及中国淮安国际会展中心（2010 年）那些棱角分明的屋顶，都是这种设计手法的典型案例。

中国涌现出无数享有国际声誉的古典音乐明星，其中最著名的包括钢琴家、媒体超级明星郎朗。作为国家实施的文化教育攻势的一部分，在全国各地涌现的许多大剧院及其演出都纳入保利集团有限公司的管理。该集团已经多次成为冯·格康项目的客户，演出范围从轻喜剧到正统歌剧，有时也会有娱乐节目。为了确保容纳这些演出的空间与演出本身相匹配，设计任务有着明确的框架条件，涉及演出空间的大小和舞台技术的规格。青岛大剧院（Qingdao Grand Theater）的情况就是如此，冯·格康、胥茨与博兰克一起完成的这个项目设计。

青岛于 2009 年被评为中国最适宜居住的城市[2]。这座濒临黄海的大都市是中国为数不多的海滨度假胜地之一，2008 年奥运会的帆船比赛就在这里举行。清代，青岛曾遭受德国的殖民统治，在一些留存至今的建筑遗迹上仍可见往昔的历史痕迹，此外还包括国际知名的青岛牌啤酒。

青岛大剧院被设计得像一个内置的雕塑，结合着自由的形式和合理的功能，依偎在城市景观中。剧院形态来自大海和崂山 1000 多米最高海拔之间风景如画的地方：出檐深远的格栅结构像山峰间的云朵一样，环绕着建筑“山体”，舞台塔楼的顶端直插“云海”。虽然矩形的金属格栅板片不具备任何防雨功能，但提供了切实的防晒保护，并随着白天光线的不断变化，在墙壁和地板上不断变幻着其投影。屋顶格栅将两个音乐厅的独立立方体结合在一起，音乐厅建在一个共同的平台上——这是冯·格康熟悉的设计主题。一个公共广场在音乐厅之间展开，可通过楼梯进入。

建筑组合的鲜明姿态通过整体一致的白色得以进一步彰显。白色中国产花岗岩的细长水平条与外墙上的白色金属百叶相呼应。这是一种高品质但价格低廉的材料，冯·格康很喜欢使用，甚至进口到了德国。外墙的花岗岩条呈阶梯状依次退后砌筑，使建筑体量像周围的山脉一样向上逐渐缩小围度。

在歌剧院室内，天花板上的光带延续了百叶的形式语言。可容纳 1200 人的音乐厅和多功能厅的室内效果通过材料间的对比得到凸显：一排排的座位上采用了暖色调的木质表面，而在大厅的上部和天花板上则采用了带状、动感的白色吸声材料做饰面。拥有 1600 个座位的歌剧厅与之不同，其墙壁和栏杆采用了大胆的红色垂直百叶结构，对歌剧院的传统色彩方案进行了新的诠释。

在青岛大剧院建成两年后，冯·格康天津设计建造了他在中国的第三家歌剧院，并再次与胥茨和博兰克合作。与青岛大剧院一样，位于北京东南方向约两小时车程的天津大剧院（Tianjin Grand Theater）也采用了独立式音乐厅的基本布局，同样被组合在一个抬起的平台上，并通过一个宽大的悬挑屋顶连接成整体。在天津，冯·格康化用了一个“打开的贝壳”的意象，贝壳中显露出的“珍珠”即为三个大厅。在这里，自由进出的平台和具有代表性的建筑语言相结合，创造出令人印象深刻的整体效果。

尽管在概念上很接近，两座建筑之间仍然有着明显的区别。从平面图上就能发现，尽管同样是图画式的构思，青岛大剧院有着取自风景灵感的自由构图，而天津大剧院的总体形式则受到了更严格的基本秩序的约束，由一些纯几何元素演变而来——三个矩形音乐厅嵌入一个圆圈。

天津的城市规划状况与青岛截然不同，大剧院构成了这座大城市新建成的文化中心的末端，其建筑群就像一串珍珠，沿着湖岸次第排开[3]。紧挨大剧院的一侧，是日本建筑师山本理显（Riken Yamamoto）设计的光线通透、空间敞阔的图书馆；接下来是由来自法兰克福的 KSP 建筑事务所（KSP Engel）设计的天津美术馆，以及由华南理工大学建筑设计研究院设计的天津博物馆（Tianjin Museum）新馆；文化中心的起始端是圆形平面的天津博物馆[4]——这座建筑由

青岛大剧院（上）和天津大剧院（下）都拥有纤细的屋顶结构，体现了冯·格康“多样统一”的设计理念

日本结构工程师川口卫（Kawaguchi Mamoru）设计，他以出色的承重结构和轻质建筑而闻名。川口卫与建筑师丹下健三（Kenzo Tange）和结构工程师坪井善胜（Yoshikatsu Tsuboi）曾经共同规划了1964年的东京奥运场馆建筑，在奥运会举办一年之后（1965年），冯·格康前去参观了这些建筑。

天津大剧院以屋顶宽大的圆形挑檐回应了博物馆的形式语言，并与宽敞的音乐厅紧密结合，同时提供人驻足的空间，在与通往湖边的大片台阶的相互作用中，打造出代表性的欢迎姿态。剧院门厅有着大面积的玻璃和水平遮阳百叶，面向湖面、天津市政府大楼以及主宰城市天际线的广播电视塔。

西方和东方的建筑主题在天津大剧院的大尺度形态中融为一体：建筑后方，巨大的屋顶应和着中国传统建筑中的“重檐”主题，其内部布置了行政管理的房间和一个餐厅；三个大小不一的大厅通过一个长廊直通地下，这是典型西方建筑形制的变体。从宽敞的门厅里，游客可以看到天津的美景。小活动厅可以作为“黑匣子”灵活使用，而歌剧厅里的星光穹顶借鉴了申克尔为莫扎特歌剧《魔笛》中夜之女王的出场所做的传奇舞台设计。音乐厅的多边形平面和舞台上方起伏的天花板发扬了夏隆柏林爱乐音乐厅的设计主题，其内部向上分层的浅色木质墙面也让人联想到汉斯·波尔齐格（Hans Poelzig）在柏林设计的大剧院。走廊边曲线优雅、圆润的玻璃护栏鲜明地界定着空间，其轻盈的透明感不禁让人想到兰德韦尔运河（Landwehrkanal）河畔埃米尔·法伦坎普（Emil Fahrenkamp）设计的壳牌公司大楼那波浪形的石质外墙——经典现代主义和装饰艺术彼此交融，创造出柏林最美丽的办公大楼之一。天津大剧院正是歌德《西东合集》（*West-östlicher Divan*）中“若你已知己知彼，则亦将于此处洞悉：东方与西方再也无法分离”的完美体现。

---

1. 抗日战争时期，中华民国政府定重庆为“战时首都”。——译者注
2. 2009年，中国城市竞争力研究会在香港发表的中国十大宜居城市排行榜中，青岛排名第一。——译者注
3. 天津市文化中心是目前国内规模最大的公共文化设施，集城市公园、市民休闲中心、文化娱乐场所为一体，其中重要场馆包括天津自然博物馆、天津图书馆、天津博物馆、天津美术馆、天津大剧院、天津青少年活动中心、天津银河购物中心等。——译者注
4. 此处指2004年建成开放的天津博物馆旧馆。——译者注

作为历史的博物馆

为在中国更好地实施工程项目，gmp 从德国最重要的根据地——汉堡和柏林完成了到中国北京的跨越。之后，中国第二大都市——上海很快进入了冯·格康的视野。

上海距离北京约两个小时的飞机航程，这是一座位于黄浦江畔的贸易和港口城市。两座城市的显著差异表现在地理位置和城市结构（forma urbis）上：北京网格状的城市布局反映了中国传统城市的设计特点，而上海的城市布局则存留着 19 世纪欧美租界的印记。第一次鸦片战争（1840—1842 年）后，中国与英国签订《南京条约》，被迫将香港岛割让给英国外，开放广州、福州、厦门、宁波、上海五地为通商口岸。随后，英、美、法等国人在上海的治外法权区，即所谓的“租界”——位于上海老城区的北部和西部——定居。今天，当初法租界内风景如画的街道——路旁的梧桐树和欧式历史主义的房屋仍能让人回想到那个年代。

1933 年后，上海成为来自德国和奥地利的犹太难民的避难地。2008 年，乌苏拉·克雷切尔（Ursula Krechel）以小说的形式为此树立了一座令人印象深刻的文学纪念碑。书中，她借路德维希·拉扎勒斯（Ludwig Lazarus）——一名逃到上海的柏林书商和作家——之口，描述了 20 世纪 30 年代的上海：

“我感觉灰头土脸，像个乡下人。港口上陈列着奠基时代[1]风格的建筑，巧妙地构建出殖民统治时期的辉煌背景，与其边缘泛滥着的苦难针锋相对。对于从农村涌入城市的中国人来说，这一定让他们大开眼界，而对于外国移民来说也是如此。一家银行是哥特式建筑，亚洲石油公司是巴洛克式建筑，而高大、摩登、有着威武外墙的阿哈龙犹太会堂则以其现代主义建筑风格闻名。这座会堂由一个赛法迪姆（Sephardim）犹太人教会捐建，我不得其门而入。位于摄政王大街的新柏林犹太会堂在被烧毁之前与它颇为相似，是一座有着虔敬氛围的歌剧院。除了粗笨的酒店和商业建筑，以及带有钟楼的图书馆，也有现代主义建筑的狂热范例可供人欣赏。一切都在那里争奇斗艳。”[2]

今天的上海，有很多为人赞叹的现代主义建筑，尤其是在浦东新区。该区在 1990 年开发后，成为上海经济的龙头[3]。浦东新区可能是世界上高层建筑密度最高的地方，所有这些建筑都是在过去二三十年里建成的。从外滩（The Bund），即英国人在 19 世纪沿着黄浦江建设的“滨海长廊”可以一睹部分建筑的“芳容”：在由上海现代建筑设计有限公司设计的东方明珠塔（Oriental Pearl Tower）、美国芝加哥 SOM 建筑设计事务所设计的金茂大厦（Shanghai Jinmao Tower）和纽约 KPF 建筑师事务所设计的上海环球金融中心（Shanghai World Financial Center）[4] 的背景下，各色船只在江面上驶过。环球金融中心开瓶器般的矩形支架高度近 500 米，而由美国 Gensler 建筑设计事务所设计的上海中心大厦（Shanghai Tower）正在崛起[5]，其高度为 632 米，是东亚最高的建筑。

2001 年，冯 · 格康首次来到上海。多年来，除了东方体育中心外，他还与 gmp 的合伙人们合作设计并建造了其他许多建筑，其中最引人注目的是与格茨和福克玛 · 西弗斯合作设计的位于浦东的迷人白色小办公楼万向大厦（Wanxiang Plaza），以及与格茨和玛德琳 · 唯斯合作设计的上海保利广场（Poly Plaza）。

保利广场建筑群从多边形的平面上拔地而起，高达 30 层，特有的排列方式在各个建筑之间形成开放的形态，通过渐变和拓宽等手法创造出的令人振奋的城市空间。保利广场位于黄浦江畔并向公众开放，为重新定义浦东原港口区域做出了贡献。然而，对这个项目并非没有争议。“一些住在这个建筑工地后面住宅里的人员，曾试图推翻这个项目，以确保他们窗口面对河道和老上海的无遮挡的视野；但是，最终没有成功。”冯 · 格康讲述着项目筹备过程中的一些冲突。

冯 · 格康刚到上海的时候，这座城市发展与转型的进程已经呈现出一定的势头，金茂大厦（Jinmao Tower）是当时该市最高的摩天大楼。在定期前往上海的过程中，冯 · 格康观察到黄浦江两岸——“老”上海和“新”浦东快速的城市发展，而他在浦东的首个设计项目是紧邻东方艺术中心的上海浦东新区档案馆（Museum und Archiv für die Stadtentwicklung von Shanghai-Pudong）。该建筑的设计理念来自长方形、正方形和圆形的基本几何形状。令人印象深刻的是，建筑上层大面积的玻璃面与立面对角线方向的巨大钢梁清晰地展现出建筑结构，并由此产生独特的结构力学之美。“从类型学上看，它是三个部分的简

临近水景的万向大厦在浦东众多摩天大楼的映衬下显示着自身的存在

单组合：一个五米高的基座被楼梯合围着，其上安放着一个少支承、大跨度的立方体，建筑内部有一部弧形楼梯；整座建筑的主要部分位于基座下，用于储藏与浦东城市发展相关的图纸及文件档案；组合中的第三个体块是一栋板式高层建筑——按浦东的标准来说不算高，里面是办公用房。”冯·格康如是描述。

该项目于2005年完工，但未按原计划使用。在中国，偶尔会遇到的一个现象是，先把房子建造起来，然后再考虑如何使用，该建筑就是此类现象的一个案例。浦东新区档案馆被重新命名为“上海浦东展览馆”，甚至在一次重大改造后被用作“浦东城市运行综合管理中心”。冯·格康和格茨继续发展这种上层结构大幅度出挑的形式设计，将其应用在河内博物馆的设计方案中，该博物馆于2010年建设完工。在2006年设计、2011年投入使用的吉林省科技文化中心（Museum für Kultur, Bildende Kunst und Wissenschaft in Changchun）中，冯·格康进一步发展在一个共同平台上将几个建筑体组合在一起的设计主题——多次在其设计的大型音乐厅建筑中得到应用。

中国东北部的工业城市长春此时拥有约700多万户籍人口，以钢铁和汽车生产为特色，属于中国“较小”的大城市之一。博物馆区位于市中心以外，在长春市东南部的一个新开发区域，其建筑环境仍有待开发。

与歌剧院、音乐厅一样，作为政府教育计划的一部分，博物馆建筑在不断变化的社会中发挥着重要作用，它们不仅表达了对欧洲博物馆文化的参照与模仿，同时也传达了中国自己的历史。与浦东新区档案馆一样，位于长春市的这个项目也是先建设，再确定如何使用：在吉林省科技文化中心建筑竞赛的要求中，对各个博物馆未来将进行的展览均语焉不详。对建筑师来说，这种界定不明的项目有利也有弊，正如冯·格康所说：“它给予了设计上的自由，但也对房子未来如何发挥功用造成了细节设计上的不确定性。”

冯·格康决定将三个博物馆分区划分为独立的建筑。在审美上，这一组建筑被它们的材料和形式语言结合在一起。错落有致的高度、三个博物馆立方体的抽象构成，形成了一种激动人心的空间张力，而连接的元素——共同的立方体形式及其立面上的浅色中国花岗岩贴面——与之形成了鲜明的对比。它们被几个狭长、不规则分布的窗洞所打断。建筑之外，多样统一性还体现在不同形式的中庭上，这些中庭将每个展览立方体划分为独立的部分，通过连廊连通彼此。

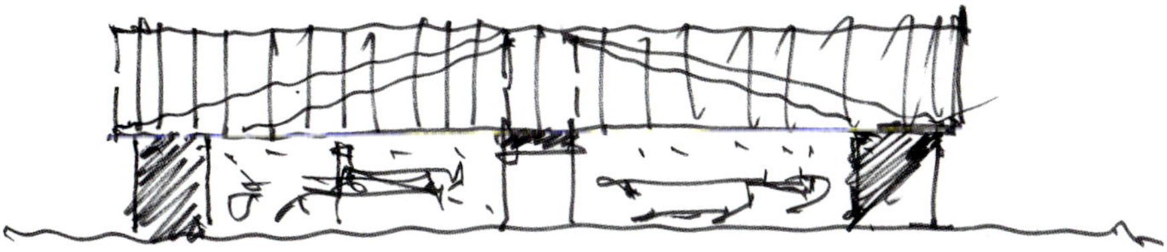

浦东新区档案馆的无柱支承展览空间可以提供多种使用功能

1. Gründerzeit，指 19 世纪德国和奥地利在 1873 年股市大崩盘之前的阶段。——译者注

2. Krechel, Ursula: Shanghai fern von wo. München 2010, S. 52.

3. 1990 年 4 月，国务院正式宣布开发开放浦东，在浦东实行经济技术开发区和某些经济特区的政策。——译者注

4. 该建筑由美国 KPF 建筑师事务所和日本株式会社入江三宅设计事务所共同设计。——译者注

5. 2016 年，上海中心大厦总体完工。——译者注

加冕亦为挑战：中国国家博物馆

紫禁城和相邻的天安门广场构成了北京“心脏”的两个心室，自 15 世纪开始建造以来，象征着中国历史与文化的延续与传承，中国传统城市规划和建筑的思想基础都印刻其中。1911 年，天安门广场开始对普通民众开放，而天安门城楼则是毛泽东宣布中华人民共和国成立的地方。

天安门广场被认为是世界上最大的广场。广场两侧矗立着为迎接 1959 年中华人民共和国成立十周年而建立的两座建筑——人民大会堂、中国历史博物馆与中国革命博物馆。它们是在短短十个月内建设完成的“首都十大建筑”的组成部分。之后，毛主席纪念堂也建立在这个广场上。

2003 年，中国历史博物馆和中国革命博物馆合并为中国国家博物馆（Chinesisches Nationalmuseum）。原功能设计体现在这个综合体的基本结构中：沿着街区的边缘，两座翼楼呈双 U 形围合，中央体量外，两边是半开放的庭院。通往天安门广场的主要通道特别强调了毗邻入口院落的巨型柱列。

2004 年，北京夏季奥运会召开之前，中国国家博物馆的改扩建计划启动。冯·格康与胥茨共同为此次建筑设计竞赛提交的方案基于如下前提：沿街区边缘的历史建筑将会被保留下来。根据竞赛大纲，可以在其中插入一个新的博物馆街区。因此，他们规划了一座新的建筑，主要展览楼层位于顶部；巨大的铜制屋顶像一把闪亮的伞一样覆盖了整个建筑，而一组梯形平面上的三个新的活动空间则补充了原博物馆的后部区域。

凭借这个设计，他们在国际一流水准的设计竞标赛中获胜。竞赛对手包括英国的诺曼·福斯特、荷兰的雷姆·库哈斯、日本的黑川纪章和瑞士的雅克·赫尔佐格和皮埃尔·德梅隆。

2004 年 10 月，gmp 和其北京的合作伙伴——中国建筑科学研究院有限公司（China Academy of Building Research）一起获得了项目合同。因此，冯·格

在中国国家博物馆的第一个设计方案中，一个引人注目的铜制屋顶将为这座历史性建筑加冕，主要展览楼层位于建筑顶部

康得以于同年 12 月 6 日在国家博物馆旧址向时任中国国务院总理的温家宝和德国总理施罗德展示设计模型。施罗德是中国的常客，他在任期间一直与中国领导人保持着非常密切的交流。在他的每次旅行中，都有一个阵容庞大的经济代表团随行，冯·格康曾多次作为代表团的成员。

一切迹象都表明，在 2008 年奥运会举办之前，该建设项目会迅速实施。毕竟，这一时期的北京整体建筑活动令人印象极为深刻：除了城市北部的体育设施外，还建造了其他的城市地标性建筑，例如由德国建筑师奥雷·舍人（Ole Scheeren）设计的中央电视台总部大楼（CCTV Headquarters）[1]。

国家博物馆对中国人来说具有非常特殊的意义，因为它位于北京城市中心的显要位置，而且具有作为国家纪念场所的至高重要性。然而，对原建筑的初步调查显示，其结构状况欠佳，既没有防地下水的保护措施，也没有用混凝土充分覆盖钢筋，这可能是 1959 年快速建设的结果，而且原博物馆整体处于失修状态。这些问题同样出现在德国那个时代的一些建筑中。所有以上问题都是必须解决的设计挑战。

然而，2005 年夏末，社会上开始出现一些抱怨，最初大多是通过互联网上的博客半公开发声；及至同年秋，很多专家和市民对北京的所有重大建设项目都签约外国事务所的情况公开表示了不满。有人提出疑问：这些外国事务所是否有权用他们的建筑在城市景观中留下持久的印记？这座建筑中的中国元素在哪里？是否与中国的建筑传统形成了对抗？对中国传统的现代阐释应该是什么样子？

自从保罗·安德鲁设计的中国国家大剧院方案获得突破性地支持后，这些疑问一直伴随着中国新建筑。中国国家大剧院于 2007 年对外开放，因其形状而被称为“水滴”，被认为是中国摆脱新古典主义传统、迈向现代主义的重要一步。因此，许多国际明星建筑师都被吸引到了这个国家。对于中国国家博物馆，关于其建筑中“中国性”的讨论导致了施工的停滞，最坏情况甚至可能导致合同的撤销。冯·格康坚定地要为“他的”博物馆而战。

随之而来的是一个密集的方案调整阶段，相当于重新设计。最根本的一个变化是不再将主展览层置于屋顶之下——在那里，参观者不仅可以看到展览，还可以欣赏到紫禁城的壮丽景色。相反，根据博物馆的保护准则，展览被移到了建筑物的底部，为了避光。

“有两个关于博物馆的批评被热议。”冯·格康回忆道，“第一个是关于人民大会堂和国家博物馆之间的共同点，这两座建筑之前都采用了琉璃瓦屋顶，而中国人认为它应该保持这种状态，从而看起来更‘中国’。第二个批评来自中国建筑师阵营，他们问为什么中国国家博物馆要由外国建筑师建造。”

在舆论哗然的状况下，冯·格康和建筑师兼书法家吕章申之间就建筑的未来设计展开了激烈的讨论。自2005年以来，吕章申一直是中国国家博物馆的负责人[2]。

中国国家博物馆占地20万平方米，被认为是世界上最大的博物馆。gmp作出保证，建筑的外观将以尊重毛主席纪念堂、人民大会堂和紫禁城的方式进行设计，并采用中国传统的屋顶风格；但在博物馆内部，一些与传统完全不同的新事物将被创造出来。

新国家博物馆屋顶檐口的设计反映中国传统建筑形式的同时，在材料及其使用上显示出当代风貌，形象地将传统转译到现代之中，并融入了老博物馆受苏联古典主义影响的“翻糖蛋糕样式”（Zuckerbäckerarchitektur）。

2011年春，这座建造成本约为3亿欧元的博物馆正式对外开放，并举办首展“启蒙的艺术”。在德国外交部的支持下，由德国人马丁·罗斯（Martin Roth）策划的这个展览在西方引起了预料中的激烈讨论，而博物馆建筑在报纸上也被顺便提及，引发众多评论。

事实上，中国国家博物馆是一个突破性的改造工程。对于任何一个第一次从天安门广场走进这里的人来说，都会被其入口大厅令人屏息的恢宏尺度所深深震撼。它横亘于两侧的两座老建筑之间，为天安门广场创打造出一方遮风挡雨、冬暖夏凉的所在，不仅在北京冬天的寒风之中，在其他季节也是广场上的一个吸引人的去处。这是一座令人叹为观止的宏伟大殿，尽管长达260米，却并不令人生畏——这是通过空间分区来实现的。在中央入口的两侧，紧挨着玻璃窗，各有一部宽阔的楼梯向上通往一条环绕的走廊，走廊地板采用了视觉效果温暖的樱桃木，与空间中其他地方的浅色中国花岗岩形成了对比。大厅以方格天花板封顶，传达出一种庄重、静穆的气氛，为来自世界各地的众多来访者提供了一个舒适的聚会空间。自动扶梯从大厅通向上层各个展厅以及礼堂和会议活动区，其中还包括了一个以特种玻璃铺装的“白玉兰厅”。

国家博物馆建成后，传统和现代在中国最重要的广场上交织在一起，而广场在尺度恢宏的入口大厅也得以延续

作为空间的主题，温暖的木质装饰材料和冷静的花岗岩组成的优雅二重奏始终贯穿在整个国家博物馆中。在画像中的康熙皇帝(1654—1722)目光注视下，博物馆地下层向参观者展示了中国五千年文化的一个个多样而美丽的横截面，从陶瓷、雕塑和玉器到珍贵的青铜兽首和不同时代的绘画。那幅康熙皇帝的绢画肖像精妙绝伦，而他本人不仅被公认为是一个英明的统治者，而且也是艺术和科学的大力推动者。冯·格康和胥茨还设计了一系列展陈结构，可惜未能得以实现。

1. 雷姆·库哈斯和奥雷·舍人带领大都会建筑事务所（OMA）设计了该栋建筑。——译者注
2. 吕章申于2005—2017年任中国国家博物馆馆长。——译者注

水滴的能量：临港新城

为整个城市做总体规划，而不仅仅是设计单栋建筑，这对于建筑师来说，是不可多得的。2002 年，冯 · 格康得到了设计上海临港新城的机会，而他的堂叔阿明 · 冯 · 格康在 70 多年前曾以一篇关于（古代）城市规划的论文开始了其学术生涯，二者似乎是一个特殊的巧合。

临港新城（原名芦潮港新城）是当时上海城市总体规划中计划建设的 9 个“郊区新城”之一，而其设计的决定性因素是基地临海并有港口。原计划城中容纳居民 30 万人，之后该数字调整为 130 万人。冯 · 格康对该项目设计目标的描述是“创造一个生活、工作、休闲和消费四种功能混合一体的城市，要使其成为一个充满活力的城市”。

2002 年 7 月，冯 · 格康又一次在他位于海利根哈芬的海边度假屋里绘制出这个水上新城的总体规划，这是一个巧合吗？波罗的海海滩上引人遐思的气氛，远离日常生活的喧嚣，几十年来一直滋养着他，而了解他的人都知道，即使在空闲时间，他也会继续画他的设计稿。海利根哈芬为他打开了视野——有外部的，也有内心的。

因此，水的主题在他的临港设计中也扮演着至关重要的角色。“这个概念的核心是在城市中央创造一个湖。城市的中心原本意味着昂贵的建筑用地，但这样一来，它就变成了一个不以营利为目的的场所。为了避免一个挤满了公司总部的‘死’城市中心，办公楼被环形排布在沿湖的滨水大道上。湖的周长有十千米， 这是为了防止交通过于集中。”

与海利根哈芬不同的是，从度假屋到海边只有几步之遥，而临港必须被掩蔽在高大的堤坝后面，以抵御从黄海和东海上岸的台风的破坏力。因此，只有从房屋的二楼看出去，才能看到开阔的海面。

临港新城的很大一部分是按照荷兰模式筑堤排水、填海取地。冯·格康的设计反映了几个世纪以来用圆形规划城市的理念，对他来说，“圆是最灵活也是最自主的结构”。传统上，理想城市的规划者最常使用的是圆形或矩形。公元前5世纪，古希腊米利都（Milet）的希波达莫斯（Hippodamos）制订了基于网格的合理城市布局计划；罗马帝国时期，该计划中的相关概念随着军营的矩形布局传遍整个欧洲。网格是城市发展和定位的理想选择，也是城市通风的理想选择，后来成为众多城市发展的基础形式。在德国，这样的城市包括科隆、雷根斯堡（Regensburg）和特里尔（Trier）等，直到现代还很流行，同样流行在非欧洲城市，如纽约，而且似乎与中国的城市概念也有关联，正如在紫禁城中体现的那样。

除了长方形或正方形的城市平面之外，另一个选项就是圆形。很久以前，人们就建起了很多圆形村落（Rundlingsdörfer），可以有效地防御进犯的敌人。然而，直到在文艺复兴和巴洛克时期的城市愿景中，圆形的城市形式才被最终赋予崇高的地位。1465年左右，建筑理论家菲拉瑞特（Filarete）设想了由圆形和星形组成的斯福尔辛达城（Sforzinda）的乌托邦方案。在卡尔斯鲁厄（Karlsruhe）这座巴洛克风格的城市，这个设想得以体现。19世纪末，该设想在英国人埃比尼泽·霍华德（Ebenezer Howard）的“花园城市”概念中达到其现代理论的高峰。

在临港，冯·格康改变了沿同心圆扩展的“花园城市”这个设计主题，将建筑扎堆儿的城市中心变成了一汪水面，从而打造出一条开阔的滨湖大道。对这名汉堡人而言，源自湖海的城市概念就在其家门口，他的目标是在中国打造一个兼具城市与自然休闲品质的地方。

冯·格康设计的这座“理想城市”的隐喻模型是一滴水落入水中，水滴的能量以均匀的圆圈状涟漪向外传播。“涟漪”的主题同样体现在建筑整体布局中：沿着长廊分布的人口密集的商业区被环形的城市公园包围着，公园通向住宅区，住宅区又套嵌在绿地中。然而，冯·格康关于按照欧洲模式建造街区式公寓的想法受阻——坐北朝南的中国传统建筑布局在临港新城没能例外。

2008年，成立于1912年的上海海洋大学搬迁至临港新城，为城市的进一步发展提供了重要的推动力。

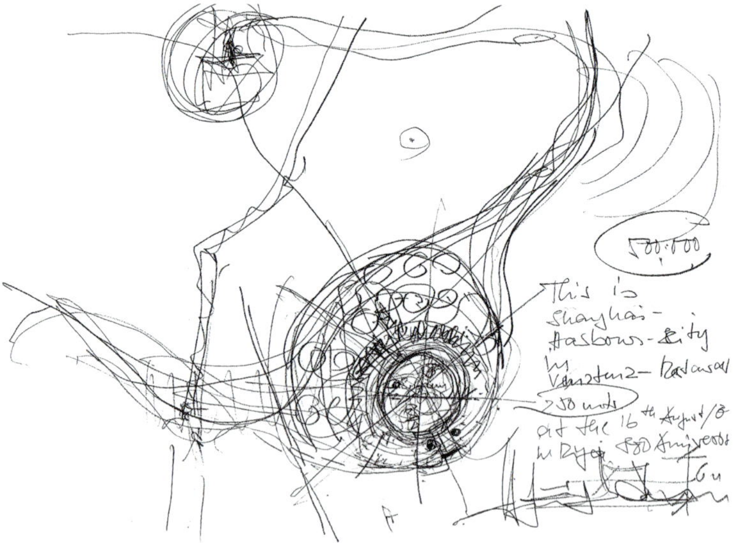

如落入池中的一滴水。围绕着上海南部临港新城中心的滴水湖，各建筑区域呈同心圆状布局

自 2003 年临港新城开始建设以来，根据 gmp 的规划设计蓝图建造了许多房屋，其中包括位于主要发展干道[1]一侧的南汇区行政中心。这座 2008 年完工的建筑后作为“中国（上海）自由贸易试验区临港新片区”的行政总部。

位于干道对面的中国航海博物馆也是冯·格康设计的主要作品之一，它与行政中心交相辉映。与重庆大剧院一样，冯·格康在中国航海博物馆的设计中同样使用了船舶的隐喻，但方式截然不同，因此这两座建筑也大相径庭。

仿佛从宽大的基座上升起的两片轻盈的白色风帆，在风中徐徐“摆动”，它们构成了临港新城的地标之冠，在远处也极为醒目。博物馆内部是可容纳一艘满帆中国帆船的大空间。这艘中国帆船被建筑两翼的“风帆”——由白色球面金属板包覆的网格外壳结构——合围着。该结构由斯图加特工程师维尔纳·索贝克（Werner Sobek）设计。

在中国海沿岸选定临港新城位置的决定性因素是上海港的扩张。由于黄浦江不适宜建造深水港口，该地区政府决定将大陆外的一组岛屿开发为一个全新的集装箱港口，该港口将不受潮汐影响。今天，它是世界上最大的港口之一。它通过一座 32.5 千米长的大桥与大陆相连，目前正在计划建造第二座用于铁路交通的桥梁。在通往港口的桥头，格康设计了一个紧邻临港新城的商业区——在那里，除了一系列商场之外，还有几座办公楼，包括优雅的自贸区港口管理中心（即临港新片区行政服务中心 , Management Center des Freetrade Port）。

然而，对于临港新城规划理念的实施状况，冯·格康多少有些抱憾：按照有关城市规划的规定，街道被设计得过于宽阔，从而影响了对原方案设想的城市氛围的营造。此外，原总体规划中设定的建筑限高没有得到严格遵守，原因是临港设计原则中所设想的建筑体量的均匀分布让步给以高度主导的原则，甚至在本应保持不开发的绿化带中，有一所新学校的建设正在推进中。

2013 年 2 月，临港新城公布了新的发展指南，旨在吸引更多的投资者和公司，同时吸引高技能技术人才，而地铁 16 号线的建设和开通将促动这个上海未来战略空间的更大发展。

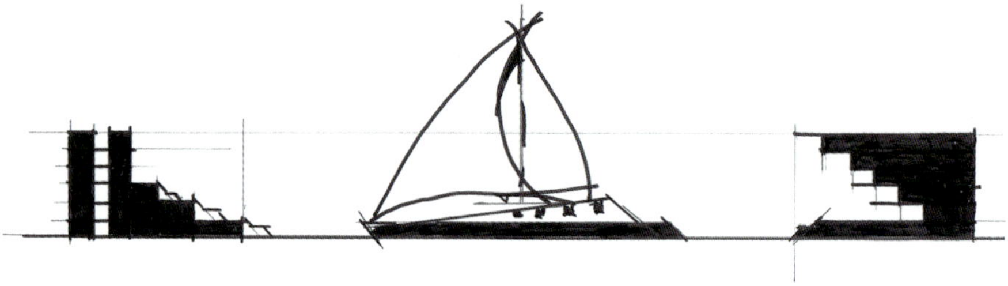

中国航海博物馆的设计灵感来自风中摆动的风帆

1. 指申港大道。——译者注

中国视角

只有不忘自己的过去，才能始终有备于未来。汲取自身的文化储备，同时对新的经验和现象保持开放的态度，让它们融会贯通，塑造出一个良好的、可持续的当下——这是冯·格康和他的同事们从在中国获得的成功经验中总结出的重要心得之一。就此而言，2019 年对冯·格康来说是非常有纪念意义的一年——在这一年，gmp 回顾了在中国做建筑和城市规划的 20 年成功历程，其间诞生了 150 多座功能各异的建筑。同年，冯·格康在北京的中国科技会堂受到表彰：由于他多年的杰出贡献，被中国建筑学会授予特别荣誉“梁思成建筑奖”——这是中国建筑界的最高荣誉，每两年评选、颁发一次[1]。该奖项以中国著名建筑师梁思成（1901—1972 年）的名字命名。梁思成和他的妻子林徽因是中国建筑遗产保护的先驱，同时，他也被认为是在中国打开学习西方建筑知识大门的人。

在中国《建筑学报》2019 年 9 月刊的专访中，冯·格康称赞这位建筑奖的纪念者是“东西世界之间的漫游者”。梁思成曾负笈哈佛大学和宾夕法尼亚大学，“毕生致力于中国和国际建筑师之间的文化交流”。这种对于促进西方世界与中国进行文化交流的热情也是冯·格康工作的动力之一。即使在中国度过 20 年的建筑生涯之后，这项工作仍在继续结出累累硕果，梁思成的高尚品质和丰富遗产需要承续至未来。对冯·格康来说，回顾过去也意味着欣赏中国建筑在近些年来的发展和进步：“（建筑）的施工质量已经变得越来越高。许多建筑公司都非常专业，经验丰富，可以与欧洲标准相媲美。”

在中国，gmp 最近实现的众多建筑中，有些项目真正地脱颖而出，同时也带来了不容失败的全新挑战。冯·格康和胥茨、博兰克于 2018 年在河南省郑州为绿地集团设计完成的双子塔（郑州郑东绿地中心，Zwillingstürme）即是个中翘楚。这对摩天大楼高达 284 米，共 63 层，是 gmp 首次实现的超高层建筑。

建筑单体极具雕塑感，用深切口，即是所谓的“空中大厅”分割形体；巨型建筑的顶部设置贯通 8 层的“空中中庭”。gmp 有史以来实现的最高摩天大楼将是 415 米的南京金融城二期（Nanjing Financial City Ⅱ）。

在中国的核心项目中，冯 · 格康一直钟情于文化建筑。特别是在新兴的或正在经历深刻变化的城市空间中，文化建筑打造了城市的锚点，例如南宁的广西文化艺术中心（Guangxi Culture & Art Center）。这座被邕江贯通的大都市对冯 · 格康来说是一个非常特别的地方，在这里，他设计建造了在中国最早的项目之一 ——南宁国际会展中心，而近 20 年后，当再次在这里获得这样一个特殊设计任务时，油然而生一种“回家”的感觉。随着他手中形似中国西南地区特有的喀斯特地貌的“山体”建筑出现，城市空间中又多了一个新的地标。这座建筑的一个特别之处是其引人注目的百叶状的钢质桁架结构，以白色铝板为饰面。从远处看，一个仿佛悬浮的轻质屋顶像大檐帽一样醒目，将从一个共同基座上生长出来的三个独立的“卵石”建筑体量连接起来。该文化艺术中心包括歌剧院（1600 座）、音乐厅（1200 座）和一个多功能厅（550 座）。歌剧院大厅以马蹄形平面正对舞台，三层，具有优质声学效果的木质墙板和红色座椅软垫打造出愉快、温暖的节日气氛。音乐厅与按照古典歌剧院传统设计建造的大厅相互补益，其平面呈现为一个拉长的六边形，厅内配有 64 音栓管风琴。在三个大厅中面积最小的多功能厅里，升降平台可辅助完成各式舞台布景和艺术形式。

2018 年开业的天津滨海新区文化中心（Tianjin Binhai Cultural Center）的设计非常特殊，设计者为冯 · 格康、胥茨和瑞沃勒。拿胥茨的话来说，这是“一个绝对的实验”。毕竟，他们不仅设计建成了文化中心五层楼高的滨海美术馆——由浅色天然石材的幕墙和细长的窗户整体包裹而成，而且还设计建成了高大的文化艺术长廊——将荷兰 MVRDV 建筑设计事务所设计的图书馆、法国伯纳德 · 屈米建筑事务所设计的科技馆、Revery Architecture 设计的演艺中心和天津华汇工程建筑设计有限公司设计的市民活动中心结合成一个有机整体。这是由 28 根优雅的伞形钢柱组成的“小森林”，高 30 米，其上覆盖玻璃屋顶和水平遮阳铝板。游客可以沿着 330 米长、25 米宽的文化长廊及其较短的侧臂在两个楼层上漫步。在上层将各个文化建筑相互连接的同时，在街面上则辅以与文化相关的商店和各种餐饮美食。冯 · 格康“多样统一性”的设计哲学在天津

引人注目的百叶结构。广西文化艺术中心成为南宁的新地标

滨海新区文化中心得到了充分体现，也同样决定了常州文化广场（Changzhou Culture Plaza，2020 年建成，设计：冯 · 格康、格茨和玛德琳 · 唯斯）的设计——打造出常州新的城市中心。常州位于中国江苏省，与苏州和无锡一样，是长江经济带那串令人印象深刻的节点城市之一，地处南京和上海之间，距离上海近 200 千米。

被一个公共公园环绕的常州文化广场由 6 个独立的建筑模块组成，平面为 70 米见方的正方形。每个方形模块都被“剥去”两面，就像用勺子挖水果一样，由此产生的悬挑部分的有机曲线与建筑群的基本立方体形相辅相成，成为一个统一体。此外，6 个建筑模块错落排布，彼此间通过重叠和框划出的透视与窗景创造出富有张力的空间对话，由铝百叶包裹的玻璃体量凭借水平的幕墙结构赋予了空间对话以一个新的维度，由此形成一个独特的，由美术馆、图书馆、酒店和办公室组成的连贯街区，视觉效果极其强烈。建筑北面呈现出“巨门”的姿态，横跨龙城大道，与常州人民广场上的市政府和大剧院对齐。

天津中新友好图书馆（Sino-Singapore Friendship Library）[2] 和苏州第二图书馆（Suzhou Library No 2.）是 gmp 在中国参与的两个图书馆建设项目。中新友好图书馆（设计：冯 · 格康、胥茨和博兰克）是规划人口 35 万的中新天津生态城的文化中心。它体量紧凑，垂直划分、采用玻璃纤维加固混凝土（GRC）材料的立面围合出建筑内部的两个庭院。图书馆的中心是阅览大厅，以一层层交错的长廊的形式占据了三层楼面。图书馆总面积约为 67 000 平方米，设计藏书量约 46 万册。2019 年开放的苏州第二图书馆拥有高达 700 万册的设计藏书量，是中国第一个拥有大型智能化存储系统的图书馆，离上海约 1 小时车程。整个建筑由两个体量组成，共同的基座和顶部的连廊将彼此连接，一条中轴线在二者间横穿而过。阅览区所在玻璃体块的设计有着象形的效果——微微扭转的形式和水平铝百叶让人联想到一摞高高叠起的纸，被轻轻一推而打乱了其原有的严整秩序。这效果看起来很好玩，同时也实现了一个功能，即成功地为人们提供了更多的工作和阅读空间，同时又能使其看到周围的风景。相比之下，图书馆建筑的另一部分，即存储系统，则呈现出封闭的状态。这部分由清水混凝土建成，表面有水平向的木纹肌理。

1999 年，北京成为冯 · 格康在中国发展的起点，至今仍是其工作的中心之一。近年来，在中国首都引人注目的建筑中就包括了亚洲金融大厦暨亚洲基础设施投资银行总部（Asia Financial Center & Hauptquartier der Asian Infrastructure Investment Bank，简称：亚投行，AIIB）。亚洲基础设施投资银行成立于2015年，目前[3]有103个成员国，于2016年开始运作，除了众多亚洲国家外，许多欧洲国家也加入其中，例如德国就是在2015年，即该银行成立的那一年加入的。气势恢宏的银行总部离北京奥林匹克体育场仅一箭之遥。建筑组群中的立方体单元交错堆叠，围绕着9个天井分布，其中7个是室内天井；组群的中心是一个80米高的中庭。受中国传统木结构的启发，特殊的建筑结构创造了一种视线上的游戏——尽管建筑的尺度庞大，却有着轻盈、通透的观感。此外，该建筑是中国现有的高端绿色建筑之一，荣获被誉为全球绿色建筑领域“奥斯卡奖”的LEED（能源与环境设计先锋）铂金级认证。

亚洲金融大厦暨亚洲基础设施投资银行总部已然具备了一个街区的规模。2015年，冯·格康和胥茨、瑞沃勒一起，在北京光华路为SOHO中国有限公司设计了一个真正的城市街区：五个体量组成的建筑群打造出流动的城市空间；玻璃幕墙上的垂直百叶一方面用于控制进入室内空间的光线量，另一方面形成纤细、优雅的幕墙结构，融入流动的空间中。天桥在建立建筑各部分间直接联系的同时，也在视觉上强调了它们的相互关系。

不仅在北京，在上海，gmp也用建筑续写了SOHO中国有限公司的成功故事。SOHO复兴广场（SOHO Fuxing Plaza）由冯·格康和胥茨、瑞沃勒于2015年设计，是对上海原法租界传统里弄式建筑主题的现代诠释。“里”代表社区，而“弄”指的是纵横交错的狭窄小巷。SOHO复兴广场在形式和规模上借鉴周围环境因素，整合了现有的历史建筑，以增益上海老城区这片具有文化意义的地带。同时，新城区的九栋细长建筑体以其醒目的坡屋顶，外加上一座高层建筑，展现出一种独特的品质，这同样也表现在对材料的灵活使用上。

由冯·格康和胥茨、瑞沃勒三人设计的外滩SOHO商业和办公综合体的细长窗格就像皇冠上的尖刺，六座优雅的高层建筑沿着黄浦江岸著名的外滩滨江大道拔地而起。有了它们，一个有着强大表现力的、雕塑般的整体形象便呼之欲出，高楼的剪影与江对岸的浦东天际线遥相呼应。该综合体的卓越设计使之荣获CITAB-CTBUH（中国高层建筑国际交流委员会 - 世界高层建筑与都市人居学会）颁发的2016年中国最佳高层建筑奖。同样位于黄浦江畔显要位置的还有由冯·格康和格茨、玛德琳·唯斯共同设计的上海海航大厦。这座90米高

纤长的窗格。获 CTBUH 都市人居奖的外滩高层建筑群

的办公大楼由两个 L 形体量咬合而成，一个同样是 L 形的玻璃“缝隙”在建筑内部形成高大中庭的同时，将二者连结成一体。

2019 年，上海保利绿地广场荣获 CTBUH 都市人居奖，冯 · 格康和格茨、玛德琳 · 唯斯再次成功打造了一片新的城市街区。这是杨浦区靠近市中心的一个办公和商业区，由繁忙的长阳路沿线的五座高层办公大楼和多层商业楼组成。建筑谨慎、体贴地与异质的周边城市环境相“斡旋”，同时在城市景观中形成一个新的独特场所。该街区通过其宽敞的广场向周边开放，邀请路人走入绿树成荫的内部空间。凭借夜间照明，办公大楼的垂直结构得以彰显。

除了这样令人印象深刻的大型城市建筑群，gmp 近年也实现了一些较小街区综合体的设计与建设。例如上海漕河泾现代服务业集聚区“三方”（也称“三塔”，3 Cubes）办公楼综合体（2015 年建成），通过白色外墙的主题变化艺术地处理了大小不同的开放和封闭区域。由冯 · 格康和格茨、玛德琳 · 唯斯共同设计的漕河泾科汇大厦（OnCube，2016 年建成）简洁、紧凑，建筑立面将其广场的基本几何形状主题化，明快的白色立面网格由 4.20 米见方的白色铝板组成，愉悦、轻盈的气质让人眼前一亮。同样由这个三人组共同设计完成的漕河泾新洲大楼（Caohejing Xinzhou Plaza，2018 年建成），呈现出现代主义一个完全不同的侧面：建筑棱镜状的玻璃体量从纪念碑一般的底座（即底层架空柱层）悬挑而出，而底座则被水池环抱，在立面水平向的划分的交相呼应下，呈现出令人屏息且极富动感的样貌。

或许是为了平衡诸多城市设计和个体建筑设计中纷杂的多样性，由冯 · 格康和胥茨共同设计的浙江雅达国际康复医院（2016 年建成）位于上海以南约 125 千米处，其冥想般的宁静令人印象深刻。这座具有酒店综合体魅力的康复医院由德国医疗业主和中国合作伙伴共同运营。陶管、金属、玻璃、实木等建材的使用，加上与建筑等高的柱廊、落地玻璃和室内大面积的天花板格栅，打造出一派和谐而高贵的氛围，而其公园中交错排布的各个建筑之间的流动景观空间进一步烘托了该氛围。多样的空间、精致的花园和布局明晰的建筑旨为病人的康复提供全面支持。

对于冯 · 格康来说，在中国的耕耘绝不是一条单行道，这在拜访 gmp 在柏林和汉堡的事务所时就能感受得到。一些来自中国的年轻建筑师也在这里工作，他们让不同的文化和知识得以传递。这种东西方文化的交流在建筑文化学院的工作坊中表现得更加清晰。例如 2012 年，一个工作坊的主题是“中国的住房建设问题”，这是中国未来即将面临的核心问题之一；2013 年的一个工作坊则探讨了在上海建立德国学校的设想。

冥想般的宁静。位于乌镇的浙江雅达国际康复医院

1. 2019 年 9 月，由中国建筑学会主办的“第九届梁思成建筑奖”颁奖典礼在北京中国科技会堂举行。该奖项每两年评选一次，获奖者两名。——译者注
2. 又名“中新天津生态城图书档案馆”，2018 年开馆试运行。——译者注
3. 截至原著出版时间。——译者注

回到里加

朴素的两层楼房，墙上的黄色灰泥已经皲裂，红色的窗棂也已褪色。位于里加多萝蒂恩街 42 号的这座房子，自 1966 年以来一直以拉脱维亚导演爱德华兹·斯米尔吉斯（Eduards Smilgis）的名字命名，就建筑而言，并不是一个美丽的存在，而其周围的小木屋则完全不同，尽管它们也不是处于最佳状态。这些木屋给道加瓦河以西的前米陶（Mittau）郊区带来了仿如村庄般的魅力。

在这里，远离历史悠久的里加老城，冯·格康度过了他生命中最初的四年。当然，冯·格康对这段时间的经历已经没有记忆；但他与其波罗的海之根有着深厚的情感联系。在他不得不随父母离开这座城市近半个世纪后，他开始寻找童年的所在，与萨宾娜一起，在当时被苏联占领的里加徘徊着。穿过木制建筑和新艺术风格的房屋，穿过风景如画的老城区的中世纪小巷，直至圣彼得教堂，其壮观的塔楼可与大教堂相媲美。1935 年 7 月 7 日，冯·格康就是在这里接受洗礼的。

冯·格康的家庭血脉不仅与里加有关，也与莫斯科有关。20 世纪 80 年代末，冯·格康与萨宾娜在莫斯科的一个预制板建筑中拜访了一个亲戚——阿尔塔姑妈。“这些预制板拼得糟糕极了，我可以在它们之间塞进一张纸。台阶参差不齐，你不得不小心翼翼，以免跌倒。如果想打车的话，只有当你举起一包烟时，出租车才会停下。”他回忆道，“那时这里的社会主义经济正面临崩溃。”

1988 年在里加，他和妻子住在老城墙附近的一家酒店，自 19 世纪拆除防御墙后，老城被绿色环抱，宏伟的公共建筑——剧院、博物馆、艺术学院——分布其中。

在社会主义的里加，西方游客似乎处处受到监视，冯·格康说：“在一家可以俯瞰城市美景的餐厅里，一个讲德语的女人在我们的桌子旁坐下。当她听到我们抱怨点些吃的东西要花这么长时间时，她就消失在了厨房里。看吧，在她回来几分钟后，我们的食物就送到了。过了一会儿，我们又在公园里看到那个女人，她在跟踪我们。”

冯·格康在里加之行中没有发现自己年轻时的痕迹，却爱上了这座城市和宽阔的海滩。1995 年初夏，他收到一封来自里加的信，自此打开在故乡建设的前景。随着苏联的解体，波罗的海国家已经获得了独立，市场经济和创业精神正在崛起。在那些年轻的拉脱维亚企业家中，包括受过专业训练的玻璃画师亚克林斯和他的妻子兼室内设计师古纳·爱格里特。他们创办的文森特集团公司

（Vincent）主业销售意大利豪华汽车，并在里加老城的边缘经营着波罗的海地区一家最好的餐厅——其苏格兰厨师看起来就像埃尔顿·约翰（Elton John）的孪生兄弟，此外，该公司还开发高端房地产项目。在米兰家具展上，这对夫妇偶尔拿到了一本 gmp 组织出版的书。他们喜欢这种不拘一格的现代建筑语言，决定与 gmp 取得联系，了解是否能与这家德国建筑公司在里加合作。

“当然，我以为他们找我是因为我来自里加。”冯·格康说。然而实际上，未来的商业合作伙伴对冯·格康与里加之间的个人联系一无所知，打动他们的是他的建筑。冯·格康热情洋溢地回信说，他一直“梦想能够设计这些项目”，同时立即为可能的合作打开了另一扇门：“我设计的很多正在开发中的家具正在寻找工艺上佳、成本合理的生产商，可以作为小规模的设计师系列投入生产。”

道加瓦岛上的会展中心、丘马拉海滩上的俱乐部会所和音乐厅——这些设想中的项目，哪些仍将是愿景，哪些将成为现实，当时没有人能给出答案。他们对对方很有好感，相互很快就熟络起来。

过了不久，亚克林斯前往汉堡与冯·格康见面。随后，冯·格康在 1996 年 2 月的严寒中回访里加。这一次的拉脱维亚之行，不仅仅是一次怀旧之旅。他们的首批合作项目——在里加郊区曹伯斯街（Zaubesstraße）一个狭窄角落里的公寓楼以及丘马拉住宅（Jurmala Residenz）——开始落实。后者是为帕雷克斯银行（Parex Bank）的俄罗斯老板维克多·克拉索维奇（Victor Krasovicky）及其妻子——热爱艺术的尼娜·孔德拉季耶娃（Nina Kondratjeva）设计建造的其玛尔塔别墅的扩建部分。冯·格康的设计最初吓到了他的客户，“我们不想要一个马厩，我们想要一栋别墅。”——对方如此回应他的木构建筑设计。

为了回应散落在丘马拉高大的松树和轻盈的白桦树之间的美丽木屋风景，冯·格康也设计了一个木构建筑——不是对传统木建筑的复制，而是对其的现代诠释。立方体的基本形式、垂直连接的木条栅和用锌板覆盖的棚顶，与玛尔塔别墅的奢靡、辉煌形成鲜明对比。在 1997—2006 年的十年间，这里建起了一个由住宅、温泉区和室内网球场组成的综合体，并在道路的另一侧增加了另一栋住宅楼，即 2002—2003 年建造的亚历山德拉别墅[1]。在外观上，北欧式的低调占了上风；在内部，创造出清晰、奇妙的生活空间。冯·格康的这个设计由亚克林斯的建筑公司施工。在参观该项目的毛坯房后，他发现技术上还有一些工作需要补足：“我们偶然注意到，钢制连接板只涂了黑漆而不是镀锌，它们已经出现了生锈的迹象。”冯·格康说，“我们找不到镀锌店。油漆工向我们保证，油漆会保持得相当好。之后，几乎完工的别墅外壳被拆除，钢板是在德国新制造并镀锌的。”玛尔塔别墅扩建工程的落成典礼是一场豪华的庆祝活动，整个冯·格康家族都前往参加。维克多·克拉索维奇租用一架巨型喷气式飞机从纽约把他的朋友都接过来。客人中有尼娜·孔德拉季耶娃的密友、电影天后吉娜·洛洛布里吉达(Gina Lollobrigida)，她乘坐自己的白色劳斯莱斯前来。这让冯·格康觉得格外逗趣：派对的喧闹、奢靡与建筑的刻意简洁形成了巨大反差。

亚克林斯和冯·格康还一起为里加规划了更多的项目；但是，他们之间约定的费用仍未支付。亚克林斯不想放过他的项目，例如在里加海滩的公寓楼，同时他也不想失去冯·格康：“我办公室的保险箱里有 2 万美元，车库里还有一辆很稀有的车——阿尔法·罗密欧的扎加托。这款车只生产了 999 辆，收藏家对它趋之若鹜。”冯·格康接受了亚克林斯这个不寻常的交易。在维斯帕、雪铁龙 2CV 和 Ro80 之后，他一直热衷于捷豹。冯·格康将扎加托放在他的汉堡车库里，几年后将其卖掉，换上了一辆阿斯顿·马丁（Aston Martin）。

这个友好的协议对双方都有利。最终，更多的项目被规划出来，例如为当时迅速扩张的帕雷克斯银行建造的银行大楼。这座建筑的位置很突出，位于道加瓦河畔，紧挨着城堡；但这也揭示出里加城市规划的一个核心问题，即受制于不尽如人意的河岸设计。一条过于宽阔的河边公路将河岸与老城区隔开。

然而，在计划中的银行大楼所在地，不理想的发展状况凸显：在一座苏联时代的高层建筑的阴影下，一个多层的停车场阻挡了通往河岸的通道，按照规定，停车场必须保持的原状，因此银行只能盖在它的上面。冯·格康为此提出了四个连廊结构，从外部覆盖在多层停车场上。建筑群之间将形成天井，车库的旧平顶将被改造成屋顶花园。完全由玻璃打造的立方体被一层楼高的石制方形网格框住，形成一个框架体系。在每个方形网格中，四块与层高等高的百叶结构起到遮阳和遮光的作用。它们醒目的红色、黄色和棕色呼应着邻近的城堡，也呼应了拉脱维亚风景中白桦林的秋色。

帕雷克斯银行的工期为 2003—2009 年，正值世界金融危机和欧元危机，该银行深受其害，它必须被国有化，于是，并入了新成立的西特德尔银行（Citadele-Bank）。然而，在拉脱维亚艰难地克服了金融危机后，该银行现在

里加西特德尔银行的百叶结构唤起了人们对拉脱维亚秋色中白桦树的记忆

又要被私有化。文森特集团公司和冯 · 格康的其他项目也受到危机的直接影响，例如一个办公和住宅的综合体造完地下一层之后就“停摆”了，静待事态能出现转机。

尽管存在这些问题，自 20 世纪 90 年代末以来，在里加设计完成的建筑仍然是冯 · 格康作品中的亮点。这是一个密集的创作阶段，在这个时期，基督教馆、大型铁路项目和在中国设计的第一批建筑都陆续出台。

1999—2001 年，由冯 · 格康设计、亚克林斯个人出资在丘马拉的松树林中建造了贝尔维尤公寓楼（Apartmenthaus Bellevue）。它在白色的立方体形式和开窗之间创造了一种对话，是对空间和 20 世纪末以包豪斯为代表的现代主义的沉思。位于里加曹伯斯街 12 号的公寓楼——冯 · 格康为一个难以建造的角落地块做出的设计也是如此。该楼建于 2003/2004 年，建筑群围绕着一棵树而建。“没有人会相信这棵树能被保留下来。”冯 · 格康自豪地说。而今，这棵树给这栋有着 12 个公寓的 6 层住宅楼带来了特殊的效果——简洁和多样在这里并驾齐驱，不曾在极简主义中迷失，从而使建筑成为一个可以生活在其中的“抽象雕塑”。

对于冯 · 格康在拉脱维亚的这一系列白色立方体建筑，只有同样建在丘马拉海滩上的古纳别墅（Villa Guna）可以超越。这是冯 · 格康送给古纳 · 爱格里特的礼物，由古纳 · 爱格里特自己完成室内设计。这是一件不折不扣的艺术作品，在 2008 年获得了芝加哥雅典娜建筑和设计博物馆颁发的奖项。

对这个项目，冯 · 格康研究了很久，才在建筑平面和地景之间找到结合点，以尽可能少地砍伐树木，因为在这里，地景是建筑的首要对话者。人在参天的树木和沙丘之间看不到大海，但可以听到海鸥的叫声，闻到大海的咸腥味。同样，正如在冯 · 格康的作品中经常出现的那样，方形和圆形在草图中走到了一起，但构图比其他建筑更自由。在古纳别墅中，冯 · 格康允许自己将精湛的技艺置于严格的功能之前，由此诞生了一个近乎 U 形的结构体——由一座塔楼、一个连接结构和一个立方体组成。塔楼顶上是一个可将大海尽收眼底的观景台，塔楼上密布窗洞，其纤细、通透可与松林相媲美。连接结构由于大面积使用玻璃，几乎完全透明。从连通各楼层的坡道上，人们既可以欣赏风景，又可以体验建筑——这是一种独特的空间体验，即便在优秀的建筑中也实属难得。同样透明的是带有长廊层的起居立方体，这里延续了亮与暗、光与影的微妙的平衡游戏，

古纳别墅镶嵌在丘马拉高大的松树林中

上：回到朋友身边。与亚克林斯一起，冯·格康为自己的出生地里加的建设提出了许多设想
下：冯·格康与古纳·爱格里特

冯·格康与古纳别墅模型

这也是整个别墅的设计主题——并没有退化成刻意而为的单纯效果，而是与家具和精选出的材料一起创造出和谐的居住氛围。这里没有任何东西是喧闹的、浮夸的，一切都那么精致而和谐。别墅入口处的墙上印有勒·柯布西耶的建筑图形，似乎是在引注住宅构成的参考根源。

综上便可理解，2007 年 7 月 12 日晚，冯·格康为何不顾官方礼仪和所有安全问题去说服弗兰克·瓦尔特·施泰因迈尔前往丘马拉时的自豪感。作为代表团成员，他要陪同这位德国外交部部长访问这个波罗的海国家，并借此机会展示“他的”古纳别墅。当时该别墅刚刚完工。此外，同行的斯滕·纳多尼朗（Sten Nadolny）读了自己的书，大卫·格林格拉斯演奏了大提琴。冯·格康回忆说，文学、音乐和建筑罕见地在此合为一体。

亚克林斯夫妇对他们的这位德国伙伴兼朋友非常尊重，甚至是敬重，在书中对他们合作的建筑进行了详细的记录。此外，古纳·爱格里特还前往档案馆，找寻冯·格康已经无从得知的事情——他在里加的根，而事实上，她真的找到了丘马拉梅卢兹（Melluzie）小木屋——冯·格康的出生地。依据这个线索，冯·格康和他的表姐杰茜一起踏上了一次难忘的旅程，回到了那个皮相册里的小照片见证的地方——自冯·格康出生 70 多年后，轮回的缺口终于闭合了[2]。

1. 最早建的是玛尔塔别墅，之后的扩建部分名为“丘马拉住宅”，最后建的是亚历山德拉别墅。——译者注

2. 鉴于冯·格康对拉脱维亚国家福祉的特殊贡献，2021 年 11 月，他被任命为“拉脱维亚共和国十字勋章高级军士”，拉脱维亚大使茵嘉·斯库吉娜（Inga Skujiņa）为他颁发了这一荣誉奖章。冯·格康获得了家乡对他的最高认可和尊重。——译者注

2015 年，题为“信手之间”的展览在里加举办，其中展示了冯·格康一部分重要作品的手绘草图

鸟瞰

任何在中国做过项目的人都知道，在向中国客户介绍设计时，没有任何图片能像鸟瞰图那样具有决定性的意义。鸟瞰图是从电脑上“新鲜”打印出来的，仿佛在此刻就能看到未来。它所表达的不仅仅是一个项目在城市中的位置，它将建筑与背景交织在一起，同时又有超越。从鸟瞰的角度，一个建筑项目显得很有魅力，仿佛在泥土和汗水中的建造艰辛、曾经无数的讨论和协调过程都会烟消云散。凭借其明亮的色彩，鸟瞰图展示的不仅仅是一张图片，它是一种承诺，即一切皆有可能，一切都会好起来的。

人们很容易屈服于这些图像的诱惑力，忘记了计算机模拟总是喜欢美化现实——鸟瞰图里的整体效果呈现的是一个美化了的远景和概貌，而这（远景和概貌）往往会掩盖建筑日常的复杂性。只有在罕见的情况下，人们才有机会在大自然中直接体验或真正欣赏到“鸟瞰图”——在日常生活的烦扰之上，在世界的边缘，时代的力量、宁静与自然的美丽融为一体。

在离冯·格康的度假屋几米远的地方，就能获得这种罕见的鸟瞰视角——在格拉斯沃德的观鸟塔上。这是他为海利根哈芬自然保护协会设计的观鸟塔，它虽然不是冯·格康那些壮观的大型建筑之一，但这是他最为私人的作品之一。

如果你在谷歌地球上把观鸟塔放大到足够近的距离，就可以在塔的阴影中看出一只鸟的形状。它的头微微夹在双翅的羽毛之中，栖息在波罗的海岸边的沙丘之间。如果你问 gmp 的员工，冯·格康的哪座建筑是他们的最爱，他们往往会说是格拉斯沃德的观鸟塔。也许，这是因为它不仅是这位都市建筑师最小的项目之一，而且其四个基本建筑原则都集中体现在了这个由西伯利亚落叶松制成的木构建筑中。

海利根哈芬附近格拉斯沃德的观鸟塔矗立在波罗的海岸边

冯·格康始终追求的简洁设计体现在预制木梁结构的清晰性上。正如他设计中经常出现的情况一样，观鸟塔也是基于一个基本的几何形状——三角形。这个三角形是他所有建筑作品的开端，也是泰格尔机场设计和建设的基础。木结构的加法产生了一种美学上的一致性，即鸟的形象，同时也精准地实现了15米高的观鸟塔的功能。恰恰是在这一点上，尽管早期作品泰格尔机场和后期作品观鸟塔之间有很多接近的地方，但这两座建筑之间的本质性差异却十分明显，体现了冯·格康建筑态度的变化。

泰格尔机场是由三角形的基本模块组合成一个大型的抽象形式。与此相对，观鸟塔用同样的几何构图形成了抽象的鸟的形象。这个形象取自自然，却转化为木质结构，并被设计成为景观的一部分。

如果冯·格康没有在中国的经历，这种对建筑象形性的强调是不可想象的。从抽象的独特性到抽象的形式，这条路径表现出了一种文化上的互动。此外，塔楼的结构秩序源于其明确的功能性和实用性：一个被遮挡住的楼梯通向高处，从那里可以一目了然地看到广阔的草原。在繁殖季节，自然爱好者得以从观鸟塔高处观察自然保护区，而不会惊扰到那里100多种鸟类的生活。

尽管这座观鸟塔只是冯·格康的众多作品中一个相对不起眼的项目，但仍然收获了从土耳其到韩国的广泛声誉。2008年，他为之获得芝加哥雅典娜建筑与设计博物馆颁发的全球最佳新设计奖。

好的建筑始终是个人的，在其创造中，在其形式中，在其意义中，也在其承续中。这适用于深圳一个超大规模项目的鸟瞰图，也适用于一座观鸟塔。建筑创造并塑造了家园——在中国，也在波罗的海沿岸。

建筑本身从来不是目的，建筑通过指向自身之外获得其意义和重要性。建筑从来不是单纯的功能，也不完全是艺术作品，它总是与周围的空间、与生活在其中的人互动。毕竟，冯·格康在40年前就写道："一件建筑作品总是在建筑师的智力和现实可行性的对抗之间产生。"对于项目设计，冯·格康至今仍坚持这种以人和人的需求为导向的建筑理念，"因此，建筑需要被赋予目的和形式不可分割的统一性。建筑物的功用不仅是组织行动与流程，其首要是成为生活空间"。

参考文献 [1]

[1] Bruun, Ole: *An Introduction to Feng Shui*. Cambridge 2008.

[2] Dürr, Heinz: *Bahnreform. Chancen für mehr Schienenverkehr und Beispiel für die Modernisierung des Staates*.
Juristische Studiengesellschaft Karlsruhe, Schriftenreihe Band 209. Mainz 1994.

[3] Ders.: „Bahn frei für eine neue Stadt“. In: Bund Deutscher Architekten / Deutsche Bahn AG (Hg.): *Renaissance der Bahnhöfe*.
Die Stadt im 21. Jahrhundert. Berlin 1996.

[4] Esche, Jan/Gerkan, Meinhard von (Hg.): *Architektur im Dialog. Texte zur Architekturpraxis. Berlin 1995*.

[5] Gerkan, Meinhard von: *Die Verantwortung des Architekten. Bedingungen für die gebaute Umwelt*. Stuttgart 1982.

[6] Ders. (Hg.): *aac Academy for Arcitectural Culture. Dokumentation 2008*. München 2008.

[7] Ders.: Black Box BER. *Vom Flughafen Berlin Brandenburg und anderen Großbaustellen. Wie Deutschland seine Zukunft verbaut*. Berlin 2013.

[8] Jullien, François: *Der Umweg über China. Ein Ortswechsel des Denkens*. Berlin 2002.

[9] Krechel, Ursula: *Shanghai fern von wo*. München 2010.

[10] Mehdorn, Hartmut: *Diplomat wollte ich nie werde. Ein Gespräch mit Hugo Müller-Vogg*. Hamburg 2007.

[11] Nisbett, Richard E.: *The Geography of Thought. How Asians and Westerners Think Differently...and Why?* New York u. a. 2003.

[12] Sobejano, Enrique: „Erinnerung und Erfindung”. In: Schneider, Katja/ Tietz, Jürgen (Hg.): *e-X-tension. Aktuelle Museums- und Ausstellungsarchitektur im Bestand*. Bielefeld/Berlin 2013.

[13] Tietz, Jürgen (Hg.): *Was ist gute Architektur? 21 Antworten*. München 2006 g.

1. 著录方式同原著。

图片来源

封面：Wilfried Dechau
Ameling, Dieter：P194
APEC：P250 下
Archimation：P229 上
Bach, Hans：P226
Bassewitz, Gert von：P048
Bredt, Marcus：P098, P099, P144, P178, P199, P241, P286, P299, P312 上 , P331, P333 上
Duerkop, Voegt：P333 下
Esch, Hans-Georg：P292 上
Fachfotografie Riemenschneider und Partner：P212 右
Federau, Bernt：P081, P106
Frahm, Klaus：P130 上 , P158 下 , P169 上 , P193, P201 左下 , P201 右下 , P225
Fulda, Tilmann：P167
Gahl, Christian：P254 上 , P267, P271, P278, P280 左 , P282, P289 上 , P295, P301 上 , P306, P315, P318, P320
Gericke, Wolf Dieter：P078
Gerkan, Meinhard von：P078 左下 , P079 下 , P086, P101 下 , P110, P171, P186, P240 下 , P249, P250 下 , P254 下 , P292 下 , P301 下 , P310 下 , P312 下
Gerkan, Meinhard von, Privatarchiv：P019, P027, P033, P035, P040, P045, P053, P257, P328
gmp-Archiv：P048 下 , P059, P065, P073, P076 上 , P077, P083, P101 上 , P106 中、下, P109, P116, P118, P132, P135, P140, P169 下 , P172 下 , P176 下 , P189, P215, P238, P260, P285, P289 下
Halbe, Roland：P212 左下
Holtgreve, Heinrich：P160
Kottke, Horst：P195 右侧 5 张
Landesbildstelle Berlin：P077 右下
Leiska, Heiner：P078 右下 , P079 上 , P130 下 , P147, P148, P153, P158 上 , P201 上、中 , P202, P206, P212 左上 , P229 下 , P234, P310 上 , P325, P327, P329
Luftbild Berlin：P240
McMillan, Ben：P280 右
Meisel, Rudi：P142
Middendorf, Erich T.：P069
Ortmeyer, Klemens：P126
Rau, Uwe：P076 下
Schink, Hans-Christian：P176 上
Schmidt, Jürgen：P197 上
Schreiber, Timmo：P016
Siefke, Jan：P258, P264 下 , P268
ullstein bild – Sticha：P077 左下
Vogel, Christian：P195 左侧 3 张
WES：P197 下
Wortmann, Michael：P172 上
Yang Chaoying：P264 上
Yuan Jing：P303